江苏省社会科学基金项目

江苏大学专著出版基金资助出版

戴迎华 戴雪红◎著

镇江开埠及其近代社会变迁研究

Study on the Opening of Zhenjiang Port and
Its Social Changes in Morden Times

人民出版社

责任编辑:洪 琼

图书在版编目(CIP)数据

镇江开埠及其近代社会变迁研究/戴迎华,戴雪红 著. —北京:人民出版社,
 2020.8
ISBN 978 - 7 - 01 - 021635 - 5

Ⅰ.①镇… Ⅱ.①戴… ②戴… Ⅲ.①商业史-研究-镇江-近代②社会变迁-
研究-镇江-近代 Ⅳ.①F729.5

中国版本图书馆 CIP 数据核字(2020)第 001506 号

镇江开埠及其近代社会变迁研究
ZHENJIANG KAIBU JIQI JINDAI SHEHUI BIANQIAN YANJIU

戴迎华 戴雪红 著

人 民 出 版 社 出版发行
(100706 北京市东城区隆福寺街 99 号)

环球东方(北京)印务有限公司印刷 新华书店经销

2020 年 8 月第 1 版 2020 年 8 月北京第 1 次印刷
开本:710 毫米×1000 毫米 1/16 印张:15.25
字数:230 千字

ISBN 978 - 7 - 01 - 021635 - 5 定价:59.00 元

邮购地址 100706 北京市东城区隆福寺街 99 号
人民东方图书销售中心 电话 (010)65250042 65289539

卷头插图 1　清末镇江老城图（光绪丹徒县志）

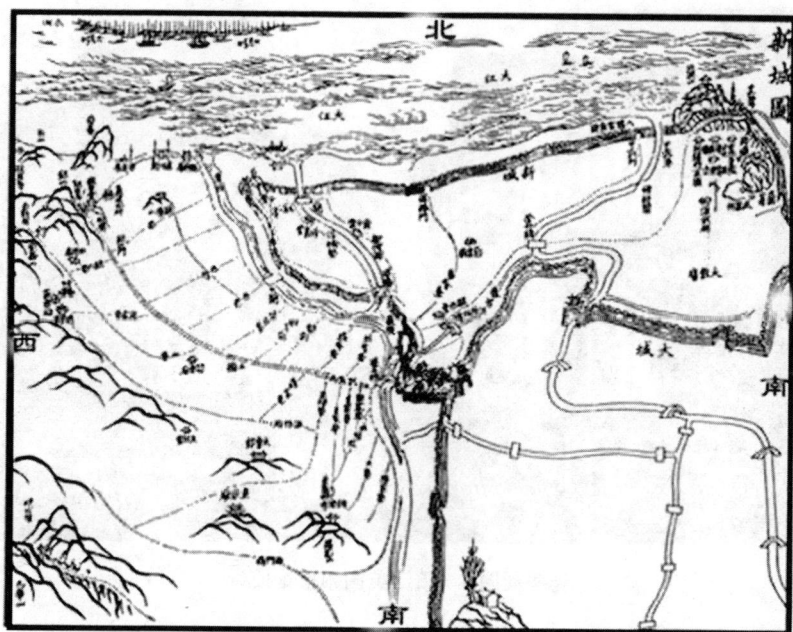

卷头插图 2　清末镇江新城图（光绪丹徒县志）

卷头插图 3 近代镇江码头(滨下武志著《中国近代经济史研究》,
江苏人民出版社 2008 年版)

卷头插图 4 镇江英国领事馆旧址

卷头插图 5　近代镇江商会旧址

卷头插图 6　广肇公所旧址

卷头插图 7　救生会旧址

卷头插图 8　福音堂旧址

自　序

多年来,学界对于近代中国条约口岸开埠及其近代化问题的讨论已经非常深入,如上海、天津、汉口、重庆、苏州、广州、福州、厦门、芜湖等近代通商口岸,相关成果如《近代上海城市研究》、《近代天津城市史》、《苏州早期城市现代化研究》、《近代重庆城市史》、《近代武汉城市史》等。同时,整体层面的关于近代中国城市发展与社会变迁史的研究也为诸多学者所关注,并取得了非常丰硕的成果,如《近代东南沿海城市研究》、《近代华北城市研究》、《长江上游地区城市研究》、《长江沿江城市与中国现代化》、《近代中国城市与社会变迁》等。然而较为遗憾的是,作为继五口通商之后较早开放的镇江,学界对其开埠及其近代化问题的系统讨论却较为薄弱。20 世纪 80 年代末以来,有关镇江地方历史的少量著作先后出现,主要涉及了镇江历史的演变、地域文化、交通地位及风土人情等。近年来一些学者的有关论文也主要集中于镇江旅游业、历史人物、语言文字等的研究,有关近代镇江开埠及其所引发的社会变迁诸问题,学界未有专门讨论。

镇江地处于长江与运河的十字交汇点,水陆交通便利。由于优越的地理条件,镇江很早就发展成为南北交通的枢纽和长江下游的商业重镇。明清以来,镇江更是成为太湖地区漕运和贡运的必经之地,也是南北货的集散地和长江下游物资的中转港。同时,镇江自古以来为兵家必争之地,军事战略作用和功能十分突出。1861 年 5 月 10 日,镇江被迫开埠。开埠以后,基础较好的商业率先发展,镇江随之出现了华洋杂处、商贾云集、市面繁荣、商业兴旺的历史局面,镇江近代化历程也由此展开。除了商业以外,镇江的埠际贸易、金融业、工业、城市交通、社会结构、人口发展、社会风俗、教育、科学技术及宗教均产生了深刻的变化。

镇江开埠及其相关问题的讨论不仅是镇江近代化研究的重要组成部分，而且有益于长江沿岸城市尤其江苏沿江城市近代化课题的深入研究。长江沿江城市是中国近代化先行地区，引导和制约着中国近代化的进程。其中，江苏长江沿岸城市的近代发展在中国城市近代化的过程中有着特殊的地位和意义，但长江沿江城市尤其是江苏沿江城市在近代发展并不均衡，镇江尤为突出。在近代化的过程中，镇江的发展既具有其他开埠城市发展的一般规律，同时又具有自己的特点。镇江开埠及其社会变迁的讨论有利于对镇江城市史的进一步研究，并有益于长江沿江城市近代化问题的讨论和现代化建设的实践。

基于上述缘由，围绕镇江开埠议题，需要思考这样几个问题：镇江开埠对近代镇江社会发展带来了怎样的影响？近代镇江的社会变迁与镇江开埠的联系密切程度到底如何？镇江近代化进程中自身发展路径如何异于他处？如何准确定位开埠后的镇江在长江中下游沿江城市中的历史地位？

镇江地方志及相关典籍蕴藏的丰富为上述问题的考量奠定了良好基础。镇江较早且有影响的古地方志有宋《嘉定镇江志》和元《至顺镇江志》，前者为宋人卢宪所撰，后者为元人俞希鲁所纂。两者对于古代镇江地方的地理状况、山川形势、风俗人情、田土、赋税、宗祠、庙观、学校、人物等有着详细的记载，虽然前者存在一定瑕疵，后者体系也不够精确，但是两志历史价值在于古代镇江地区的政治状况、经济特征、文化教育水平、宗教存在、社会风俗因此得以了解，有助于近代镇江开埠历史背景的解读。对于开埠以来镇江地方历史研究最为重要的典籍当数《光绪丹徒县志》和民国《续丹徒县志》二县志。自秦以来，镇江就有"丹徒"称谓，宋元以后，丹徒成为镇江府首邑，延至近代，成为基本的县名。由于历史时期府志与县志往往交叉难分，因此，丹徒地方志亦是镇江地方史研究的主要资料。清末以后，上述二县志是记载镇江地方史的主要典籍，两者前后衔接，为清末民初镇江城市史研究提供了重要史料，亦成为本著研究的基础典籍。《光绪丹徒县志》由何绍章、冯寿镜修，吕耀斗编纂，于1879年修成，共六十卷，首四卷，仍然主要记述山川形势、地理沿革、田土物产、风俗人情、职官设置、学校教育等内容,同时专列"史事"一节,对清朝前中期地方一些史事作简要记载。《续丹徒县志》完成于民国初年,由张玉藻、翁有成修,高觐昌等编纂而成,全共二十卷,首一卷,现存1930年刻本。续志上至光绪五年(1879),下至宣统三年(1911),除固有的篇目外,增加了"兵事"、"外交"、"通商"、"传教"等内容,带有明显的时代特点,为镇江开埠问题的讨论提供了较为翔实的一手基础史料。本著所涉及的地方专志史料尚有《京口八旗志》、《西石城风俗志》、《京口三山志》、《京口山水志》、《金山志》、《焦山志》等。其中,《京口八旗志》主要记述镇江旗营驻防的历史,有助于镇江地方军事战略地位的考量。本志共二卷,由清人钟瑞、善连、文禄修,春元编纂,是对光绪《丹徒县志》的补充,现存光绪五年(1879)刻本。《西石城风俗志》则由清末镇江藉史家陈庆年所撰,是一部地方风俗专志,在地方典籍中具有特殊地位。

档案史料是本著研究的主要资料来源。海关史料方面,2001年出版的由史家茅家琦先生等主编的《中国旧海关史料》收录了自1859年以来中国旧海关的多种贸易统计数据及相关经济资料,是研究近代各口岸城市包括镇江在内的基础经济史料,本著多有依赖。镇江《海关十年报告》(1882—1891)是西方殖民者对镇江关19世纪80—90年代的贸易、关税、商业、工农业等经济情报的搜集,具有史料价值。值得一提的是,镇江图书馆珍藏的《镇江关华洋贸易情形论略》(手抄本)与上述两海关资料印证补充,能够彼此佐证。20世纪80年代以来,镇江政协文史资料研究委员会主持编印了五十余册《镇江文史资料》,内容涉及民初以来镇江地方社会生活的各个领域,弥补了地方志等典籍记载的不足,为本论题的研究提供了诸多有益的资料。

已有的相关研究具有启迪意义。日本著名史家、汉学家滨下武志先生的《中国近代经济史研究——清末海关财政与通商口岸市场圈》深入研究了清末财政与海关、马士与中国海关、通商口岸与地域市场等问题。该著对近代镇江口岸贸易内容、贸易范围、市场圈方向、地域间市场问题的专门讨论不仅拓宽了镇江开埠问题的研究视域,也为本著提供了诸多间接史料。镇江地方史研究成果对于镇江近代化问题的讨论意义显著。代表性的著作如《镇江史话》、《镇江交通史》、《镇江港史》、《京口文化》等。其中,张立主编的《镇江交通史》出版于 1989 年,该著虽然专注于交通史的研究,但其内容涉及了较为丰富的镇江地方社会历史文化及经济发展内容,有益于镇江地方史的探讨。同年,由陈敦平主编出版的《镇江港史》,梳理了镇江港发展的历史进程,对于议题讨论同样不无裨益。此外,一些学术名著对于本著的完成具有启发性,如张仲礼主编的《长江沿江城市与中国现代化》、戴鞍钢的《港口·城市·腹地——上海与长江流域经济关系的历史考察》、王树槐的《中国现代化的区域研究,江苏省,1860—1916》、张海林的《苏州早期城市现代化研究》、虞和平的《中国现代化历程》、马俊亚的《混合与发展——江南地区传统社会的现代演变(1900—1950)》、熊月之的《西学东渐与晚清社会》等。诸多学界前辈的启发,笔者在此深表谢意。所引研究成果内容,书中将一一注明,在此不一而论。

由于资料掌握及论题讨论背景等主客观因素的影响,本著研究时限集中于清末民初这一历史时段,讨论内容主要从镇江开埠背景出发,着眼于开埠后镇江对外经济关系、城市地位、商业和埠际贸易发展、金融业、工业与农业的近代趋向、西学的传播与教育、社会生活变化、近代化滞碍因素等问题的讨论,探讨开埠对近代镇江社会发展产生的影响,并进而探寻镇江的近代化轨迹。在研究方法上,本书力图综合历史学、社会学、经济学、统计学等学科的理论,努力采取定性定量分析、比较研究、案例分析等多种方法,力求在科学分析的基础上进行客观的陈述,总结出合理的结论,期以形成比较科学的观点。但由于城市史讨论涉及政治、经济、社会、文化等社会生活的多个方面,需要多种学科知识的融合,加上史料搜集、学识水平的限制,议题的讨论还有诸多不足。尽管如此,仍然期待相关讨论有益于镇江乃至其他沿江城市现代化问题的深入研究。不当之处,恳请方家批评指正。

目　录

第一章　空间环境与城市历史地位

长江下游区域经济和文化的发展瞩目于中国历史的各个时期。作为长江下游沿江城市中的重要邑镇——镇江，在区域社会发展中占有一席之地。其历史至少可追溯至春秋时期，其地先后有朱方、谷阳、丹徒、京口、润州、镇江之称谓。镇江地区的发展主要依赖于独特的地理空间环境，历史文化底蕴深厚积淀。隋唐以来，此地日渐成为江南港口重镇。至前近代历史时期，镇江社会发展已然具备明显的地域特征，城市历史地位因此凸显。

第一节　传统空间环境

自古以来，镇江地区的历史进程与其空间环境密不可分，得天独厚的地理优势和交通条件赋予镇江空间环境的独特性，并在漫长的历史时期内影响了镇江地区的社会发展。《乾隆镇江府志》描述了其地所特有的空间环境特征："镇江之为郡，襟江带海，为建业、蟠垣、三吴门户，自历代以来称为控扼要地。"[1]

镇江形势险要，历来为兵家必争之地。清《光绪丹徒县志》中《形势·叙》曰：镇江"襟带江山，控制南北，昔人以为用武之所"。并借历代典籍予以

---

[1]　（清）高得贵等纂，朱霖增纂：《乾隆镇江府志》,《重修镇江府志序》,《中国地方志集成·江苏府县志辑》第27辑，江苏古籍出版社、上海书店出版社、巴蜀书社1991年版，第7页。

佐证：

《宋书·文帝纪》：京口襟带江山，表里华甸，经途四达城邑，高明苞撰形胜，实维名都。《齐书·州郡志》：京城因山为圣，望海临江，缘江为境，似河内郡，内镇优重。《隋书·地理志》：京口东通吴会，南接江湖，亦一都会也。徐铉《骑省集》：扬州之都会，金陵之重镇。曾旼《润州类集序》：控江流之会，西接汉沔，北拒淮泗。汪藻《浮溪集》：千山所环，中横巨浸，形胜之雄，控制南北。《宋史·刘甯止传》：京口控扼大江，为浙西门户。陈亮《龙川集》：京口连冈三面，而大江横陈，江旁极目千里，其势大约如虎之出穴，而非若出穴之虎，昔人以为京口酒可饮，兵可用。而北府之兵为天下雄，盖其地势然耳！《咸淳府志·序》：京口内蔽日畿，外连天堑。《读史方舆纪要》：京口南控江湖，北拒淮泗，山川形胜，昔用武处也。建业之有京口，犹洛阳之有孟津。自孙吴以来东南有事，必以京口为襟要之防，京口之防或疏建业之危。立至六朝，时以京口为台城门户，锁钥不可不重也。①

镇江军事战略位置突出，因而自古兵戈不息。作为吴头楚尾，春秋战国时期，此地为吴、楚争霸之地。三国时期，镇江是东吴政权的发祥地。南宋偏安临安，镇江成为流亡政权的屏障，宋高宗建炎四年（1130），大将韩世忠曾在镇江江面阻击北返金兵，夫人梁红玉击鼓助阵，围困金兵四十余日。元末，朱元璋占据南京之后，即派大将徐达攻占镇江，以稳阵脚。清顺治元年（1644）五月初五日，清军偷袭镇江，为进军江南扫清了障碍。因此，历代统治者皆加强对镇江地区的军事管辖。

镇江自古大江横陈，水陆交通的便捷长时期影响了镇江城市的发展。长江对于镇江城市发展的意义，前人早已精辟概述：

---

① （清）何绍章、冯寿镜修，吕耀斗等纂：《光绪丹徒县志》卷一，舆地·形势·序，《中国地方志集成·江苏府县志辑》第29辑，江苏古籍出版社、上海书店出版社、巴蜀社1991年版，第62—63页。

以天下之大势言之,尽域中南北之广,而大江介乎其中。限天下之南
北者大江也,江发源于西蜀之岷山,东流万里而注于海。大江又极乎天下
之东西也。镇江当大江南北之冲,而东际江流入海之尽境,其地控天下之
枢,为第一阨塞,关系治乱之大势,视他郡为独重。①

作为一条黄金水道,长江为沿江城市的发展提供得天独厚的条件。镇江
位于长江下游南岸,港口交通地位明显。流经镇江段的长江为扬子江的一段,
亦名京江。京江的水道自镇江以西的高资江面至东面武进县的孟河口,其间
有数条宣泄山水入江的港道,自西向东包括了高资港、七里港、京口港、丹徒
港、铁锚港、孩溪港、柳溪港、洪溪港、山北港等,为舟辑栖息提供了良好港湾。

秦至六朝时期,在长江航线上,镇江的渡运活动一直连绵不断,长江渡口
地位逐渐形成并确立。现有研究认为,"秦汉时期,长江下游南北渡运航线已
在广陵(扬州)和丹徒之间逐渐稳定"。"六朝时期,渡口航线已固定在京口和
广陵。在西晋末年规模空前的'永嘉南渡'中,北方人民避乱南迁,到达长江
下游的至少有70万人,从扬州至京口南渡人口最多,占全部南渡人口的半数
以上。"其时,蒜山渡即西津渡,已然成为京口著名的渡口,闻名至今。自"东
晋以下,京口、广陵已是长江下游最重要的南北渡口"。②

隋至唐宋时期,镇江交通运输长足发展。除了既有的长江航运以外,大运
河的开凿进一步提升了镇江在全国的地位。隋大业六年(610),大运河全线
贯通,沟通海河、黄河、淮河、长江、钱塘江五大水系。镇江地处长江与运河的
十字交汇点,与此承接了北方的里运河,并成为江南运河的起点。"隋运河明
确了由京口入江的镇江河段,是与江北运河相对接的江南运河主航道地位,明
确了京口是江南河入江口的主口门地位,'自是以后,南北渡者皆以京口为通
津。'"③隋运河开凿以后,镇江水运辐射范围不断扩大,东南达于余杭,并远及

---

① (清)高得贵等纂,朱霖增纂:《乾隆镇江府志》,《重修镇江府志序》,《中国地方志集
成·江苏府县志辑》第27辑,江苏古籍出版社、上海书店出版社、巴蜀书社1991年版,第2页。
② 张立主编:《镇江交通史》,人民交通出版社1989年版,第12—13页。
③ 张立主编:《镇江交通史》,人民交通出版社1989年版,第34页。

广大东南地区,北及黄河、海河流域,江河水运枢纽地位由此奠定。

隋代以降,江南经济发展速度加快,江南地区逐渐成为全国的经济中心。为加强朝廷对江南地区的控制,历代封建政府均注重对南北大运河的整治与管理。唐宋年间,对江南运河镇江段较大规模的疏浚整治活动有数十次之多。"仅嘉定十一年(1218),浚治镇江江口至南水门一段就长达 1869 丈,拓宽至 10 余丈,深为丈余,并修京口闸、甘露港闸,公用 376592 工,费钱 240014 缗,米 18881 石。"①

元明清时期,长江段镇江主航道时常摆动,沙洲也不断滋长,镇江沿江坍塌现象时有出现,加上徒阳运河(江南运河镇江至丹阳段)不时受到泥沙淤塞的困扰,一定程度上影响了镇江水上航运活动。虽然如此,这一历史时期,由于工程技术的进步,镇江地区的交通网络仍然得以不断完善,镇江境内逐渐形成四通八达的航运水道,江南运河镇江段沿岸逐渐形成一系列重要港口,其中,"镇江城中的入江口有 3 处:西为大京口,中为新河口(小京口),东为甘露口;丹徒县东乡有入江口两处:一为丹徒口,一为越河口(谏壁口)。"②此外,长江沿岸还排列着大大小小几十个港口,除了前述的港口以外,尚有丹徒县西乡的洪信港、断妖港、下鼻港、三里港,丹徒县东乡的大港、萧家港、何家港;丹阳境内的萝卜港、萧港、吴家港、包港等。

镇江与附近其他地区的联系,主要依赖河湖航运水道。徒阳运河是镇江与丹阳之间的重要水道,它"大致从吕城开始,经陵口流至丹阳县城。从丹阳环城而出,经练湖、张家渡、新丰镇三圈桥、谏壁镇闸,在流经丹徒桥闸,永宁桥,往西绵延 3600 余丈至镇江城,濒城而行",③再分三股入江。在丹阳境内,徒阳运河向东经武进通过其支流珥渎河连接了金坛、溧阳、宜兴等地。丹阳境内的九曲河、香草河作为漕河的支流沟通了金坛、丹阳的广大城乡地区。清乾隆四十六年(1781),便民河开凿贯通,它西起南京、东至镇江,贯穿句容至南京一线,成为桥头、下蜀、仓头、宝华、龙潭、南京等地区物资外运的主要航道。

---

① 张立主编:《镇江交通史》,人民交通出版社 1989 年版,第 83 页。
② 张立主编:《镇江交通史》,人民交通出版社 1989 年版,第 83 页。
③ 张立主编:《镇江交通史》,人民交通出版社 1989 年版,第 126 页。

元代以来,随着中国海外贸易的开启,商品流通范围逐步扩大。在主要的海外贸易交通线路中,镇江港口中转作用逐渐显现。根据王辑五先生在《中国日本交通史》中的研究,明时,中国与日本之间的海上交通形成了两条固定的中国航线,一条是中国路:兵库—博多—值嘉岛—宁波—杭州—苏州—镇江—南京;扬州—淮安—济宁—天津—通州—北京。一条为南海路:土界—坊津—宁波—杭州—苏州—镇江—南京;扬州—淮安—济宁—天津—通州—北京。两条线路交会于镇江、扬州一线,并以此沟通了南北交通运输。很明显,镇江地处这两条海外交通线的交叉点。清代,国内与日本之间的商船依然往来不断。这些来自中国的船舶,日本人谓之"唐船"。唐船分为澳船、中澳船和口船。口船又分为福州船和南京船。镇江的商船隶属南京船,镇江的各类商品物资通常通过这种口船运销海外。

除了水运路线以外,镇江的陆路交通在元明清时期也得到很好的发展。通往镇江的"官马大道",自北京经行山东德州、历城、泰安、临沂、宿迁,沿运河至扬州、镇江,自镇江,一路到达江宁(南京),一路经丹徒,至常州、无锡、苏州、杭州,最后到达福州。此外,连接镇江城乡的"大路"、"小路"也有数条,如,镇句大道、镇丹大道、丹金溧大道等。这些陆路与密布交错的水路相结合,构成了镇江四通八达的交通运输网,为镇江地区经济发展提供了良好的交通条件。

至鸦片战争前夕,镇江已然发展成为长江下游的重镇,其航道东通上海,西接金陵,北连淮泗,南达杭州,为近代镇江地区经济发展提供了独特的地理空间条件。

第二节　传统社会经济结构

近代以前,镇江的经济体现了浓厚的商业特色。前近代时期,镇江是南北交通枢纽和长江下游重镇,号称"商贾辐辏"、"百货云集"。[①]

---

①　张泓:《岛船志略》,贺长岭、魏源等编:《清经世文编》卷三十八,中华书局 1992 年版。

镇江素以商业闻名,商业发展有着悠久的历史。西晋以来,京口地方已逐步发展成为繁华的商业都会。西晋时的京口是商贾云集之地,居民多以商贩为业。东晋时期,镇江商业得到进一步发展。至六朝时,京口出现了中转、集散及销售米、谷及布、帛、绢、丝等手工业产品甚至海货的大规模市场。唐时,镇江"舸帆林立、商业繁盛",有"银码头"之称。宋代,"镇江除了豪强货殖、官商专利外,民间的商业活动十分活跃。……这里不仅是国家商品运输通道和骈集之地,而且也是南商北贾多民族人员和海外番客的交易之所,是继京城和扬州、杭州少数几个城市后,最重要的商业城市和国际贸易城市之一。"①元朝镇江商业发展的状况,从《马可波罗行纪》的相关记述可见一斑:"镇江府城是一蛮子城市,居民是偶像教徒(佛教徒),臣属大汗,使用纸币。恃工商为活,产丝多,以织数种金锦丝绢,所以见有富商大贾。"②明清之际,镇江商业秉承了一贯的繁荣,车船往来频繁,商品集散繁盛,八方商贾汇集,人称"京口为舟车络绎之冲,四方商贾群萃而错处"。③

镇江的商业发展受到了多种因素的影响,除了有着良好的商业传统以外,主要得益于优良的地理条件。明代以后,江南是商品生产的中心,镇江作为江南运河的起点,跨过长江承接了北方的里运河,密切联系着江南地区与广大的北方和内地,便利了南北各地的商品交流。在封建社会,商业发展的关键是商品流通和运输,因而离不开良好的交通运输条件。而"二十世纪以前,我国的商品运输主要靠水运",④因此,明清以来,商业发展较好的城市大多沿大江大河,如苏州、杭州、嘉兴、湖州、松江、扬州、重庆、成都等,镇江亦是如此。航运业的便利使镇江地区具备了便于物资交流、人员往来的商业条件。"明代,以运河和长江两大水运大动脉为基干,上百条商运通道连接着两京十三布政司",⑤而"运河是明清时期南北经济最重要的生命线,沿途设立税关最多,商

① 范然、张立:《江河要津》,江苏人民出版社 2004 年版,第 62 页。

② [意]马可·波罗著,冯承钧译:《马可波罗行纪》,上海书店出版社 2001 年版,第347 页。

③ 范然、张立:《江河要津》,江苏人民出版社 2004 年版,第 93 页。

④ 许涤新、吴承明:《中国资本主义发展史》第一卷,人民出版社 2003 年版,第 85 页。

⑤ 范金民:《明清江南商业的发展》,南京大学出版社 1998 年版,第 53 页。

运最为繁忙。直到清中期,江南与北半个中国的经济联系主要凭借运河维系,大小商贩乃至公私行旅也多取道运河"。① 这种基本格局直至清中期未有多大变化。

明清时期,长江商运繁忙,而运河是同时期利用率最高的运输路线,处于长江运河汇合处的镇江商业因此得以带动,获得了发展的良机。这一历史时期,镇江在国内商运线路中占有比较突出的位置。以明为例,根据时人憺漪子的《新镌士商要览》、程春宇的《士商类要》和黄汴的《一统路程图记》关于其时主要商路的考察,可以认为,无论在上、下江和运河南北的长距离贸易中,抑或是在社会经济发展走在全国前列的江南商运线路中,镇江在其中的枢纽地位突出。憺漪子在其《新镌士商要览》中的《天下路程图引》中分析道,"江南、江北水路 100 条,其中以江南为起点或终点的就有 23 条,占五分之一以上。"②苏州、杭州是明清时期江南地区的两个中心城市,商业发展最为繁荣。自苏、杭至各处水路中,中国东部地区的主要水路,如"杭州跳船至杭州府水路","杭州跳船至镇江府水路","杭州府由官塘至镇江府水路","扬州府跳船杭州府水路","杭州府由苏州至扬州府水路"等,③都必经镇江枢纽无疑。

依据江南交通的上述特点,明清至鸦片战争前的镇江商业发展很显然受到发达的江南地区商品经济的辐射和影响。"我国的封建城市原来都是各级政权统治的中心或军事重镇",④宋代以后,这些封建城市的功能渐渐地发生了变化,工商业开始发展起来,苏州、杭州、南京、镇江都是其中的典型例子。明清以来,江南经济迅猛发展,特殊的地理条件使镇江地处江南两大经济中心之间。大致上,其左前方是商品经济繁荣的苏杭经济带,右边则是政治、经济地位都比较突出的中国南方的封建大都市——南京,商业发展有其特殊的优势。就前者而言,苏州、杭州是苏、松、嘉湖地区经济发展的中心地带。其中,杭州是江南的区域中心市场,工商业发达,其商品来自全国各地,史称"百货

---

① 范金民:《明清江南商业的发展》,南京大学出版社 1998 年版,第 57 页。
② 范金民:《明清江南商业的发展》,南京大学出版社 1998 年版,第 54 页。
③ 张海英:《明清江南商品流通与市场体系》,华东师范大学出版社 2002 年版,第 37 页。
④ 许涤新、吴承明:《中国资本主义发展史》第一卷,人民出版社 2003 年版,第 13 页。

所聚"。苏州为全国著名的工商城市,为"物货所出之地,又是物货所聚之地"。① 明后期起,苏州发展成为全国性中心市场。苏、杭经济虽然发达,但对江南及全国其他地区的粮食和手工业原料倚重明显。永乐迁都后,明政府对大运河的倚重远胜从前,江南地区的商品流通大多经长江、运河沿南京、镇江一线集散进出,进入以苏杭为中心的太湖、松江、嘉湖地区为纵深的市场腹地。就后者而论,南京与镇江的军事经济关联从来就很密切。南京号称六朝古都,是明初的都城,迁都后的留都,清代江苏的省会。镇江地势险峻,历来为兵家必争,是长江下游的锁钥。镇江距离南京极近,是设防南京的重要关卡。明清以来,镇江与南京之间政治军事的密切关联同时加强了两者之间的经济往来。永乐迁都前,南京是全国的中心市场。迁都后,南京成为江南的区域中心市场,然而不管是前者抑或后者,"作为南京市场的延伸,镇江沟通了江南与长江中上游地区的经济联系。"②因此,镇江地处两大中心市场之间,商业受到两大市场的辐射和影响,是江南市场不可或缺的部分。

漕运对于古代镇江经济有着特殊的意义。明清时期,镇江是漕粮集散中心,沙船必经之地。"京口自唐为漕,挽咽喉之所,嘉庆志载,历代徒邑漕运"。③ 明代,永乐北迁后,明政府的财赋来源愈加依赖南方,尤其是苏、松、杭、常、镇诸府。南北运河成为明代漕运的主要渠道,南方各省漕船大多自江南运河过镇江北上。"永乐末,全国一年中通过运河运送的漕粮共 400 万石,其中北粮仅 755600 石,南粮达 3244400 石,南粮约是北粮的 4.3 倍。"④据美国学者黄仁宇先生的研究,从 1487 年到 1520 年的三十四年里,漕粮每年的运输量均为 400 万石左右,而"漕粮毫无例外地来自 6 个省,即南方的南直隶、浙江、江西和湖广,北方的河南和山东。400 万石里有 3244400 石来自前 4 省,7555600 石来自后 2 省。在各省承担份额中,南直隶特别区的负担尤其沉重,

---

① 范金民:《明清江南商业的发展》,南京大学出版社 1998 年版,第 144 页。

② 范金民:《明清江南商业的发展》,南京大学出版社 1998 年版,第 143 页。

③ (清)何绍章、冯寿镜修,吕耀斗等纂:《光绪丹徒县志》卷十六,漕运,《中国地方志集成·江苏府县志辑》第 29 辑,江苏古籍出版社、上海书店出版社、巴蜀书社 1991 年版,第 294 页。

④ 张立主编:《镇江交通史》,人民交通出版社 1989 年版,第 90 页。

要承担 1791430 石,或者说,要承担占全国总数的 44.78%。在这一特别区内,只是苏州一府就承担了 697000 石,占全国总数的 17.3%。同苏州府相连的松江府,承担了 232950 石,占全国总数的 5.82%。"①这些漕粮除一部分"遇水涸"分流孟渎之外,大部"运道必出京口"。最繁忙的时候,"浙江及苏、松、常、镇四府岁输粮 183 万石,占漕粮总额的 45% 以上。其中除部分由孟渎、得胜河入长江以外,大部分要由江南运河运到镇江,再由镇江港中转北上。"②

清代实行海禁时期,运河更为繁忙,镇江成为湖广、浙江、江西尤其是苏、松、常、嘉湖地区漕粮入江的中转要地。晚清京口驻防副都统海龄因而奏称"京口乃七省咽喉"。清廷在镇江设立了管理严密、分工明确的漕运组织机构——镇江卫,守备为镇江卫最高漕运长官,其下辖前帮、后帮等机构,负责屯运事宜,另设监兑押运官,负责漕粮的押运工作。③ 漕运鼎盛时期,运河贩运贸易得到较快发展。为了鼓励漕运,明清政府允许漕船可携带土宜沿途贩卖,此举刺激了运河沿岸市镇商业的发展,运河上的漕船大多"南去挟吴丝,北来收果核"。在这种经济活动中,镇江与外埠的商品交流也日渐活跃。有记载说,繁忙的时节,"江阴、靖江、太仓、通州等地的沙船,在瓜州、镇江装载货物,行至浏河港口停泊,镇江府、丹徒镇等地的船只,装载货物,直接行至浏河交卸。"④非漕运季节,漕船的商运机会增加,停泊于镇江港口的各类漕船及商船转运的商货种类繁多,涉及多种南北货品,如北方的红枣、芝麻、麻油、柿饼、胡桃等北方特产及南方的粮食作物、茶叶、桐油、丝麻织品、棉织品、笔墨纸张等。伴随商运的繁盛,本地商业得以进一步发展,形成了几个传统的商业行业。

米粮业在镇江的发展有悠久的历史。柳诒徵先生说:"镇江故有米市,广

---

① [美]黄仁宇:《明代的漕运》,新星出版社 2005 年版,第 76 页。

② 陈敦平:《镇江港史》,人民交通出版社 1989 年版,第 25 页。

③ (清)何绍章、冯寿镜修,吕耀斗等纂:《光绪丹徒县志》卷十六,漕运,《中国地方志集成·江苏府县志辑》(第 29 辑),江苏古籍出版社、上海书店出版社、巴蜀书社 1991 年版,第 296 页。

④ 道光《济河镇纪略》卷五,盛衰,转引自张立:《镇江交通史》,人民交通出版社 1989 年版,第 94 页。

潮商人及钓卫、沙网各帮均萃于镇,轮帆迭运,为商业之大宗。"①可见,鸦片战争前镇江的米粮业已有一定的规模。封建社会中,粮食的交易主要服务于地方小市场上的品种调剂和区域市场内供应城镇人口的需要。历史时期内,镇江地区人口一直处于增长态势。明清时期,镇江的居住人口已达到比较大的规模。借以《光绪丹徒县志》关于丹徒县人口变化的记载佐证。

表 1.1　明清时期镇江人口变化情况②

年份	户数
(明)永乐十二年民户为 42375 户	
(明)成化十八年	民户为 30959 户
(明)正德六年	民户为 30290 户
(明)万历二十四年	民户为 29019 户
(清)康熙十二年	民户为 38355 户
(清)康熙十五年	民户为 42525 户

此后,常年在 4 万户左右。如此众多的人口,自然需要大量的粮食供应。而镇江多丘陵,土地大多贫瘠,农业生产水平相对较低,并非粮食产区,缺米现象不可避免,米市随之出现。《乾隆镇江府志》、《光绪丹徒县志》皆有关于米市的记载,表明了米市贸易的历史存在。此外,南方经济发达地区的粮食需求日益增加,经本地中转的粮食总量也不在少数。由于人口迅速增长,口粮需求增强,商品经济的发展又导致工业用粮消耗剧增。严重的事实是,苏、松、太湖、江浙乃至福建、广东等地缺米现象严重,加之苏州本身是一个重要的粮食市场,大宗商品粮在由四川、湖南、江西、安徽沿长江转运至镇江后,除一部分就地销售,大部分会中转江南各地。这种现象在明代的时候就已经显露出来,

---

① 胡鲁璠、杨方益:《解放前镇江工商概述——抗战前部分》,政协镇江文史委员会编:《镇江文史资料》第十五辑,内部资料,1989 年版,第 142 页。

② (清)何绍章、冯寿镜修,吕耀斗等纂:《光绪丹徒县志》卷十二,户口,《中国地方志集成·江苏府县志辑》第 29 辑,江苏古籍出版社、上海书店出版社、巴蜀书社 1991 年版,第 234—236 页。

明人刘世教在其《教荒荟略》中说道："往者京口、浒墅之间,百谷之舫无日也不灌输而南者,盖在岁丰而已借资与外境矣。何者? 其生齿繁而土之毛不能给耳?"①清代,这种现象依然存在。据记载,乾隆五十一年(1786)十二月间,镇江丹徒就曾有船户杨义山、周国才、杨文仪以 3 艘货船承包商米的运输,此次运输米粮共大 1676.55 担(约合 125741.25 公斤),目的地为苏州。② 数量之多,表明了本地船户商米运输之活跃及米粮业的发展程度。

本地区棉布和丝绸贸易量也比较大。明清时期,江南地区手工织布业比较发达。明朝后期的松江府就是有名的手工织布地区,号称"家纺户织,远近通流"。发展至清代,苏杭地区纺织水平越来越高,但因当地并非产棉区,所需棉花等原料多来自北方,南北方的原料和成品的交流成为常态,在这种交流活动中,镇江港起了一定的中转作用。据统计,清代每年"苏松地区的棉布的运销量可达 4000 万匹,其中,通过镇江港转输的估计在 1000 万匹左右。"③为了满足宫廷和达官贵人对丝绸的需要,清代专设金陵、苏州、杭州三大织造基地专门生产丝绸织物,江南因此成为庞大的丝绸市场。江南的丝绸不仅要销往京城及国内各地,还有相当部分要向西转运,用于"丝绸之路"的贸易。依据江南丝绸进入新疆的贸易状况,可以推测这种贸易的活跃。据研究,乾隆四十三年(1778),丝绸入疆运量达 6650 匹;嘉庆五年(1800),丝绸运量减少,但也达 3665 匹。④ 鉴于长江与运河在清代运输中的重要地位,其中当有相当部分须经镇江中转。在丝绸贸易方面,除了中转的作用以外,镇江本地的丝绸业比较发达。在《明清江南商业的发展》一书中,范金民先生把江南丝绸市场划分为高级绸缎市场和低级丝绸市场两类。他认为,镇江和南京、苏州、杭州一

---

① (明)刘世教:《教荒荟略》,转引自范然、张立:《江河要津》,江苏人民出版社 2004 年版,第 81 页。

② 中国历史博物馆所藏一帧"船户揽运米商贷物合同"原件可以证实相关事实。参见张立:《镇江交通史》,人民交通出版社 1989 年版,第 94—95 页

③ 张立:《镇江交通史》,人民交通出版社 1989 年版,第 90 页。

④ 林永匡、王熹:《清代乾隆年间苏州与新疆的丝绸贸易》,《苏州大学学报》1985 年第 4 期。

样都隶属前者。①

江绸业是镇江一个的传统行业,一贯享有盛名。江绸是"京江绸"的简称,其品种有缣丝、官纱、线绉、塔夫绸四种。唐宋时期,丝织业渐渐发展。元代,丝织业成为镇江的主要手工业。根据元代地方典籍《至顺镇江府志》的记载,本地的丝织品有罗、绫、绢、纱、绅(绸),是地方主要贡品。其记载曰:

> 罗　润州土贡衫罗。
>
> 绫　润州土贡水纹、鱼口、绣叶、花纹等绫。……又贡方纹绫、水纹绫。见《寰宇记》,今所织者名杜绫,又撼绵为缕织之,名锦绫。用白丝织之,名大绫。
>
> 绢　润州贡绢,见《寰宇记》,今人所织者名土绢。
>
> 纱　出丹徒县洞仙,高平二乡。
>
> 绅　土人所织名南绅,撼绵为之,名绵绅。
>
> 布　土贡火麻布,见《唐·地理志》。赋纳苧布,见《元和郡县图志》。以苧布兼丝缉而成者,谓之丝布。谓金坛之丝布、苧布,皆女冠所织,世称精励。②

发展至清代,镇江出现了"拥有一千台织机、三四千人的大型手工工场"。③ 清代,"京江绸"技艺得以进一步发展,其制作工艺精良,质地上乘,声名远播,行销各地,是地方手工业的一大特色。销售范围"北趋京师,东北并高句丽、辽沈,西北走晋绛、逾大河,上奏雍、甘凉,西抵巴蜀,西南之黔滇,南越吴岭、湖湘、豫章、两浙、七闽,沂淮泗,道汝洛……"④行销于全国大部分丝绸市场。海外也有一定市场。通常,线绉行销印度、南洋、俄罗斯,塔夫绸行销印度、朝鲜。针对朝鲜市场需要,甚至出现专门为之编织的"朝鲜披风"料,每年

---

① 范金民:《明清江南商业的发展》,南京大学出版社 1998 年版,第 168 页。
② (元)俞希鲁:《至顺镇江志》卷四,土产,江苏古籍出版社 1999 年版,第 174—178 页。
③ 张立:《镇江交通史》,人民交通出版社 1989 年版,第 124 页。
④ (同治)《上江两县志》卷七,食货。

达 40 万件。伴随丝绸业的兴旺，浆染业相应发展。由于"京口浆染业翠红色独步东南，闽商中有购湖丝者，往往先至镇江染成翠红，再带回织绸"。① 考察明清丝绸业，可以认为，相较于江南诸府，镇江丝绸业发展应当仅次于苏、杭、宁地区，在本地乃至江南商业经济中占有重要地位。

木材业是明清镇江商业中的一个主要行业。镇江木材业的兴盛缘于其对长江中上游所产木材的集散功能。江南地处平原，木材向来缺乏，大都依赖外地输入，木材市场因而兴盛。唐代，镇江江面便布满了水排木筏。明代中叶，镇江因木业之盛而被誉为江南木业"早期鼻祖"。清时，镇江"木业更是兴旺，湖南、湖北、安徽、江西等地云集镇江的客帮有七八十家之多。"②对于镇江木业地位的突出，清代木商说："皇木、架木、椿木等项，向来凡奉文采办，首责省滩承值，而镇江次之，其余苏、常各属，不过零星小贩，且四季粮船拥塞，木少运艰……京口地处滨江，簰夫停泊亦多。"③鲇鱼套是镇江著名的木材集散中心，其港口西至龙门口，东至王家巷，长达十余里，港阔水深，外有芦苇滩屏蔽，无长江风浪之险，是天然良港。来自上江、两湖、四川、江西、安徽的竹排顺江而下，集中鲇鱼套，经江南运河转运江南各地。因为有利可图，各地来镇木商日益增多，并因地域而分帮，至鸦片战争前，镇江木帮有江西帮、湖南帮（南帮）、湖北帮（北帮）、安徽帮等。

水上客运业也是地方经济不可忽视的部分。镇江境内江河纵横，交通更多依赖水运。水上客运业在明清时期有较大发展。长江、运河的客货贸易自不必说，乡村地区的交通也主要依赖水运，如丹阳一带就活跃着所谓的"上街船"。"上街船"是乡村客货贸易的重要交通工具，沟通了丹阳城镇与广大乡村之间的经济联系。水上客运业除了"官渡"以外，还有"私渡"等民间客运业，表明镇江水运事业的发达。与航运密切相关的造船业成为明清镇江商业的一部分。镇江造船业分为官营和私营两种。官营船舶包括战船、粮船、驿船

---

① 张立：《镇江交通史》，人民交通出版社 1989 年版，第 127 页。

② 王家典等主编：《港口发展与中国现代化》，上海社会科学院出版社 1989 年版，第 346 页。

③ 苏州市档案馆：《明清苏州工商业碑刻集》，江苏人民出版社 1981 年版，第 113—114 页。

等,主要服务于政府机构。民间造船业则修造各类商船,直接服务于商业运输。此前所述的"南京船"在镇江民间造船业中占有很大比例。清康熙年间,在镇江的江边河口,各类小型船场纷纷建立,如浮桥、南闸、猪婆滩、陶庄、辛丰、上皇等地。适应船舶业发展的需要,相关商业行业发展迅速,如木材、桐油、麻绳、铁钉、铁锚等船用器物的购销等。

会馆、公所的出现是明清镇江商业活动的明证。根据现有的资料记载,清时,镇江大约有 15 个公馆、会所。

表 1.2　镇江府公馆、会所一览表①

公馆、会所名称	地　址	建置者	始建年代
浙江会馆	镇江府城		乾隆年间
两广会馆	镇江府城		
福建会馆	镇江城外马路		光绪时
山西会馆			
泸州会馆	镇江府城		鸦片战争前
新安会馆	镇江府城	安徽泸州人	
旌太会馆	镇江府城	徽州人	
江西会馆	镇江新河街	旌德太平人	
直隶会馆	镇江小码头街		
山东会馆			
河南会馆			
山西会馆			
五省会馆			
钱业公所			
广肇公所	镇江城西龙王巷		光绪三十年(1904)

各地商人栖息于会馆,视镇江为获得商业利益的财源地。明正德年间,有无锡富商华麟祥,其商业发达就起家于以京口为中心的贩卖贸易,有史料记述

---

① 范金民:《明清江南商业的发展》,南京大学出版社 1998 年版,第 408 页。

了其人发家的经过,曰:

　　华号海月,父本有家诸生也,尝馆于京口。时京口地无红菱,使馆僮兴贩于锡之菰渎,即海月本居地,六七日往来,利可十倍。又于馆政暇,纵步金山江口,同牙行人等商南北货物之翔沈,亿则屡中,意念勃如也。子云、露俱早慧,慨然曰:黄甲科名事,可付儿曹。知父翁处,有契好远宦寄银二百,封顿年余,乃窃之往馆,徊翔百货间,立志人弃我取,积久无用者,方为收置。牙行人忽指曰:有一物矣。积已年久,储非一家,荆、湖、川蜀远下客商所带扳枝花,俱结算在主,拨除饭食牙用,向无定价,大约百斤一包,作四钱可也。海月曰:此有收之日,无发之时者,付实银二钱可乎? 众各欣然,以为臭腐神奇矣。蓄贮四厥固封焉。未阅月,正德帝为宸濠反叛,督兵亲征,已有旨由金陵至武林,登太和山从嵩岱而还,凡所经历州县备供帐,设衾褥,皆需扳枝花,价已昂极,一斤对两,迫无货见也。贩卖远商舣舟猬集,海月徐发,匝月方完,实银几百万矣。此方谓臭腐神奇,捆载而归,训二子读书①

镇江本地商人也频繁活跃于各大城市。清雍正年间,镇江商人曾在上海县开设了颇负盛名的卜春记浙闽广货店和王大生烟店。清代,镇江的丝绸业在扬州绸业市场占据了垄断地位,京城也出现了镇江商人开设的专卖南货海味的商号。

　　商税的征收体现了地方商业发展的状况。明清时期,镇江商户被征商税已经达到一定的水平。为规范商税征收,万历十七年(1589),镇江府制定赋役册,规定:"每年于城市乡镇,凡开张店铺之家,审其生业,分别派征,各有定额,不得分毫加多……"②以明万历年四十八年(1620)为例,镇江"在城税课

---

　　① （清)花村看行侍者偶录:《花村谈往》卷二,转引自傅衣凌《明清时代商人及商业资本》,人民出版社 1956 年版,第 25 页。
　　② （清)何绍章、冯寿镜修,吕耀斗等纂:《光绪丹徒县志》卷十三,田赋一,《中国地方志集成·江苏府县志辑》第 29 辑,江苏古籍出版社、上海书店出版社、巴蜀书社 1991 年版,第 240 页。

司商税酒醋门摊课程岁额钞一十二万五千四四十六贯三百七十文,丹徒镇税课局商税酒醋门摊岁额课钞六万二千四百五贯二百文。"①从一个侧面反映了镇江地方商业活动的活跃。

乾隆皇帝南巡镇江时,对于镇江商业的繁荣也深有感悟,并强调此地商业维护的需要,曰:"京口诸处为南北咽喉,百货丛生,舳舻衔尾,皆民间日用所资。"②

第三节　传统城市地位

前近代时期的镇江城市地位根本受到地理位置和地域经济发展程度的影响。前者在上文已有诸多表述,因而不再赘言。后者则主要指江南区域经济的影响。明清以来,随着江南经济的发展,江南区域城市相应发展。明时期的镇江是全国 33 个大都市之一。宣德年间,明王朝为征商品流通税设立了 33 个钞关,镇江即为其中之一。资料显示,明后期,镇江甚至跻身全国大城市前列,"1600 年左右,明代一位作者列了一份全国最大城市的清单,清单上所列城市顺序如下:北京、南京、镇江、广东(州)、福州、苏州、松江、淮安、扬州、临清、济宁、仪真、芜湖、景德镇。"③根据这个排序,17 世纪初,镇江城市地位当位列全国第三。虽然这样的记述还需要其他相关资料的进一步佐证,但至少可见一斑。需要指出的是,这一时期,这些规模较大的城市多集中于运河沿岸,表明漕运经济对于当时沿岸城市发展的特殊意义。镇江具有相同的历史地理条件,所以相关记述具有一定的可信度。

镇江的城市地位一贯与其商业地位密切相关,可以说商业繁荣促进了镇江城市的发展。清时,江南一省是数省咽喉,旅舟、商贾聚集之地,多集中于江

① (清)何绍章、冯寿镜修,吕耀斗等纂:卷十三,田赋一,《中国地方志集成·江苏府县志辑》第 29 辑,江苏古籍出版社、上海书店出版社、巴蜀书社 1991 年版,第 239 页。

② (清)《清实录》(乾隆朝),卷 47。

③ [美]黄仁宇:《明代的漕运》,新星出版社 2005 年版,第 185 页。

南镇江、芜湖等口岸,镇江"银码头"港口地位依然保留。商业发展促进镇江城市规模不断扩展。明清时期,镇江城中已经形成了众多的街市,据《乾隆镇江府志》记载:乾隆时期镇江有大市、小市、马市、米市、菜市、中市、柳市及凤凰街、五条街、十字街(四牌楼街)、第一楼街、屏风街、上河街、下河街、南门大街、打索街、九里街等三十五条街。① 另有丁家巷、弥陀寺巷、竹竿巷、大爸爸巷、小爸爸巷等数十条街巷,此时的镇江是远近闻名的都市。

　　缘于传统的历史地位,一些重要的本地政府职能机构设置的考证不断进入史家视野。有学者曾经专门考证过清代江海关的设置,在他看来,雍正三年(1725)后,四大榷关之一的海州江海关裁撤后,作为征收国内客货的江南省总税关江海关可能就设在镇江。关于江海关的设置,截至目前大致有两种说法,一说上海,一说云台山。清史家夏燮在《中西纪事》中说道:"国朝康熙二十四年,灭郑氏,台湾平。越年,疆臣请解除海禁,报可。于是设榷关四:于粤东之澳门、福建之漳州府、浙江之宁波府、江南之云台山。"②据相关学者考证,清时,江南省境内的云台山至少有四处:松江府(上海)之云台山、江宁府(南京)西南之云台山、丹徒(镇江)之云台山、海州(连云港)之云台山。其中,江宁府与松江之云台山,背离长江,完全不适宜商贸活动,因而排除作为通商大关设置的可能性。而海州之云台山,由于地处徐淮地区的东北门户和南北海岸交通要道,物产丰饶,并与漕运总督所在地淮阴及漕运通道大运河极为邻近,具备设关条件。所以,康熙二十四年(1685),海禁解除后,作为榷关之一的江海关便设此。雍正三年(1725),清政府再次谕令:外商仅限于广州一处设立行商交易,并下令关闭闽海、浙海、江海三关。从此,海州江海关裁撤。但自此以后,作为征收国内客货的江南省总税关——江海关可能就设在江南境内的丹徒云台山。在他看来,丹徒云台山濒临长江,形胜险要,交通发达,往来客货如蚁,社会经济环境发达,临近江南省会所在地江宁,是南漕的中转站,因此具备作为江南省总税关的条件。对此,学界虽然尚未发现能够佐证的一

---

　　① (清)高得贵等编撰,朱霖增纂:《乾隆镇江府志》,卷一,坊市,《中国地方志集成·江苏府县志辑》第27辑,江苏古籍出版社、上海书店出版社、巴蜀书社1991年版,第49—50页。

　　② (清)夏燮:《中西纪事》卷三,互市档案,岳麓书社1988年版,第40页。

手史料,但相关学者推论具有合理性,显示了江海关在此设立的极大可能性。①

京口驻防的设置直接反映了清代镇江的历史地位。清朝建立后,建立了巩固其统治的军事制度——八旗驻防制度。八旗驻防各省的主旨在于戍防险要,镇压地方叛乱,监督地方汉族官员,监视绿营兵。因此,各直省驻防地多选择军事要塞与战略要地。除了战略的考虑外,多数驻防还考虑了经济发展环境、给养运送便捷等因素,如杭州、江宁、福州、广州等驻防。京口驻防的设置也具备上述条件。对此,《京口八旗志》云:"京口襟江带海,上承淮泗,下控吴会,西接汉沔。东南锁钥,实在於兹。当孙吴时,已为重镇。由晋迄明,屯戍营卫,各殊其制,诚审乎地势而因时以制夷也。"②这一表述体现出京口驻防设置的"制夷"背景与需要。京口驻防设置的直接起因源于"海警"。顺治十一年(1654),南明鲁王所派定西侯张铭振、兵部侍郎张煌言等攻破镇江,震动清廷。次年,清廷命"都统、伯石廷柱挂镇海大将军印,统帅八旗官兵驻防京口"。京口驻防因此设置,成为继西安、杭州、江宁之后的第四个固定驻防。顺治十六年(1659),明末抗清名将郑成功再次攻克镇江,在此遥祭明孝陵。清政府充分认识到"镇江咽喉重镇"的地位,为进一步巩固京口驻防军事力量,再命大将"刘之源挂镇海大将军印,统八旗官兵,共甲两千副,左右二路水师随八旗驻镇江,镇守沿江沿海地方。"③这一时期,除随驻水师外,京口驻防官兵均为汉军缺。

京口驻防与江宁驻防、杭州驻防同属江南地区,相距并不遥远,如此密切的驻防设置,体现出清政府对于江南财富之地的重视。京口驻防设置虽然相对较晚,但其军事和经济战略意义使其得以长久存在。关于八旗驻防是否应当设置的争论,自其出现伊始便未停止过。八旗兵制建立以后,滋扰地方、花费过多、民族矛盾激化等问题始终存在。顺治年间,一些驻防如苏州、武昌、汉中等地驻防相继裁撤。尽管如此,一些被认为地处要害的驻防始终被保留,京

---

① 谢俊美:《东亚世界与近代中国》,上海人民出版社2011年版,第20—22页。
② (清)春元:《京口八旗志》(上),《京口八旗志序》,光绪五年(1879)刻本。
③ (清)春元:《京口八旗志》(上),《营建制》,光绪五年(1879)刻本。

口驻防即为其一。对此,有学者分析说,"满族统治者对驻防各处的设置,绝非随意为之。""南方这些重要的军事据点,大都位于当时最富庶的地区,这固然能够为驻防大军提供充足的粮饷,但清朝首先考虑的则是这些地点均处于清廷的财赋重地。'东南为天下财赋之薮,江苏之苏松常镇,浙江之杭嘉湖七郡尤甲于二省。'……京口'人烟辐辏。漕粮数百万,由兹北上'。所以,即使在南方各省的抗清斗争已大大趋于和缓之后,清廷仍在这些地方部署强大的八旗兵力,为全国各省之冠者在此。"①

清中叶以后,旗民生计问题逐渐显现,汉军生计尤显困顿。乾隆时期,清政府开始着手"汉军出旗"事宜。京口驻防原以汉军为主,加上江宁、杭州、京口驻防相距甚近,常理看来,在和平时期,弹丸之地如此密切布防似无必要,值此"汉军出旗"时期,京口驻防的直接撤销应当已到时机。然而,清廷只是对京口驻防进行了适当调整。乾隆二十八年(1763),京口将军裁撤,代之以一名副都统驻守镇江,归江宁将军管辖。同时,裁汰汉军,由江宁驻防调防部分蒙古八旗兵丁驻防京口。自此直至鸦片战争前,京口驻防形式与规制均未有较大改变。京口驻防的设置及其演变凸显了镇江的独特地位。

此外,乾隆六下江南,皆驻跸和经过镇江。乾隆停留期间,考察了镇江沙洲的涨坍情况,检阅镇江驻防水兵,游历镇江金山、焦山等处,留下诸多墨宝和遗迹,侧面反映了古代镇江的历史地位。

---

① 定宜庄:《八旗驻防制度史》,天津古籍出版社1992年版,第38—39页。

第二章 开埠通商与近代口岸地位的形成

开放是近代中国城市和地域社会优先发展的重要条件,一些近代主要城市如上海、汉口、天津、重庆等,均为典型例证。镇江是长江沿岸较早被迫开埠通商的城市之一,虽然其后来发展未及上海、武汉、南京等城市,但开埠仍然改变了其近代发展路径,并获得了近代长江沿岸自身独特的口岸地位,深刻影响了本区域社会经济发展。

第一节 开埠前的内外情势

作为一个约开商埠,镇江具备了口岸设置的一般条件。如前所述,镇江地处长江运河交汇处,为南北交通枢纽,是长江下游的交通要冲和物资集散地,具有开埠通商的门户位置和交通地理条件。然而,除了固有的通商条件以外,鸦片战争以来的内外情势是使镇江开放的重要历史原因。

镇江之战是鸦片战争的最后一战,其战争的经过、结果及其对整个战争结局以及战后中英乃至中外关系的影响,使得镇江在此后较长的历史时期内成为西方殖民者专注的目标之一。

镇江之战决定了英国殖民者最终能否实现其战争目的——迫使清廷屈服并接受不平等条约。1842年5月英军占领乍浦后,6月便进犯长江,正如恩格斯在其《英人对华的新远征》中所言:

　　这种行动的目的,在于侵入横贯中国中部的大河长江,并溯江而上,直达离江口约 200 英里的南京城。长江把中国分为截然不同的南北两部分。在南京下游约 40 英里的地方,有一条大运河流入并穿过长江,它是南北各省之间的通商要道。采取这种进攻步骤的用意,是夺取这条重要水道就会置北京于死地,并逼迫清帝立即媾和。①

　　这里的汇合处当指镇江无疑。对于英军入侵长江、进占镇江的用意,《续丹徒县志》也有同样的记述,云:"道光壬寅,英吉利由海入江,知镇郡为南北要地,志在必据,以协和议。"②英军的这种战略目的一开始就非常明确,对此,曾经任职中国海关税务司的美国人马士在其《中华帝国对外关系史》一书中详细记述说:

　　英国政府是经过很久才厘定一个政策的,但是从一八四○年二月给懿律和义律发出训令时起,它的方针是明显的。……当一八四一年九月底的时候,英国政府已经决定使全权公使握有较大的武力,因此训令印度政府"在四月间集中他们一切可能调度的海陆军于新加坡",这样才可能快地将压力加在"足以割断中华帝国主要内陆交通线的一个据点",并且强迫中国政府签订一个令人满意的条约。这里所指那个据点就是镇江,在那里,南来北往的运河线穿过那条伟大的贯穿东西的扬子江水道;我们必须记住,在一八四二年,当黄河在一八五三年舍弃了北纬五十四度(山东省南部)的入海故道,觅得北纬三十八度(山东省北部)的新出路,在运河年久失修而破坏了以前,运河是南北交通的大动脉。在镇江方面的运河和扬子江口的封锁会使向北的漕运以及同北方各省的商品交换完全停

---

　　①　恩格斯:《英人对华的新远征》,《马克思恩格斯全集》第 12 卷,人民出版社 1998 年版,第 187 页。

　　②　(民国)张玉藻、翁有成修,高觐昌、刘嘉斌、何庆年等纂:《续丹徒县志》卷七,兵事,《中国地方志集成·江苏府县志辑》第 30 辑,江苏古籍出版社、上海书店出版社、巴蜀书社 1991 年版,第 568 页。

顿,而都城北京就在北方。①

基于这样的目的,英军在入侵镇江前,完成了军力的大幅增援。"英军的增援使海军拥有军舰二十五艘,轮船十四艘,载炮五十六门,医院船、测量船及其他船舰九艘。""地面部队,除了炮兵以外,有步兵一万余人。"②在加强香港、厦门、定海和镇海等地的守军主力后,参与镇江之战英军人数达到6907人(一说6905人),包含战舰7艘,轮船5艘,规模超过了此前的任何战役。

1942年7月14日,英军抵达圌山关,到达镇江江面。在整个战役过程中,英军始终清晰贯彻其作战意图,其阵容整齐的先行舰队中,测量船一直居于前导地位,负责测量、侦察、搜集情报等任务。次日,英军进占焦山、金山,随即派5艘军舰、2艘轮船控制镇江江面,封锁运河口,"阻止了不下700艘沙船的通行,切断了清廷的漕路,使江南与北京之间的商业全部中断。"③

7月16日,英海军司令马加和郭富率"威克逊"号和"麦都萨"号到达镇江上游运河入河口,在未受抵抗的情况下侦察了镇江附近地形,不仅为攻城做好准备,同时也为日后镇江的开埠准备了资料。7月18日,侵华总司令璞鼎查亲率"复仇神"号和"皇后"号抵达镇江对面的瓜州,将一支大约300艘商船的船队驱赶到金山稍西的运河南口的支港中加以扣留。在准备攻城的同时,英军还不断轰击、监视、截留沙船与商船,由此,不难看出,英军充分了解长江航运和运河漕运对于清廷经济命脉和军事战略意义。英军在镇江之中对镇江的实地感受以及控制镇江所带来的巨大利益为其日后开埠埋下了伏笔。

事实证明,镇江之战极大程度决定了整个战争的走向和结局。"镇江之战是鸦片战争的最后一战,就军事而言,战争实际已经结束了。"④镇江之战中,以海龄副都统为首的京口驻防守军进行了顽强抵抗。对此,恩格斯高度评价道:

① [美]马士:《中华帝国对外关系史》第一卷,上海书店出版社2005年版,第322—323页。
② [美]马士:《中华帝国对外关系史》第一卷,上海书店出版社2005年版,第323页。
③ 王骧:《镇江史话》,江苏古籍出版社1984年版,第182页。
④ 茅海建:《天朝的崩溃:鸦片战争再研究》,三联书店2014年版,第444页。

　　英国人……逼近镇江城的时候,才充分认识到:驻防旗兵虽然不通兵法,可是决不缺乏勇敢和锐气。这些驻防旗兵总共只有1500人,但却殊死奋战,直到最后一人。他们在应战以前好像就已料到战斗的结局,他们将自己的妻子儿女绞死或者淹死;后来从井中曾打捞出许多尸体。司令官看到大势已去,就焚烧了自己的房屋,本人也投火自尽。在这次战斗中,英军损失了185人,他们为了对此进行报复,在劫城的时候大肆屠杀。英军作战时自始至终采取了极端残酷的手段,这种手段是和引起这次战争的走私贪欲完全相符的。如果这些侵略者到处都遭到同样的抵抗,他们绝对到不了南京。可是事实上却不是这样。①

　　镇江军民的英勇抗战,虽然使得英军的损失较此前任何战役严重,但并未能改变失败的命运,随着"长江的险要重地和满洲防军驻地镇江"的被攻占,"运河因此被封锁,帝国被切成两半,曾经做过明朝的都城和统治象征的南京也暴露于英军的面前。"②

　　至关重要的是,漕运的被切断,打破了清廷的最后幻想,曾经纠结不已的"和"、"战"之争终于尘埃落定。自战争爆发以来,道光帝一直"和"、"战"不定。至"1842年7月26日,当镇江守军溃败的消息在北京被证实后,他授予耆英商谈合约的全权",③鸦片战争遂以清廷的屈服而告终。镇江被攻占并由此造成的漕运被切断,对于清廷战争及和议决策的影响,学者茅海建有如下分析:"漕粮时为大政。清朝北方缺粮,京师每年需漕米400万石。就某种意义上说,漕运是京师的生命线。……江苏漕粮约占京漕总数的一半。若漕运一断,京城必然动摇。……英军占领漕运咽喉镇江,朝廷即刻屈服。"④清政府屈服的结果则是中国近代史上第一个不平等条约《南京条约》的被迫签订。众

---

①　恩格斯:《英人对华的新远征》,《马克思恩格斯全集》第12卷,人民出版社1998年版,第187页。

②　费正清:《剑桥中国晚清史》(上),中国社会科学出版社1993年版,第226页。

③　费正清:《剑桥中国晚清史》(上),中国社会科学出版社1993年版,第230页。

④　茅海建:《天朝的崩溃:鸦片战争再研究》,三联书店2014年版,第427页。

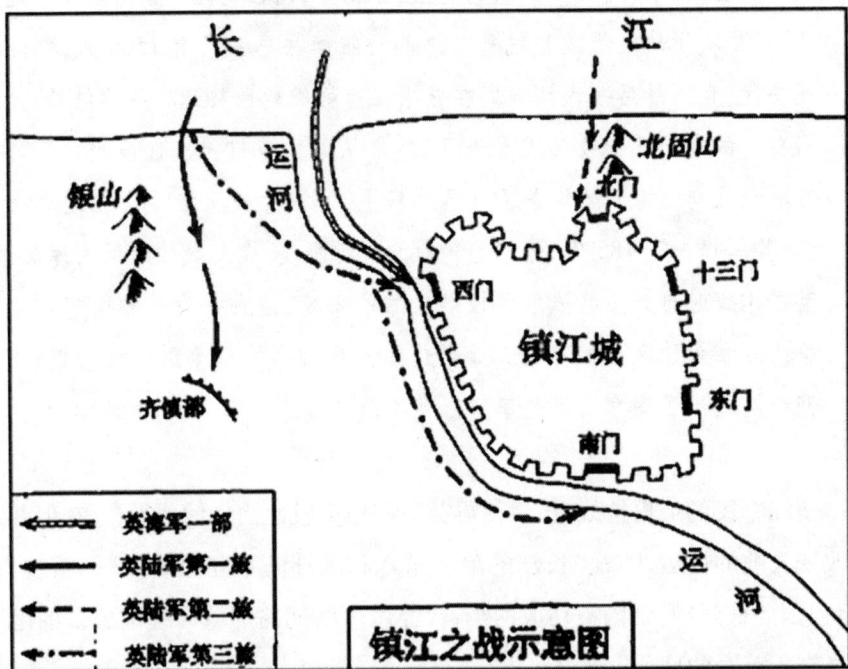

资料来源:资料源自茅海建:《天朝的崩溃:鸦片战争再研究》,三联书店2014年版,第440页

所周知,《南京条约》的签订改变了传统的中英关系,自此以后,中英、中外关系深刻改变,中国的半殖民地化也由此开始。

《南京条约》签订后,留驻镇江的侵略军陆续撤走,撤退之前,英军特地测绘了地图。1849年1月至1852年间,英国驻上海领事阿礼国曾三次向港英总督兼驻华公使秘密建议再次攻占镇江。这些历史事实表明,鸦片战争后,镇江虽没有立即被辟为通商口岸,但已为时不远,只待时机成熟。

太平天国时期的镇江情势也为其日后开埠奠定了基础。咸丰三年二月二十日(1853年3月31日),太平军占领镇江,自此,镇江一度成为太平天国的重要门户。缘于地理位置的特殊性,太平军占据镇江,北可进攻扬州,西可驰援天京,与鸦片战争时期的情势如出一辙。清政府对于镇江的被占十分担忧,因为这意味着漕运的切断。对此,英国人吟唎说:"占领这些城市,较之占领南京更为重要。镇江和瓜州位于流入扬子江的交叉处的南北两岸,这使太平军完全可以控制运河,运河是南方各省与北方交通的孔道,军需、粮秣都由此运往北方,太平军在这些地方获得大量战利品,送到南京。"①例如,太平军控制镇江江面后曾在瓜州缴获了 1000 多只由运河运往北京的满载进贡谷物的木船。占领镇江的四五年(1853 — 1857)间,太平军积极加强沿江一带的驻防,几乎完全切断了清廷的"南漕"供应,清政府不得不更多地依赖海路和其他途径转运漕粮至京师。就"南漕"一事,时任江苏巡抚薛焕曾在其"向外国借兵助剿、代运南漕"的奏折里专门提及道:由于南京、镇江等地被占,"苏省无从办理新漕",提请招商代运"南漕","无论华商、夷商一体贩运至津。"②反映了清廷漕运被切断后不得不改变漕运旧制的无奈。

镇江被太平军占领后,清廷深知其得失的重要性。曾国藩曾说:"自古江南用兵,以镇江为险要,目前局势,尤属必争之地。"③南京、镇江被占不久,清廷即在南京东郊及长江北岸的扬州立江南大营与江北大营,以此围困太平天国。

太平军控制镇江期间,鼓励正当的中外贸易。镇江太平军统帅曾致信英国驻华大使乔治·文翰说:"今我朝奉天罚罪,方将怀柔远人,和洽中外,通商不禁,货税不征……"④在与太平军从事贸易的过程中,外国人对于镇江的经济和战略地位有了进一步的认识。太平军在镇江期间,上海等沿江口岸的外国人常来此进行商品贸易。

因为控制了江南丝、茶产地,所以太平军主要向外国商人出售丝绸、茶叶、土货等,并通过外国商人购置军火。许多外国商人因为有利可图,很乐意来镇江做生意。呤唎作为太平天国的朋友,多次航行于下游长江上,来往于上海、镇江、南京一线,为太平军购置粮食和军火,在上海也积极地动员欧洲人来到太平军控制的镇江和南京做生意。他在其著述中说:"我在上海找着许多有

① ［英］呤唎:《太平天国革命亲历记》(上),上海古籍出版社 1985 年版,第 107 页。

② 复旦大学历史系编:《中国近代对外关系史资料选辑(1840—1949)》上卷,第一册,上海人民出版社 1977 年版,第 203 页。

③ 曾国藩:《筹办江浙军务折》,《曾国藩全集》奏稿四,岳麓书社 1988 版,第 2055 页。

④ ［英］呤唎:《太平天国革命亲历记》(上),上海古籍出版社 1985 年版,第 113 页。

着欧式大木船、宁波船及其他江船的欧洲人,我告诉他们和南京贸易的各种利益。不少人都愿意从事这个冒险事业。……我办妥关于军火,委托代理人和上海一部分公正报馆建立通信联系等事务后,乘船返回镇江。"①

太平军控制镇江期间,中外贸易持续发展,长江航线上一些外国商贸船只驻留镇江进行商贸活动成为常态。通常,外国船只带来洋货,并在镇江对岸的盐市仪征购买食盐,在扬州的米市仙女庙购置粮食,出售给太平军。丝茶贸易应当是外国商人与太平军贸易的大额交易,虽然没能掌握镇江此时丝茶贸易的具体数据,但从太平军占领丝茶产地后相关贸易持续增长的情况,不难推论出镇江地区丝茶贸易相应增长的可能性。自 1853 年至 1858 年间,整个丝茶产地,茶的出口总额为 3938.4 万磅,生丝 29.87 万包。② 镇江的丝茶贸易应当占据不小比例。

洋货在镇江市面的出售也表明洋商在镇江经商的普遍。吟俐在扬州仙女庙农村曾经偶遇一个"农夫的儿子",这位小农夫拥有的一个八音盒,则是"他在一、两年前外国人常到的镇江买来的"。③ 外国商人在镇江的经商活动进一步加深了他们对镇江商业和战略地位的印象。在镇江开埠前的一两年内,大量外国商船来镇交易,并一次次提出开埠请求,由此不难理解第二次鸦片战争一结束外国列强即强辟镇江为商埠的原因了。

第二节　辟埠通商与海关设立

第二次鸦片战争时期,清廷被逼签订《天津条约》,条约规定:增开牛庄、登州、台湾、潮州、琼州为通商口岸;长江汉口段以下至海沿岸,除增开镇江一口外,再选择不超过三处地方开放;准许英商船驶入长江至长江沿岸各口岸经商;英国兵船亦得以进入各通商口岸。《天津条约》第十款还特别强调:"长江

---

① [英]吟俐:《太平天国革命亲历记》(上),上海古籍出版社 1985 年版,第 305 页。
② [英]吟俐:《太平天国革命亲历记》(上),上海古籍出版社 1985 年版,第 697 页。
③ [英]吟俐:《太平天国革命亲历记》(上),上海古籍出版社 1985 年版,第 308 页。

一带各口,英商船只俱可通商。唯现在江上下游均有贼匪,除镇江一年后立口通商外,其余俟地方平靖,大英钦差大臣与大清特派之大学士尚书会议,准将自汉口溯流至海各地,选择不逾三口,准为英船出进货物通商之区。"①

镇江先于长江其他口岸开埠,除了前述本身地理与商贸位置因素以外,其时的中、英、太平军三方关系是必须考虑的因素之一。对于清政府来说,西方列强放弃对太平军的"交好",符合清政府的利益,反之,对于西方列强来说,"天津条约满足了各国多年的欲望,坚定了它们与北京的关系。今后的问题是如何使其尽早付诸实施。"②英国急于在长江辟口通商,在对华专使额尔金伯爵看来,"此举可以获得直溯扬子江而上游历汉口的种种便利,以便使他能够选定三个口岸,一旦沿江'贼匪'肃清的时候,辟埠通商"。③ 在上海章程签字的当日,他便急急率数列军舰,沿江西上。在路经南京、安庆时,遭到太平军的炮击。但事后,"太平天国当局来书表示歉意,天王诏旨,称额尔金为'西洋番弟',欢迎前来,当以礼相待",对英国方面表示了一定的善意。但额尔金方面对太平军并没有相应的好感,认为其"终必失败"。④ 对镇江的考察给其留下十分"凄凉"的印象,他在报告中说:"我从没有看见过镇江这样的一种凄凉景象。在一八四二年号称拥有三十万人口的一个城邑,现在所仅存的,只不过是一道周围相当广袤的城墙,其间纵横着很少几条疏落的街道罢了。为了避免重复起见,我可以斩截地说,这就是我在往来扬子江的旅程中所访问的每一个城的景况,期间只略有程度上的不同而已。"⑤这种境况显然缘于经年的战争。尽管如此,额尔金的选择并未因此受到影响,镇江、九江、汉口仍然被选为长江沿线对外通商的口岸,而镇江则被要求立即开放。

对于镇江等长江沿岸商埠的开设,中国方面并未多设阻碍,相反尽可能满足了对方的要求。咸丰十年(1860)十月,英国公使卜鲁斯照会恭亲王奕䜣:

---

① 复旦大学历史系:《中国近代对外关系史资料选辑(1840—1949)》上卷,第一册,人民出版社1977年版,第172页。

② 郭廷以:《近代中国史纲》,格致出版社、人民出版社2009年版,第104页。

③ [美]马士:《中华帝国对外关系史》第一卷,上海书店出版社2005年版,第583页。

④ 郭廷以:《近代中国史纲》,格致出版社、人民出版社2009年版,第104页。

⑤ [美]马士:《中华帝国对外关系史》第一卷,上海书店出版社2005年版,第584页。

"照得八年所定条约,内载奉天府牛庄、直隶天津、山东登州、江苏镇江、福建台湾、广东琼州、等准开口通商,本大臣今欲分派领事官前往驻北",要求奕䜣照会地方官员"以礼相遇",做好通商准备。其时,对于清廷来说,至关重要的是防止西方列强与太平军之间的交易尤其是军火交易,对于英方的通商要求,奕䜣一口应允。一方面,他指令地方严密稽查洋船,严防军火落入太平军之手,另一方面,要求地方尽力处理好与英方关系,在英舰"经行江面地方时,所有防守兵军","毋得滋生疑虑,以致别起衅端,著官文、胡林翼、薛焕、毓科、巴栋阿等悉心妥办,总期防微杜渐,而又不致有伤和好,方为妥善。"①并委派薛焕署理钦差大臣督办沿海五口及长江三口通商事务。

是年十月下旬,就英法等国来镇通商一层,薛焕饬常镇道做好通商准备。对于通商伊始外国商船停泊及外国官商建屋居住的地点,薛焕要求镇江地方尽力按照上海章程办理。

资料显示,就在外国列强筹备长江沿岸口岸开埠的时候,西方列强与太平军的关系让清廷深感忧虑。这种忧虑有其一定理由。就在英国参赞巴夏礼来镇前不久,英国人与太平军的暗中来往就被中方发现。咸丰十一年(1861)正月初五日,钦差大臣薛焕奏称:"现英夷兵头驶赴长江,声言将往汉口等处。据苏松太道吴煦密禀:闻其路过金陵,欲见发逆,与之说明两不相犯,使之往来江面无碍,并欲与之互通交易等语……"②虽然如此,清廷仍然没有办法改变这种状态,不平等条约的开埠要求是他们目前必须要遵循的,对西方列强的示好也许多少能够改变这种状态。

咸丰十一年(1861)正月初十日,英国参赞巴夏礼、水师提督及舰队司令和普,携两名正副司令官抵达镇江,巴夏礼等人此次来镇主要考察周边形势,并"察看地势,设立署栈,以备通商"。其时,镇江局势尚未完全稳定,周边太

① (民国)张玉藻、翁有成修,高觐昌、刘嘉斌、何庆年等纂:《续丹徒县志》卷八,外交,《中国地方志集成·江苏府县志辑》第30辑,江苏古籍出版社、上海书店出版社、巴蜀书社1991年版,第582页。

② 中国史学会主编,齐思和等编:《中国近代史资料丛刊》,《第二次鸦片战争》第五册,上海人民出版社1978年版,第375页。

— 28 —

平军的活动还比较频繁。为此,舰队司令和普于十一日驾驶一只轮船前往金陵(南京),考察镇江上游局势,"并欲使粤匪闻知,不敢开炮据阻",这无疑是知会太平军,英方的活动是为镇江的开埠做好准备。次日,和普等人折回。接下来的数日内,参赞巴夏礼等便选定"镇江西门云台山上下建造公署、商栈,又择于甘露寺地方暂为副领事费笠士公署"。

镇江的开埠即成事实。关于西方人在口岸的出入,镇江地方官员也向当局提出了自己的观点,认为已有的合约只能是基本依据。根据不平等条约,"广州、潮州、厦门、福州、宁波、上海、芝罘、天津、牛庄、镇江、九江、汉口、琼州、台湾、淡水等口,……各国民人家眷等皆准居住来往,贸易工作平安无碍,船货临时来往常川不辍。至于赁房买屋、租地造堂、医院坟茔等事皆听其便"。关于相关租价问题,条约特别强调"租价公平,定议不得互相勒掯"。①这就为西方人在口岸的通商、居住、日常生活打开了方便之门。除了在本口岸的自由出入以外,和约国商人在汉口、九江等口岸"亦可一律前往通商至长江"。其后镇江口岸的相关事宜基本据此办理。

让地方清朝官员最为担心的是,本口西方商人的不法交易特别是与太平军的军火等贸易往来的存在。好在列强同意了防弊之法,如有类似情形发生,"任凭其中国随时设法办理,唯有贼匪地方,和国民人不得前往游历出入,和国商船亦不得私自往来接济军火、粮食。如查有违犯者,将船货全行入关,其违例之人交就近领事官办理"。②

随着开埠事宜的展开,租界的设立提上议事日程。咸丰十一年(1861)正月十二、十三等日,英参赞官巴夏礼会见镇江副都统巴栋阿、知府师荣光、知县田祚光等人,议建署栈地段和租界设立问题,进一步确定于云台山上建立公署,山下为各商建栈。由于当时常镇道江清骥尚在高邮粮台,十五日才能赶回

---

① (民国)张玉藻、翁有成修,高觐昌、刘嘉斌、何庆年等纂:《续丹徒县志》卷八,外交,《中国地方志集成·江苏府县志辑》第30辑,江苏古籍出版社、上海书店出版社、巴蜀书社1991年版,第583页。

② (民国)张玉藻、翁有成修,高觐昌、刘嘉斌、何庆年等纂:《续丹徒县志》卷八,外交一,《中国地方志集成·江苏府县志辑》第30辑,江苏古籍出版社、上海书店出版社、巴蜀书社1991年版,第583—584页。

镇江，所以只好由知府师荣光代为签约，这一天是西历的 1861 年 2 月 23 日。

根据双方的约定，基址选为云台山上下，这一带"在咸丰三年前系客商往来码头"，其时此地一片瓦砾，并无人住。"云台山"亦称"银山"，租约以"银山"记载，其具体规定如下：

> 银山上下地段分记于下。此下一段，自小码头起，往东沿一带，横长一百四十丈；自江边直进一带，深二十四丈，共计一百十二亩。每亩地丁银一钱一分七厘五毫，漕米七升八合八勺，共计银十三两一钱六分，米八石八斗二升六合。山上一段，深长均照各旧庙舍原基地面，约三十亩。因系山地，每十亩作为一亩完粮，共计银三钱五分三厘，米二斗三升七合。以上两段地基，共计地丁银十三两五钱一分三厘，米九石零六升三合，每担折价银三两。永租于英国。自本年起，每年四月由英领事馆将前项银两米价一并清交常镇道署收存。
>
> 又定山上每亩价值制钱二十五千文，山下每亩五十千文，英国官商用地之日按照所用亩数多寡，将价交由道署分发。
>
> 又议定沿江一带宽留公路一条，阔四丈，以便众人往来行走。①

租约不仅为英国人谋得了租界和领事馆设立的良好地理位置，更为主要的是，英国人以永久而极低廉的价格获得了上述地盘。虽然如此，英国方面还不满足，此后的数年里，通过对镇江地方当局的无理要求，不断蚕食周边，英租界范围逐渐扩大。咸丰十一年二月（1861 年 2 月）二十四日，巴夏礼自汉口抵达，要求"添租地面"。他说："银山地面自江边直进二十四丈，不敷建造署栈。"迫使镇江同意其租界范围扩至"东至镇屏山巷一带为界，南至银山门街一带为界"，但强调"镇屏山不在其内"。

咸丰十一年四月一日（1861 年 5 月 10 日），镇江正式开埠。其开放远早

---

① （民国）张玉藻、翁有成修，高麟昌、刘嘉斌、何庆年等纂：《续丹徒县志》卷八，外交一，《中国地方志集成·江苏府县志辑》第 30 辑，江苏古籍出版社、上海书店出版社、巴蜀书社 1991 年版，第 584 页。

于长江沿岸的汉口、九江与南京等沿江其他口岸城市，由是镇江成为由海入江的第一商埠和长江下游的第一个通商口岸(除上海以外)。

镇江租界设立伊始便招致民众的强烈不满。租借范围划定后，英领事费笠士曾经设立租界四至界石，圈定范围，但不久即"为人起去"。同治元年(1862)二月，在英国方面的压力下，丹徒知县田祚光只得再次为其设立界石。民间的不满其后又有一次集中的表达，是年四月，镇江地方士绅耆士民、赵彦修等三百五十余人，"以地关世业"为由禀告当局，"恳照会领事另行择地"，未获得同意。

同治二年(1863)九月，时任英国领事雅提出将镇屏山归入租界要求，得到常镇道许覆的同意。十月，雅领事遣弓箕手首先丈量了山下基地，其后对原有租借面积提出疑问，认为依照上海租界章程的计算方法，"核算总共只有一百十二亩四分二厘，只敷初议亩数，并无加添亩数"，要求添加亩数。中西计亩方法存在着一定的差异，英国人利用条约中相关内容没有明确界定的漏洞，不断主张其不法要求。同年七月，知县徐锟以"原扦弓口折算有误，因而地面不敷"，同意续扦添补，勘得之数如下：

> 西门外小码头一带江边，英国原扦之地，东至镇江关官路，西至小码头，南至续扦地，北至新损驳岸江边为界。又续扦之地本与原扦基地锟连，东至镇屏巷，南至银山门街西至银山脚，北至原扦为界。以上原扦、续扦用步弓一并丈量，共计地一百三十八亩零四厘二毫三丝六忽，核与原扦一百十二亩之数及雅领事自用洋尺丈量之数壹百十二亩四分二厘，均属有盈。①

由此看来，在英方的无理要求下，租界范围一再扩大。

镇江开埠以后，海关设立事宜继之而来。就在巴夏礼于镇江择定租借地

① (民国)张玉藻、翁有成修，高觐昌、刘嘉斌、何庆年等纂：《续丹徒县志》卷八，外交一，《中国地方志集成·江苏府县志辑》第30辑，江苏古籍出版社、上海书店出版社、巴蜀书社1991年版，第585页。

址的同时,在镇江地方官员的"悉心妥办"下,英方开始在镇江勘定建关地址。1861年初,海关总税务司赫德更是在北上北京的过程中,首先来到镇江,亲自侦察地势,以划定镇江关址。

咸丰十一年正月(1861年2月),常镇道兼镇江关监督江清骥"札行丹徒县云:照得镇江现在设关征外国商税,所有收税验货关厅,自应择地建造",并说明已勘关址为"西门外东至江神庙,西至英国租地界址,南至镇屏山脚,北至江口空地一块",要求"先行丈量亩分若干,设立四至石碣,并查明地丁漕米,数日议定价值,报明立案……刻日饬匠竖立石碣,大书深刻'镇江关地界'字样,一并具报查考"。

由此,镇江海关关址的选择已初步定夺。但是,时江南地区仍为太平军活跃地区,镇江西门外云台山、京几岭一带太平军仍活动频繁,所以真正意义上的镇江开关通商依然无法实现。西方殖民者无法再行等待,权宜之计,只好先在江对岸的扬州江都县七濠口停泊收税关船,关署则设在焦山。咸丰十一年(1861)四月二十七日,镇江关正式开关。与此同时,镇江地方官员在选定的关址为正式建关积极活动。根据资料记载,镇江关最终"坐落在西门外,英国所租建栈基地之东至江神庙,西至大悲庵址,南至大屏山脚,北至江口。东西横量六十八号,南北直量七十四号,计积五千三十二步,共丈见地二十亩九分零,立有界石为凭,该处滨临江口,设关验税最为方便。"①

关署暂设焦山,本属权宜之计,而在江对岸收税,事实有诸多不便。至太平天国失败前夕,镇江局势开始平稳,战事平息,流民渐归,海关回迁成必然趋势。同治二年(1863)十一月,镇江关监督许道身直接禀报钦差大臣李鸿章,要求将镇江关回迁。其函称"镇江关暂设焦山原属一时权宜之计",而今有诸多不便。一方面,现"税司及办公人等房屋本形局促",要求租赁数亩原勘建关基地自建洋房;另一方面,"洋商货物准在七濠口起卸,而不能在该处自造栈房储货,商情亦觉不便"。如,"前准美国派来领事,现在焦山无屋可赁,又

_____

① (民国)张玉藻、翁有成修,高觐昌、刘嘉斌、何庆年等纂:《续丹徒县志》卷八,外交一,《中国地方志集成·江苏府县志辑》第30辑,江苏古籍出版社、上海书店出版社、巴蜀书社1991年版,第586页。

势难另行找觅"。考虑到"长江肃清,商贾流通税务可期渐旺,各项人役亦须随时酌添,似宜于镇江通商码头勘定基地,赶将关署兴建。俾各国官商亦陆续起造栈署,以期便商裕课。"

然而,受人力、物力等多种因素的影响,海关的回迁与关署的建造并不可能一蹴而就。同治三年(1864)六月,时任镇江海关税务司骆德尔对镇江地方官员施加压力,致函镇江关监督许道身,催促镇江关的回迁与关署的修建,其函云:"窃照本关现在焦山客商往来一切公事诸多不便,是以叠向贵道面商,将道署赶紧迁至镇江,则关务公事归与原口一处办理,而洋商有所适从,不致将来藉以本关日久章程未定、在于七濠口设行、不肯迁回原口等情为藉口,兹本司定于本月内必须迁往,惟在关办理公事人等,似必先盖数间房屋,方可栖止……今本司查本关所扦地基之内,除建造关署及克税司四亩之外,关署后身东南角上尚有余地堪可搭盖。俟将来遇有公用再行折让。"许道身复函云:"镇江城外居民现尚寥落,本道业已派人赴楚购料,一俟办就,关署即可开工,各洋行当可乘时并举,不过稍迟时日,而人烟可冀热闹,征税重地藉有照应,亦觉谨慎,更免将来拆卸之繁"。① 许的回函解释了关署回迁拖延的理由,也表达了遵循约定的意思。

关署回迁涉及诸多费用,经数次函报并最终得到通商大臣李鸿章的核准。同治四年(1865)三月初四,镇江海关关署及验货码头在原勘定关址开工兴建,其样式"酌照上海新关成式建造关署及验货码头",九月初一日正式完竣,共花费"计工料等项计银一万二千五百四十六两七钱八分六里八丝六忽","实用基地五亩五分五里四毫五丝"。②

至此,镇江海关正式落址西门外运河口,税务司公馆亦同时建成。相应地,一应内部组织结构和人员同时配备,镇江口岸于是形成。

---

① （民国）张玉藻、翁有成修,高觐昌、刘嘉斌、何庆年等纂:《续丹徒县志》卷八,外交一,《中国地方志集成·江苏府县志辑》第30辑,江苏古籍出版社、上海书店出版社、巴蜀书社1991年版,第586—587页。

② （民国）张玉藻、翁有成修,高觐昌、刘嘉斌、何庆年等纂:《续丹徒县志》卷八,外交一,《中国地方志集成·江苏府县志辑》第30辑,江苏古籍出版社、上海书店出版社、巴蜀书社1991年版,第586—587页。

镇江关管辖范围西至江宁,东至狼山,设金山河卡、象山子卡、都天庙卡、瓜州卡等四个分卡,分别位于长江两岸、运河南北口,控制了长江与运河的十字交通枢纽。据此考虑,为加强镇江关的管理,1862年间,镇江关专门设立理船厅,通管航政业务,"其航道管理范围东其通州(南通)任家港,西至芜湖,长约600公里的长江水域"。而"理船厅的主要任务是:管理港区的泊船、寄碇、卫生、趸船、码头、驳岸以及水位测量、风雨预报、督修船只等"。[①] 理船厅的设立及此后颁发的《镇江关理船厅职务撮要》《泊船界、引水船只、防疫、驳船设趸、测量水道各项办法》等章程,为近代镇江航政事务的开展奠定了基础。

第三节 近代口岸地位的形成

开埠通商逐渐改变了镇江传统的对外经济关系,近代口岸地位逐渐形成,社会发展的近代转向由此开启。

镇江开关设口,根本缘于不平等条约,但地方官员亦很快认识到商埠设置的利益所在。咸丰十一年(1861)二月,镇江关道江清骥决定"援照江海关章程征收税银,以充国帑",并晓谕招商云:"江北淮扬通海各属均系完善之区,销售洋货甚广。自苏常失陷以后,各商贩必须航海赴沪购办,运费倍增,获利无几。兹镇江既已通商,外国货船业已陆续前来,该商贩等自应就近来镇采办,以从便捷。"以此宣扬在镇江经商可以省去诸多跋涉之劳,以吸引各方客商。

1861年的《长江各口通商暂行章程》及1862年的《长江收税章程》,基本奠定了镇江近代口岸地位。《长江各口通商暂行章程》明确规定:

> 各船到镇江,必先在该处湾泊,并报明领事官、镇江关方准过口。该船一到镇江,即将江照、军器执照、江海关红单、船上除水手外所带商客等

---

① 张立:《镇江交通史》,人民交通出版社1989年版,第138页。

人名数单共四件,亲处领事官查照;如欲即刻前往,由领事官将以上四件转送镇江关查明,听关派员役上船查看,如无应取银物,又无应留事故,由关将上海原发江照、军械执照两件给还船主,另发镇江红单一件,方准开行。该船在镇江如逾一日之限,不即前往,则由船主报领事官照会海关;并起货、下货一切等事,均必遵照天津和约第三十七等款办理;仍由船主将舱口单及所带商客等人名数单,禀递领事官,由领事官将该船江照、军械执照留署,俟镇江关发红单时,始将此二照给还船主,方准前往。如有船只未照章程请领江照、军器执照、镇江红单三件,私行往长江,即系违天津和约第四十七款,可照此款处办。①

由此形成了独特的近代镇江三联单制度。根据这一制度,进出商船需注明货物品种、数量、限期到达点。至 19 世纪 80 年代中期,三联单制度均得到较为严格的执行。不仅如此,《长江收税章程》进一步强化了其在长江沿岸的口岸地位。该章程第一款曰:“凡有英商之船在长江贸易者,只准在镇江、九江、汉口三处贸易,沿途不准私自起下货物,如违此例,由该关即将各该船、货均可入官。长江出口土货在以上三关出口,以及无免单之进口洋货、未完半税之进口土货到以上三关进口,均由各该江关查验,自行征收税饷。”由是,镇江成为控制税收的长江三口之一。

相较九江、汉口其他两口,在长江贸易中,镇江关的权限有其独特之处。长江上江贸易的商船被分为两类:“其一由镇江上江暂做长江买卖之大洋船以及各项划艇、风篷船只;其二由上海入江常做长江买卖之内江轮船。”大洋船如需驶往长江上游贸易,需在镇江口岸换取“镇江护照”,《长江税收章程》对此具体规定为:

大洋船之例:凡有英商之大洋船以及划艇、风篷等项船只抵镇江时,如在镇江贸易,即在镇江征收税钞;若由镇江再行上江前往九江、汉口等

---

① 王铁崖:《中外旧约章汇编》,三联书店 1982 年版,第 176 页。

处者，须由船主将船牌呈交镇江领事官查收，并将舱口单呈镇江关查验，俟由领事官行文来关，方由关发给护照一纸，名为镇江护照，内注明该船带用兵器、枪炮、刀药等件若干，水手多寡，并押戴吨数，以及国号，由关任便将船舱封固，派差押送前往上江。该船抵九江，或上江，或下江，须由船主将其护照呈关查验。该船在九江、汉口起下货物，所有纳税一切事宜，均照该口章程办理。俟回镇江，须将护照缴关注销，由关查明税钞完清，各事均妥，方发给红单，准领回船牌，开船出海。下江时，由关任便随时派差押送至狼山。凡有船在镇江以上，若该船无镇江护照并无中国之牌照者，由关查出，即将该船入官。①

除两个上述章程以外，总税务司赫德还于 1862 年专门拟定镇江关各国商船进出、起卸货物及完纳税钞章程十六条，是年十一月又加以删改，最终定为四款，该章程进一步完善了"镇江护照"有关规定。具体内容如下：

第一款

凡洋商之船只，只准在本关挂号左右就近停泊，起下货物。（按原定章程第一条云：凡洋商之船只，现在只准在该关停泊坐船之七花洲、八花一带江面停泊起载货物。俟关署建造，再就地定章庶昭妥协）。

凡拨艇须在关上禀报立号，方准拨货。均须用汉文、英文将第几号写明其船头尾。

凡商船起货、下货均须日间，不得在日出以前、日落以后。礼拜日、给假日均不准行。其内江轮船在半夜之先抵镇江者，若持有准单方准夜间起下货物。凡有商人未领有准单私行起货、下货出关，查出则将该货入官。

凡商人领照下货因船已满载复行退回者，须将该货俟本关查验后方准起回上栈。

① 王铁崖：《中外旧约章汇编》，三联书店 1982 年版，第 195 页。

凡商船到镇江,须俟起货完竣、看舱之后,方准下货,不得一面起货一面下货以致混淆。内江轮船不在此例。

第二款

凡大洋船、划艇、钓船以及未领有江照之轮船抵镇江者,须由该国领事官照条约之例报关,并由该船主将舱口单呈关查验,方准开舱。后应由各货主将其货用英文、汉文开具清单,内注明货色、件数、斤两、长短、价值各等情形呈关,请领起货准单,方准将该货下拨艇,由关派委验货物。令该商赴银号照数纳税、取号、收缴。关请领准单则准将拨艇之货登岸入栈,该货若有别口已完税之实据,应由该货主在请准单时将完税凭据一件呈关。

凡各商下货在下船之先,须将该货运至本关,并将该货用英文、汉文开具清单,内注明货色、件数、斤两、长短、价值各等情形呈关,由关给验单,该货主收执,赴银号照数纳税,取号、收缴,开请领下货准单方,准赴船下货。

起下货物已毕税钞完清,应由该船主将所下之货详细开单呈关。该船是自外海进口,仍出外海者由关发给红单,方准领回船牌出海。系自外海进口而上江者,由领事馆行文来关,发给镇江护照,并将该船舱封固,方准上江。又自汉口、九江回至镇江者,须将所载之货详细开单呈关,并将汉口、九江所发之红单以及浙江所给之护照一并缴关,俟由关另发红单一纸,方准领回船牌出海。

第三款

凡有江照之轮船抵镇江者,无论上江下江,均须将江照呈关查验,由船主将舱口单、总单等件呈关,方准起货。如带有总单未注明之货即将该货照数入官。

凡有轮船在镇江装载土货,该商须一并完纳出口止税及复进口半税。凡有请验货物者,须将其货色、件数用英文汉文开具清单,内注明货色、件数、斤两、长短、价值并前往何处口岸各等形情呈关,有关发给验单。该商收执赴银号照数完纳两项税饷,取号收呈关方发给下货准单。

— 37 —

凡有江照之轮船抵镇江,如无起下货物者,由船主将江照呈关查验方准放行。凡有起货、下货之船者,俟其起下货物已毕,应由船主将已毕情形向押船人言明,并将该船所载之货详细开单呈关,由关将江照总单等件交船主收执,方可赴领事馆请牌开行。

第四款

凡有洋商买雇内地船只装货出口者,须由该国领事馆咨会本关发给内地船照,方准该商请领验单、完纳、税饷、下货。其进口之船者须由该国领事官将船照咨送本关查收,方准请领验单、完税、起货。至所呈之保单如系向在中华设洋行之人,则同妥商二人联名呈具保单。①

赫德亲拟镇江关通商章程,反映了其对本海关通商事务的重视。由于镇江时为入江第一商埠,同时凭借运河优势,商船可以进入河网密布的经济腹地,上述章程因而对外轮、内轮及土洋货在镇江口岸交易的具体手续和步骤进行了严格规定。该章程一直使用至 1890 年。

三联单制度的形成和"镇江护照"的使用规定,在一定时期及一定程度上使得镇江口岸实际上起到了长江"总海关"的作用。②

上述条约和章程的规定,显然影响了镇江的近代化轨迹。从宏观的层面来看,简而言之,开埠通商使镇江被迫纳入了西方殖民经济体系,这一点和其他约开口岸是完全一致的。但是,相关条约和章程的具体规定,又决定了本口岸纳入方式和途径的不同。总体来看,这个过程就是镇江社会发展近代转向的过程。

通常,对于通商口岸和地域市场关系的考察,有助于把握口岸近代发展的趋向。讨论近代镇江在地域市场的地位,则不得不提及其所在的以上海为中心的市场经济圈。近代"上海的地位非常独特,不但城市规模最大,是多功能

---

① (民国)张玉藻、翁有成修,高觐昌、刘嘉斌、何庆年等纂:《续丹徒县志》卷八,外交一,《中国地方志集成·江苏府县志辑》第 30 辑,江苏古籍出版社、上海书店出版社、巴蜀书社 1991 年版,第 588—590 页。

② 张立主编:《镇江交通史》,人民交通出版社 1989 年版,第 138 页。

中心,而且对其他口岸城市产生重大的影响"。① 表现在彼此的经济关系中,上海始终处于中心地位。近代上海的崛起和中心城市地位的确立,在长江口岸市场圈和市场层属关系的主体地位上得到明显体现,而以上海为主体的市场圈的形成则改变了传统沿江区域区际经济关系和地缘经济格局。开埠后的上海,成为内外贸易大港,受其经济辐射,长江以南各府、州逐步发展成为上海的经济腹地,包括镇江在内的长江下游沿岸城市经济发展迅速。开埠后,镇江成为上海贸易圈的核心地区之一,通过与上海及沿江其他城市的经济交往,实现与世界经济一定程度的联系。

在这一市场圈中,镇江身处上海直接经济腹地。由于开埠后的上海成为西方殖民者在中国进行经济活动的据点,长江流域市场圈中的沿江城市便成为西方国家的原料产地和商品销售市场。近代"上海,作为内外贸易大港,其经济腹地包含两个层次:一是港口吞吐货物直接通达的周边地区,是为直接经济腹地;一是港口吞吐货物经由诸中介港转递通达的较远地区,是为间接经济腹地"。② 前者东临大海,西至镇江,主要包括苏州府、太仓州、杭州府、常州府、嘉兴府、湖州、镇江府、通州、扬州局部。

作为传统的长江、运河商贸必经要道,镇江是上海经济腹地的重要组成部分。有学者研究后认为,"上海开埠后,'大量的布匹、糖和金属系由轮船运往镇江,在那里进行分运,因为镇江具有通往南北水路以及长江河流的有利条件。'"③学界现有的研究基本一致认为,镇江与上海的贸易联系主要体现在洋货转运的中介作用上,进口商品从上海港输入后经镇江中转,销往扬州、淮安、徐州及河南、山东的广大地区,"通过这一途径,苏北平原、豫东南、鲁西南融入上海港间接腹地范围。"④在这种经济关系中,镇江一直被认为是上海经济

---

① 张仲礼等:《长江沿江城市与中国现代化》,上海人民出版社 2002 年版,第 42 页。

② 戴鞍钢:《港口·城市·腹地——上海与长江流域经济关系的历史考察(1843—1913)》,复旦大学出版社 1998 年版,第 133 页。

③ 戴鞍钢:《港口·城市·腹地——上海与长江流域经济关系的历史考察(1843—1913)》,复旦大学出版社 1998 年版,第 140 页。

④ 戴鞍钢:《港口·城市·腹地——上海与长江流域经济关系的历史考察(1843—1913)》,复旦大学出版社 1998 年版,第 172 页。

的副区。

　　自运河开凿以来,镇江就以枢纽的作用塑造了自己的城市个性,那就是商品的集散和中转。开埠以后,镇江的口岸中介功能得到进一步强化,在长江流域地方市场中逐渐发挥着独特的作用。在此过程中,镇江社会经济、文化、社会生活各个层面嬗变,镇江社会发展的近代转向也由此展开。

第三章　开放格局下的近代商业

唐宋以来,长江流域逐渐成为中国极具影响力的区域商业中心,商业城市次第兴起,镇江也位列其中。鸦片战争后,由于长江的对外开放,长江流域各城市商业格局逐步演变,城市近代化进程深受影响。近代镇江以通商大埠而闻名,商业是其经济命脉,商业发展对于镇江近代化发展路径的影响不言而喻。

第一节　商业的近代演进

五口通商时期,是中国近代新式商业的孕育时期。第二次鸦片战争后,西方列强殖民势力进一步向中国渗透,本土新式商业逐步产生并日趋成熟,贸易量的不断扩大是一个主要特征。需要指出的是,新式商业的发展与传统商业的演进是一个交织发展的过程,镇江可谓典型个案。开埠后,由于"外商洋行相继而至,倾销洋货,收购北货,国内南北客商也纷来交易",镇江商业因而步入所谓"黄金"时代,并"一跃而为当时全国有数的重要商埠之一"。① 这一时期,镇江的商业发展同样与贸易密不可分。

关税的不断递增反映出近代镇江商业发展的速度。口岸开放伊始,海关

---

① 胡鲁璠、杨方益:《解放前镇江工商概述——抗战前部分》,政协镇江市委员会文史资料研究委员会:《镇江文史资料》第十五辑,内部资料,1989年,第5页。

税收尚处于较低的水平,至光绪三十年(1904)左右,本口关税进入"极旺"时期,据此,商贸发展也应当是进入极旺时期。从关税来看,"镇江开埠以来至同治四年时,本关所征各项税银只有一万八千五百两,至光绪二十九年,已增至一百二十三万二千余两,三十二年又增至一百二十四万九千两有奇,均为关税极旺时期。"①表3.1是光绪十五年(1889)至三十二年(1906)间镇江口岸关税征收的情况,可以佐证。

表3.1　光绪十五年(1889)至三十二年(1906)间镇江关税收情况②

单位:关平两

年　　份	数　　额
光绪十五年(1889)	561720
光绪十六年(1890)	614000+
光绪十七年(1891)	602000+
光绪十八年(1892)	631000+
光绪十九年(1893)	702000+
光绪二十年(1894)	913400+
光绪二十九年(1903)	123200+
光绪三十二年(1906)	124900+

　　另一方面,进出口贸易价值的变化也能反映镇江口岸的商业发展的状况。光绪十五年(1889),镇江关进出口贸易价值约值银1235万两,③至光绪二十九年(1903),增长为30198000余两,光绪三十年(1904),贸易价值达到关平

---

① (民国)张玉藻、翁有成修,高觐昌、刘嘉斌、何庆年等纂:《续丹徒县志》卷八,外交一,《中国地方志集成·江苏府县志辑》第30辑,江苏古籍出版社、上海书店出版社、巴蜀书社1991年版,第590页。

② 海关总署总务厅、中国第二历史档案馆编,茅家琦等主编:《中国旧海关史料》,京华出版社2001年版。据光绪十五年至三十二年各年资料统计。

③ 《镇江关华洋贸易情形论略》,镇江图书馆藏本(手抄本),第5页。

银 34663000 余两。① 具体看来,土货的出口和洋货的进口在 1866 年至 1894 年间均有大幅增长,表 3.2 和表 3.3 分别说明了相关情况。

表 3.2 1866—1894 年间镇江关土货出口一览   单位:海关两

年　份	土货出口	年　份	土货出口
1866	592861	1881	3526840
1867	385928	1882	2415530
1868	441919	1883	1055678
1869	332913	1884	976425
1870	322761	1885	1447840
1871	785661	1886	1846908
1872	3147006	1887	1724698
1873	681942	1888	1403231
1874	1029008	1889	1364623
1875	1029362	1890	1325004
1876	1088279	1891	1674657
1877	1013811	1892	2531431
1878	2163823	1893	2731377
1879	773450	1894	4127403
1880	1908918		

表 3.3 1866—1894 年间镇江关洋货净进口一览   单位:海关两

年　份	洋货净进	年　份	洋货净进
1866	3439025	1881	8462968
1867	3336618	1882	8998941
1868	3656863	1883	8267298
1869	5269212	1884	8271515

----

① (民国)张玉藻、翁有成修,高巘昌、刘嘉斌、何庆年等纂:《续丹徒县志》卷八,外交一,《中国地方志集成·江苏府县志辑》第 30 辑,江苏古籍出版社、上海书店出版社、巴蜀书社 1991 年版,第 590 页。

续表

年　份	洋货净进	年　份	洋货净进
1870	6844866	1885	8377560
1871	7613939	1886	7685956
1872	9458846	1887	9084409
1873	8720304	1888	7404396
1874	9370808	1889	6649086
1875	9050311	1890	8050236
1876	7312377	1891	9200053
1877	7716446	1892	9896555
1878	9268259	1893	9763696
1879	9900889	1894	10629167
1880	8903265		

资料来源:《中国近代对外贸易史资料》,转引自:陈敦平《镇江港史》,人民交通出版社 1989 年版,第 75 页。

商品种类繁多。洋货方面,主要集中在洋药(鸦片)、棉布、棉纱、玻璃、食糖、煤油等大宗商品方面。以 1866 年为例(如表 3.4 所示)。

表 3.4　1866 年镇江关主要进口洋货列表

商品名	总量(海关两)	单　位
鸦片,猫里雾	2193.30	担
鸦片,帕坦	127.30	担
白檀	3807.20	担
砂糖,红	3989	担
砂糖,白	2286	担
灰色丝	10105	反
白色丝	820	反
毛织物	2284	反
毛棉混纺	931	反
铁钉	3795.40	担
铁	434.71	担

商品名	总量（海关两）	单　位
肥皂	340.84	担
杂	4175.02	担

资料来源：China, *Imperial Maritime Customs*. Trade Report of Chinking for the Year 1866, p. 73.

土货方面，商品交易主要涉及南北货、粮食、木材、桐油、麻香及其他地方土特产等。仍以 1866 年为例（如表 3.5 所示）。

表 3.5　1866 年镇江关主要进口土货

商品名	总量（海关两）	单　位
砂糖,红,中国	21155.17	担
砂糖,白,中国	17828.50	担
蘑菇	300.98	担
麻	6096.10	担
油,木材	29928.56	担
纸	419.79	担
野菜	8389.19	担
烟叶	1819	担
杂	2023.38	担

资料来源：China, *Imperial Maritime Customs*. Trade Report of Chinking for the Year 1866, p. 73.

由于近代镇江新式商业的发展与传统商业的交织发展，所以在阐述相关问题的时候就不对传统商业和新式商业作完全区分，而在必要时进行个别交代。

几个实力雄厚的主要行业能够反映出近代镇江商业鼎盛时期的发展状况。自开埠后，"数十年来，早有钱、木、江广、江绸、绸布'五大业'之说。"① 近代镇江各业发展状况大致如下：

---

① 胡鲁瑶、杨方益：《解放前镇江工商概述——抗战前部分》，政协镇江市委员会文史资料研究委员会：《镇江文史资料》第十五辑，内部资料，1989 年，第 5 页。

　　江广业。江广业是近代镇江商业中最大的行业,它资金雄厚,"执镇江商业牛耳60年而不坠,至其衰落,仍在镇江商界居举足轻重之地位。"①相较其他行业,此业经营范围极广,涉及糖、南北货、洪油、麻、香等业务。来自南方的广潮客商带来糖与南方杂货,如胡椒、檀香、苏木、桂圆、荔枝、茴香等货物,带走的则是大量的北货。北方客商常常利用漕运的机会带来北货,以满足镇江市场的需要。由此,镇江就成为当时长江沿岸糖与南北杂货交换贸易的中心之一。20世纪初,镇江糖、南北货的交易更是进入鼎盛时期。1906年左右,仅北货销量就合纹银2000万两,糖年销量达27000余万斤。②

　　糖是江广业的大宗,又分为中国糖、外国糖两个部分。国产糖包括潮汕地区的青糖,广州一带的青赤糖、台湾白糖、青赤糖等。洋糖占镇江洋货的大宗。最初进入的洋糖主要来自印尼的红糖、白糖、冰糖以及吕宋的红糖。此后,来自拉美的古巴糖和英国的太古、怡和车塘(白糖、冰糖)也开始涌入镇江口岸。日本白糖和冰糖后来居上。甲午战争后,受日据台湾局势影响,台湾糖势力萎缩,日本糖大举扩张,相当长的时间内占据糖业的统治地位,也影响了镇江糖业的构成。光绪二十年(1894)以后,镇江口岸糖的年销量持续走高,"按光绪二十年至三十二年前后一段时期内的高峰情况估计:国产糖,共约110万包(每包约135斤),其中包括潮汕地区的青糖56万包,棉河白糖24万包,广帮运销的广州一带的青赤糖28万包,台湾白糖和青、赤糖2万包。洋糖包装货共约33包,其中,香港车糖6万包,吕宋青糖20万包,泗水白糖7万包,另有爪哇、古巴等处的袋装赤糖约30万包(每袋约164斤)。此外,还有建帮运销的小包吕宋青糖月3000万斤。总计共27252万斤。其中,国产糖共合14850斤,约估百分之五十五。冰糖年销量,约4000万斤。"③另据日本学者滨下武志先生的统计,总体上,镇江的砂糖进入情况,"以1969年为转折点,外国产糖

---

　　①　胡鲁璠、杨方益:《解放前镇江工商概述——抗战前部分》,政协镇江市委员会文史资料研究委员会:《镇江文史资料》第十五辑,内部资料,1989年,第5页。

　　②　胡鲁璠、杨方益:《解放前镇江工商概述——抗战前部分》,政协镇江市委员会文史资料研究委员会:《镇江文史资料》第十五辑,内部资料,1989年,第6页。

　　③　市工商联:《镇江糖、北货业的百年兴衰》,政协镇江市委员会文史资料研究委员会:《镇江文史资料》第十五辑,内部资料,1989年版,第107页。

完全压过了中国。"①

表3.6 镇江的砂糖进入情况② 单位:担

类　别	1866 年	1867 年	1868 年	1869 年	1870 年
外国糖	5275	26001	41986	92777	160708
中国糖	38984	64145	81218	82473	53608
合计	44259	90146	123204	176250	214316

北货业也是江广业中颇具影响力的行业。北货主要的指苏北、皖北、山东、河南等广大地区的农村副业及土特产,包括豆饼、金针菜、芝麻、花生、生油、麻油等20余种产品。北货在近代镇江一般是到销两旺。与糖的销售状况基本一样,光绪二十年(1894)至三十二年(1906)间是其高峰时期。根据史料的估计记载,其时北货的年销量及估算价值大致如下:

表3.7 镇江北货的年销量及贸易价值估算③

货名	合计		外销		内销		每百斤市价(银两)
	数量(百斤)	价值(单位银百两)	数量(百斤)	价值(银百两)	数量(百斤)	价值(银百两)	
总计	19 种	192597	12 种	98326	19 种	94271	
豆饼	5200000	93600	2200000	39600	300000	54000	1.8
芝麻	850000	44200	600000	31200	250000	13000	5.2
金针菜	100000	6500	80000	5200	20000	1300	6.5
花生	660000	19800	460000	13800	200000	6000	3.0
瓜子	90000	5850	20000	1300	30000	4550	9.5
核桃	80000	5600	40000	2800	40000	2800	7.0

---

① [日]滨下武志:《中国近代经济史研究——清末海关财政与通商口岸市场圈》(上),江苏人民出版社2008年版,第482页。

② [日]滨下武志:《中国近代经济史研究——清末海关财政与通商口岸市场圈》(上),江苏人民出版社2008年版,第482页。

③ 胡鲁璠、杨方益:《解放前镇江工商概述——抗战前部分》,政协镇江市委员会文史资料研究委员会:《镇江文史资料》第十五辑,内部资料,1989年,第106页。

货名	合计		外销		内销		每百斤市价（银两）
	数量（百斤）	价值（单位银百两）	数量（百斤）	价值（银百两）	数量（百斤）	价值（银百两）	
槐米	30000	900	24000	720	6000	180	3.0
台干菜	2500	300	800	96	1700	204	12
柿饼	40000	1200	12000	360	28000	840	3.0
芡实	8000	600	1000	75	7000	525	7.5
生油	50000	3250	35000	2275	1500	976	6.5
麻油	50000	3000	15000	900	35000	2100	6.0
黑枣	50000	2600			50000	2600	5.2
红枣	35000	3375			75000	3375	4.5
白果	20000	940			20000	940	4.7
花椒	3000	450			3000	450	15.
湖莲	2000	150			2000	150	7.5
枣脯	1800	162			1800	192	9.0
棉鹅梨	3000	120			3000	120	4.0

此外,油麻业务也是江广业的重要组成部分。油,亦即洪油,主要产自湖南、四川、贵州等省,江苏、浙江为其主要销区。镇江口岸的麻主要为安徽的黄麻、青麻、线麻及少数湖北白苎麻,除少量出口外,大部销往大江南北的农村。麻的年销量多在4万—5万担之间。

江绸业和绸布业。清末十年间,江绸业发展至顶峰时期。据记载,大概每"年销量达26万—27万匹,约合白银450万两。且利润丰厚,有时高达20%。从事织造的机房有1000多户,织机3000多台。加上车房、染坊等有关工人约16000—17000人。还有以络丝为家庭副业的妇女2000余人,再加上绸号、绸庄职工、从业人员,直接依江绸为生者不下20000户。故江绸业是当时对镇江繁荣极有影响的一个突出行业。"①绸布业一向是镇江传统的商业行业,鸦片

① 胡鲁璠、杨方益:《解放前镇江工商概述——抗战前部分》,政协镇江市委员会文史资料研究委员会:《镇江文史资料》第十五辑,内部资料,1989年,第7页。

战争前,镇江绸缎和布各自为业。前者主要经营苏杭及本地的绸缎,后者则主要经销苏松、常熟等地的土布,一部分销往本地,一部分则销往河南、河北、山东、山西、安徽、苏北地区。鸦片战争后,受洋货的冲击和利润的驱使,一些大的绸缎商店和布店除保留传统的经营以外,开始兼营洋货。光绪末年,绸布公所和洋货公所分别成立,一些绸缎店如景福堂等因为兼营洋货,既参加了绸业公所,又参加了洋货公所。故镇江"绸布、洋货、匹头虽原分 3 业,以后互相兼营,不易截然分开"。① 同一时期,镇江绸布业经销品种越来越多,主要棉织品有各式花线缎、罗缎、花样标、葡萄绉等。销路也在不断扩大,上述货物在北货产区如山东、河南和皖北等地非常畅销。北路客商常常运用利用其洋票船回空的机会大量装运洋货匹头北回,相关行业得到进一步发展,绸布业因是进入其发展的高峰,每年营业额高达 500 万两之巨。

钱庄业。开埠以后,镇江的金融活动也日益活跃。其中,钱庄业尤为突出,被称为"百业之首"。19 世纪 80 年代后,钱庄、银号多至 100 多家,并出现了行会性质的组织,1891 年被称为辅宜堂的镇江钱业公所成立。到了 1906 年,资金雄厚的大钱庄达 32 家,总资金超过 30 万两,这些大钱庄不仅实力雄厚,而且业务范围很大,放款对象除本地、苏北、淮河流域以外,还涉及安徽、山东、河南省以至汉口地区,"放款金额最高时达 1500 万两以上"。而划汇方面,近则苏南、苏北,远及安徽、河南、山东等其他省市。19 世纪 70 年代,镇江 8 家主要钱庄在苏杭等地开设分庄,其汇兑业务由原来的联庄往来发展到总庄、分庄之间的通汇,这使本地钱庄业得到长足的发展。镇江钱庄的信誉在各地也是有口皆碑。钱庄之间非常注意互相协调,顾全大局,"各庄每天上午派人到公所'轧公单',轧平各自多头、缺头,互相调拨头寸,互相磋商,随即拍板,从不互取凭证,各自回庄转账,所谓'一句话算数'",亦从无错账、赖账之事。全国许多城市对镇江钱庄的信用皆有很高的评价,尤其是在上海金融界,更是信用卓著,镇江所有驻申庄客,都集中在上海福州路润昌栈,润昌栈出货、

---

① 　胡鲁瑶、杨方益:《解放前镇江工商概述——抗战前部分》,政协镇江市委员会文史资料研究委员会:《镇江文史资料》第十五辑,内部资料,1989 年,第 8 页。

转账从无退票之事,确立了持久不坠的信誉。① 此后,镇江的近代金融业得到迅猛发展。关于近代镇江金融业的发展状况将辟专门章节予以论述,在此不作赘述。

木材业。如前所述,镇江木业发展有着悠久的历史,至清道光时期,外地客帮在镇江的活动已经比较频繁,如安徽帮、江西帮等。开埠后,木材业得到迅猛发展。各路客帮由上江运来木材,聚集镇江销售。其时,镇江木业客帮主要来源于两湖、皖、赣等省,并依据地域而分帮。主要有临江帮、湖南帮、湖北帮、安徽帮、江西帮、龙南帮的等。"各帮来簰大小不同,其木码自数百至一二千两不等,麇集镇江转口销售。"②19 世纪 80 年代,镇江木业也进入鼎盛时期。据记载,"1887 年(光绪十三年),木材来源曾高达 6 万两木码,营业额达480 万贯。鲇鱼套十分繁荣,河下停泊船只常以千计。"③鲇鱼套是木材客商的聚集之处,商业繁盛时期,南来北往的客商都汇集此处,就便购买木材,完成相关交易。镇江木材来源,"多有贵州境内的锦屏、天柱,湖南境内的洪江、靖州、祁阳、益阳,江西境内的赣州、抚州、吉安等处运来",主要销往"苏北、苏南外,并远及安徽、河南、山东等地"。④ 木业发展也带动了城市发展的繁华,1887 年左右是镇江木业最为繁盛的时期,"此时河下船只常以千计,鲇鱼套因之十分繁荣,除日用商品店应有尽有外,还有典当、妓院、酒楼、烟馆,行家活跃其间"。⑤ 但可惜的是,是年,附近民房失火,殃及木市,此后在官府干预下,木市移至南京上新河,镇江木业从此一蹶不振。

在"五大业"之外,对近代镇江商业影响甚巨的行业还有米粮、航运等

---

① 镇江市地方志编纂委员会编:《镇江市志》(下),上海社会科学院出版社 1993 年版,第1174 页。

② 胡鲁璠、杨方益:《解放前镇江工商概述——抗战前部分》,政协镇江市委员会文史资料研究委员会:《镇江文史资料》第十五辑,内部资料,1989 年,第 8 页。

③ 胡鲁璠、杨方益:《解放前镇江工商概述——抗战前部分》,政协镇江市委员会文史资料研究委员会:《镇江文史资料》第十五辑,内部资料,1989 年,第 8 页。

④ 陈约三等:《镇江木业史略》,政协镇江市委员会文史资料研究委员会:《镇江文史资料》第十五辑,内部资料,1989 年,第 80 页。

⑤ 陈约三等:《镇江木业史略》,政协镇江市委员会文史资料研究委员会:《镇江文史资料》第十五辑,内部资料,1989 年,第 83 页。

行业。

米粮业。如前所述,漕运时代,米粮的转运在镇江有着独特的地位,因而镇江米粮业有其历史基础。镇江开埠后,米业市场逐渐繁盛,米市很快形成。传统米市的形成,大多跟大运河有着密不可分的关系。鸦片战争以前,由于江南经济作物产区缺粮,外地粮食高产区粮食大量输入,来自长江中上游各省的稻米,沿长江进入运河,沿运河北上或南下,运河成为江南地区稻米市场的轴心,"江南地区的重要米市,几乎都分布在运河沿线以及其他水运要道上,无锡、浒墅、枫桥、平望、嘉兴、硖石、湖墅,从北而南,无不排列在运河两岸"。①镇江并非粮食产区,米市的粮食大多来自他处,如苏北及淮河流域产区的大宗米粮。开埠前,这些产区的粮食大多集中于邵伯、仙女庙、高邮3地进行交易,此外,上江、两湖及芜湖地区的米粮也大多集中镇江对岸的瓜州集中。这些米粮的销路南至闽、浙、广等东南沿海口岸,北至青岛、烟台、威海卫等。镇江开埠后,由于既拥有长江的黄金水道,又拥有运河的优势,米市的形成自是必然。上述米粮的销售开始集中镇江米市,并以此中心,向上述区域销售,鼎盛时期,大宗米粮还被海运出口。镇江米市集中了苏北上、下河、淮河流域、上江两湖包括芜湖等地的米粮,因而盛极一时。1866年,随着镇江米业公所的成立,镇江形成了长江下游唯一的大米市。十年后,镇江米市开始进入鼎盛时期,其稻米最高输出年份如1881年达280余万担。

表 3.8 镇江海关轮运出口米情况一览② 单位:关担

年　份	数　量
1876	243253
1877	313572
1878	1519641
1879	293837
1880	1374702

① 顾希佳:《近代江南米市的经营格局》,《杭州师院学报》1995年第4期。
② 戴迎华:《近代镇江米市移师芜湖的历史考察》,《江海学刊》2006年第3期。

续表

年　份	数　量
1881	2880578
1882	1713602
1883	442285
1884	354994
1885	690055
1886	729875
1887	544635
1888	186093
1889	243625
1890	230376
1891	246240
1892	153658
1893	123479
1894	1343858
1895	5834683
1896	512932
1898	189914
1900	197656
1905	619190

米市时期,在镇江收购粮食的商家亦有很多,也体现出镇江米业的兴盛。据统计,盛时,在镇收购粮食的广潮帮有 70 户,宁建等帮也有数十户。加工稻米的米厂,最多时达 40 户。米厂因系畜力碾米,又名砻房。大型的砻房如福隆祥、同裕等拥有职工人数达一百数十人,"另有代客买卖粮食的大小粮行也不下百户,大粮行如林协兴、同德生等,各有职工六七十人。粮号有晋康、兴记等十余户,他们实力雄厚,直接到产地贩运,转运客帮。"①

①　市工商联:《盛极一时的镇江米粮业》,镇协镇江文史资料研究委员会:《镇江文史资料》第十五辑,内部资料,1989 年,第 140 页。

航运业。鸦片战争前,由于漕运的关系,镇江沙船业甚为发达。鸦片战争后,随着国家航运权的逐步丧失,镇江沙船业受到重创。伴随民族航运业的艰难发展,镇江民族航运业也逐步兴起。1872 年,李鸿章创办上海轮船招商局。次年,轮船招商局镇江分局成立,这是镇江最早的轮船运输企业。企业成立初期,资金、规模等各方面实力与外商均相距甚远。19 世纪 70 年代中期,在清政府的扶持下,实力有所增强,并开始进入其发展的辉煌时期。初时,镇江招商局的主要业务依然为漕运。1875 年 4 月,经时任两江总督刘坤一奏报并由清廷同意,当时的江北漕粮海运交由镇江招商局办理,"将各属漕米,由江北雇船舶送镇江公司总储,再有上海派拨轮船驶赴镇江,分批装运,放洋北上。"①镇江招商局还分理上海总局的长江客货业务以及军队和赈灾救荒运输任务。在这一过程中,镇江分局的规模逐渐发展壮大,至清末,"镇江分局仅房屋就有 177 间,其中栈房 9 所,洋楼 2 幢,市房 10 所,合银 6.8 万两,成为当时镇江的民族轮业中历史最久、规模最大的企业。"②

此外,镇江小轮业在晚清十多年间也得到了长足的进展。1898 年 4 月,立生洋行在镇江成立,这是镇江最早的小轮业,它专营镇江至清江浦、镇江至常州、镇江至苏州航线。自此以后,镇江小轮业发展迅速,先后存有瑞丰轮船公司、和丰轮船公司、顺昌和记洋行轮船公司等。

表 3.9 1898 年至 1910 年间的主要镇江轮船企业③

年　份	企业名称	航　线	备　注
1898	立生洋行	镇清线、镇苏线	1899 年关闭、悬挂英国国旗
1898	四维内河轮船公司	镇清线	1899 年 1 月关闭
1898	和丰小轮公司	镇清线、镇江至仙女庙线、镇江以西长江各小港	悬挂英美国旗
1898	顺昌和记洋行	镇扬、镇清、镇六、镇宁线	悬挂英美国旗

① 《刘坤一遗集》,中华书局 1959 年版,第 355 页。
② 张立主编:《镇江交通史》,人民交通出版社 1989 年版,第 146 页。
③ 张立主编:《镇江交通史》,人民交通出版社 1989 年版,第 148—149 页。

年　份	企业名称	航　线	备　注
1898	永兴(利)轮局	镇清线	悬挂美国国旗
1898	宝运轮船公司	镇清线	悬挂英国国旗
1898	义昌公司	镇清线	悬挂英国国旗
1898	福利公司	镇清线	
1899	瑞丰轮船公司		
1899	丰源康公司	镇宁、镇瓜、镇苏、镇澄	
1899	立丰公司		
1890	鸿安嘉记公司		成立于上海
1902	泰昌	镇宁	
1903	阜宁	镇宁	
1905	华通	镇江至通州、崇明,镇扬,镇清	
1906	陆炳记	镇宁	
1906	利济		
1906	公记商号	镇宁	
1907	大同	镇清	1904 年关闭
1907	炳记	镇江至江宁	
1910	天泰	镇宁、镇清、镇汉	当年关闭

晚清年间,长江航运业得到发展的同时,镇江内河航运也得到较好的发展。其内河航运主要以木帆船运输为主,业务主要为民间米粮、食盐、土货的转运。米粮方面,轮船招商局成立以前,木帆船主要转运漕粮,招商局成立之后,木帆船失去了相关业务,只能揽运民间米麦,但幸运的是,由于清廷控制盐利,不准轮船运盐,食盐的运输任务就由木帆船专门经营。在此背景下,镇江木帆船业务有所扩大。

特别值得一提的是,土货的转运业务相当长的时间内支撑了镇江木帆船航运业。镇江关特有的三联单制度,规定镇江出口货物种类严格限制在 31 个之内,其他土货一律不准从镇江港轮船运输出口,但木帆船却可以运送 31 种货物商品之外的货物至上海,因而外商多雇佣木帆船装运限制货物至上海,镇江木帆船业获得较多的生机。此外,长江口岸与非口岸、口岸与内地的贸易也常常利用木帆船来进行转运。同样,运至镇江口岸的棉纱、洋布、洋油、火柴及其他杂货等洋货,多须由木帆船转运至其经济腹地,而苏南、苏北及其他区域的土货也主要依靠木帆船转运至口岸,再行出口。由此可以认为,木帆船业的存在是镇江航运业不可或缺的组成部分,它不仅密切了城乡经济往来,也在一定程度上促进了镇江区域商品经济的发展。

镇江民族航运业发展的一个重要体现则是中国近代第一个航业组织在镇江的出现。1906 年,江苏商船公会在镇江成立,直接接受农工商部的管辖,为此,农工商部特拟定《商船公会简明章程》18 条,对这一组织进行严格管理。江苏商船公会是中国第一个轮船业行业组织,具有一定开创意义。公会成立后,先后成立了上海、苏州、无锡、南通、清江浦、扬州等地分会,一定程度保护了地方民族航运业,镇江航运业也得到相应促进。商船公会于1912 年停办。

上述各业的发展带动了镇江市面的繁荣。相应地,仓库、堆栈、报关行、会馆、公所以及饮食娱乐等服务行业迅速发展起来。为了储存物资,洋行商号开始多自建堆栈,随着贸易量的增加,专营堆栈业务的行业逐渐兴起,成为规模较大的商号的租赁对象,著名的有成隆号、徐谭记等。由于客商往来频繁,同乡会性质的会馆和公所开始大量出现。比较有名的会所包括北五省会馆(河南、河北、安徽、山东、山西)、福建会馆、古闽会馆、广东会馆、广肇会馆、江西会馆、庐州会馆、全浙会馆等。此外,娱乐餐饮行业也相应发展。

第二节　近代镇江商业的特点

开放格局下,缘于传统的经济基础和地理特性,近代镇江商业的近代进程带有鲜明的地域特征,表现出典型的中转性、依附性和被动性。

镇江商业最大的特点是转口贸易功能突出。"十九世纪末,镇江成为中国办理转口贸易业务的最大口岸。"①首先是国内物资的大量转运,江南的绸布,长江中上游的木材、桐油,苏北的土特产、大米,河南东部、山东南部之外运货物,循长江、运河来此集散。其次是镇江口岸进出口贸易日益扩大。如前所述,进口方面,外商洋货大量涌入,主要集中在洋药(鸦片)、棉布、棉纱、玻璃、食糖、煤油等。出口的货物主要有生丝、红枣、芝麻、香油、大豆、花生、牛皮等农副产品。19 世纪 70 年代,农副产品出口量比开埠前增长了 1 倍。1894 年镇江出口关税总额超过 400 万两关平银,是 1866 年的 7 倍多。② 近代镇江贸易中的大部分货物并不销用本地,在镇各帮收购北货的 50%以上是为出口,而进入镇江的洋货则为了满足更遥远的内地市场的需要。以棉纱为例,19 世纪来,镇江是棉纱转口贸易的一个中心,以 1892 年为例,经镇江运至徐州的棉纱达 5.2 万担,运至济宁 1.7 万担,运至开封 6000 余担,运至归德 4800 担,运至兖州 3600 担,运至沂州 1000 余担。③ 许多大型行栈同时兼营进出口业务,如洋糖与北货本各为一业,由于其时一些大的商号既从事进口洋糖业务,又大量收购北方土产出口,糖与北货业就构成了近代镇江最大的行业——江广业,"它执镇江商业之牛耳 60 年而不坠,即至其衰落,仍在镇江商界居举足轻重之地位"。④ 江广业的兴盛既反映了镇江口岸进出口贸易的繁荣,又突出地体现了镇江口岸的转口贸易功能。

从子口税的征收和子口税单的发放,可以窥见近代通商口岸货物中转贸易状况。近代镇江是可以签发子口税单的晚清七个口岸之一。开埠以后,"随着港口的发展和贸易的扩大,在镇江办理子口单的业务也越来越多,逐步取代和超过了其他通商口岸。1875 年,我国总共签发了由口岸护运货物往内地的子口税单 44085 张,其中经镇江一口签发的就有 13036 张,货物价值达3305037 海关两",⑤占进口货总值的 78.40%,而同时期上海、汉口的同类货

---

① 陈敦平:《镇江港史》,人民交通出版社 1989 年版,第 167 页。
② 张立:《镇江交通史》,人民交通出版社 1989 年版,第 169 页。
③ 张立:《镇江交通史》,人民交通出版社 1989 年版,第 169 页。
④ 胡鲁璠、杨方益:《解放前镇江工商概述——抗战前部分》,政协镇江市委员会文史资料研究委员会:《镇江文史资料》第十五辑,内部资料,1989 年,第 5 页。
⑤ 陈敦平等:《镇江港史》,人民交通出版社 1989 年版,第 78—79 页。

物值占口岸贸易总值的比例分别为仅为 12.39%、26.30%。① 19 世纪末,镇江成为中国办理转口业务的最大口岸。日本学者滨下武志也指出,镇江是当时转口税较高的几个口岸之一,说明镇江口岸主要通过与后方市场保持密切的联系从事进出口贸易。②

近年来,结合子口税单及子口税的考察,在港口-腹地理论视域下,学界关于镇江经济腹地的讨论已经比较深入。相关成果认为,近代镇江的贸易腹地极其广大,包括江苏全境、上海、山东、河南、河北、安徽、湖北、湖南、福建、广东,甚至台湾、东三省、朝鲜等。③ 相关史料也记载:镇江"因地当长江与运河之交,为南北水陆交通枢纽,背域广大"。④ 仅以洋货为例,"凡由镇江购运洋货往销之处,以江北及山东、河南、安徽等省,水路近便者居多。"⑤ 在市场圈理论下,滨下武志专门分析了镇江的商品销售网络,认为镇江商品销售网络涉及江苏本省、安徽、山东、河南、河北、江西、湖南、湖北等,是一个区域中心市场。⑥ 经济腹地广大说明镇江商品贸易并不集中于本地消费,而主要与经济腹地发生关系,这一点正好反映了近代镇江以转口贸易为主的经济特征。

转口贸易在各开放口岸均有不同程度的存在,但镇江口岸更具典型性。根据滨下武志先生的研究,1864 年至 1907 年间主要海关报告中关于各口岸转口贸易记录的频度,镇江高居各口岸之首。表 3.10 是对部分主要口岸相关记录频度的列举,借以佐证。

---

① 戴一峰:《近代中国海关与中国财政》,厦门大学出版社 1993 年版,第 135 页。
② [日]滨下武志:《中国近代经济史研究——清末海关财政与通商口岸市场圈》(上),江苏人民出版社 2008 年版,第 469 页。
③ 郑忠:《民国镇江城乡经济衰退的腹地因素分析》,《中国农史》2008 年第 3 期。
④ 贾子彝:《江苏省会辑要》,江南印书馆 1936 年版,第 60 页。
⑤ 《光绪二十五年镇江口华洋贸易情形论略》,茅家琦等:《中国旧海关史料》第 30 册,京华出版社 2001 年版,第 183 页。
⑥ [日]滨下武志:《中国近代经济史研究——清末海关财政与通商口岸市场圈》(上),江苏人民出版社 2008 年版,第 479 页。

表 3.10　近代主要口岸有关转口贸易记录的频度(1864—1907 年)

通商口岸	记录频度
镇江	35
牛庄	7
天津	7
重庆	7
宜昌	15
汉口	17
九江	19
芜湖	9
上海	11
宁波	18
温州	15
淡水	8
厦门	13
广东	15

资料来源:滨下武志关于 1864 年至 1907 年间不同开放口岸有关贸易关系记录频度的统计,详见滨下武志:《中国近代经济史研究——清末海关财政与通商口岸市场圈》(上),江苏人民出版社 2008 年版,第 356—357 页。

　　考察转口贸易在近代镇江经济中的作用有助于进一步理解上述观点。如前所述,镇江因商而兴,本地农业基础薄弱,商贸对地区经济起主要作用。开埠后的数十年中,镇江转口贸易主要以洋货业及几大传统行业为中心,并刺激了金融业的进一步发展。不仅如此,转口贸易背景下,外商洋行、国内各帮客商接踵而至,适应这种转口贸易与商品集散的需要,航运、仓库、堆栈、会馆、公所及饮食、服务、娱乐等相关行业迅速发展,镇江市面一时繁荣。受其影响,本地民族工业开始初步发展,社会公共事业等也有长足进展。由是,可以这样认为,转口贸易是近代镇江经济命脉所系。

　　身处同一贸易圈的核心地区,各口岸城市经济地位却不一样。缘于上海在长江流域市场圈中的中心地位,各口岸城市与上海经济关系的内容和规模主要取决于上海市场的需要,这一点也决定了镇江在长江流域市场圈中的市场层属关系和经济地位。镇江处于上海直接经济腹地的边缘,由于地理位置的相对偏远和传统的经济交往基础的相对薄弱,受上海经济辐射的效应远弱于苏州、杭州、无锡等口岸。现有的研究基本一致认为,镇江与上海的贸易联系主要体现在洋货的中介作用上,进口商品从上海港输入后经镇江中转,销往扬州、淮安、徐州及河南、山东的广大地区。在这种经济关系中,镇江一直被认为是上海经济的副区,而这种副区的作用则是主要服务于上海对间接经济腹地的输出需要。换句话而言,镇江的经济腹地主要服从于上海的经济需要,而这种服从是通过镇江的中介作用得以实现的。

上述镇江对于上海市场的经济作用表明,镇江口岸的中转特性在近代上海市场圈的形成过程中得到进一步固化,虽然其一度造就了晚清镇江商业的繁荣,但也由此决定了镇江口岸长时期的中介地位。不可否认的是,正是由于镇江等城市的商品集散功能,长期以来的长江流域地方市场相对隔离、彼此经济联系单薄的状态才得以改变。所以,与宁波、芜湖、九江、汉口、重庆等城市一样,镇江口岸的中转贸易对于以上海为中心的长江流域市场网络的形成有着不可替代的作用。

商业发展的上述状况反映出近代镇江经济对中转贸易的严重依附性。中转贸易基本决定了镇江经济的近代走向,但中转贸易本身却发展畸形。近代镇江经济腹地一度广大,主要受到上海贸易拓展其间接经济腹地的影响。因此,从市场圈中的贸易地位来看,镇江中转贸易深受上海对外贸易的制约,具有从属性。这种从属性不仅使其贸易内容主要服务于上海对腹地输送洋货的需要,也使得本口中转贸易畸形发展。土洋贸易货值相差悬殊的状况可以佐证。仅以光绪十六年(1890)为例,本口“进口货值与出口货值相较,则进口货之银数多于出口货者相悬颇巨”,其中,“洋货进口市值八百五万二百三十六两,土货进口市值五百八十三万八千九百二十六两,共计一千三百八十八万两九千一百六十二万两。……土货出口市价一百三十二万五千四两。……是进口货者之银数盈于出口货者,约银一千一百五十万四千四百十九两。”①“开埠以

①　《光绪十六年镇江口华洋贸易情形论略》(手抄本),镇江图书馆藏本。

后,镇江商业的最大变化是洋货业的出现。"①自 1864 年至 1906 年间,镇江洋货贸易净值基本处于逐年递增之中,大致以 10 年为一考察期,则 1865 年为 1834639 海关两,1875 年为 9050311 海关两,1885 年为 8377560 海关两,1895 年为 12622423 海关两,1906 年为 20242567 海关两。具体涉及的大宗商品主要有"洋布"、"洋糖"、"洋药"、"洋油"等。其中,"洋布"包括原色布(Shirtings,Grey,Plain)、白色布(Shirtings, White, Plain)、染色布(shirtings, dyed)、斜纹布(shirtings, spotted),标布(T-cloths)等;"洋糖"有红糖(Sugar, Brown)、白糖(Sugar,White)、冰糖(Sugar,Candy)等;"洋药"则指鸦片(opium),"洋油"则指煤油(oil,kerosene)。此外,尚有铁制品(iron,bar/nail rod/sheet/wire)、玻璃(glass,window)、木材类(wood,red/sandal)、布匹制品(cotton pieces goods)以及其他一些日用洋货品。② 表3.11 是从 1883 年至 1892 年进出口以及鸦片贸易税收对照表,从中可以看出镇江口岸商业结构的畸形状况。

表3.11 1883—1892 年间镇江口岸税收对照表③　　　　单位:关平银

年　份	进口正税(鸦片除外)	出口正税(鸦片除外)	复进口税	鸦片税	船　钞	过镜税	鸦片厘金	总　计
1883	602. 817	55400. 442	29670. 078	75. 3	5741. 496	78074. 238		169564. 371
1884	952. 799	42720. 575	34783. 178	162. 15	6567. 168	79830. 426		165016. 296
1885	618. 061	40969. 909	35902. 531	124. 200	6823. 237	99858. 722		184296. 66
1886	1937. 992	94635. 484	47365. 311		9675. 3	101088. 856		254702. 943
1887	5202. 785	71793. 783	43258. 210	133852. 4	6525. 94	115553. 006	356923	733110. 124
1888	1701. 506	71215. 457	42289. 999	117405	6643. 84	104220. 169	313056	656531. 971
1889	2458. 114	69777. 073	40853. 112	90526. 58	6574. 8	110126. 154	241404	561720. 033
1890	1918. 358	58296. 139	22608. 491	102708	7106. 4	149088. 051	273888	615613. 439
1891	875. 855	70820. 206	30118. 831	92183. 094	10944. 5	141047. 972	253798. 1	602788. 558
1892	540. 988	104504. 791	29945. 631	89786. 588	10198. 2	156852. 45	239361. 9	631190. 548

① 张仲礼等:《长江沿江城市与中国近代化》,上海人民出版社 2002 年版,第 134 页。
② 资料源自《中国旧海关史料》镇江关相关年度报告,京华出版社 2001 年版。
③ 资料源自《中国旧海关史料》镇江关相关年度报告,京华出版社 2001 年版。

转口贸易一度造就了近代镇江经济的繁荣,但其举足轻重的经济地位又深刻影响了镇江经济发展动力的激发,并因而使得近代镇江经济表现出强烈的被动性,并最终导致了20世纪初叶以来镇江商业的衰落。

第三节　近代镇江商业发展的阻滞

19世纪末20世纪初,镇江口岸地位下降,盛极一时的镇江商业日趋衰落,从一个远距离、规模较大的集散中心,下降为一个近距离贸易为主的集散地,与此同时,镇江市面日趋凋敝。

1906年以后,镇江商业逐步衰弱。海关资料显示,自1906年以后,镇江港进出口贸易额开始逐步减少。1906年,镇江关进出口贸易额为3595万两关平银,1915年则为20063992两关平银,下降了15885042两。自中华民国成立至抗战爆发前的历史区间内,本海关进出口贸易额水平整体下降,具体情况参见表3.12。

表 3.12　1912—1937 年间的镇江港进出口贸易额①　　单位:关平银

年　份	进口		出口		进出口总值
	由外洋	由通商口岸	往外洋	往通商口岸	
1912	3838238	12184381	198954	5334931	22345417
1913	3819697	12712793	391029	8649400	25572919
1914	4309250	12189855	205255	5902288	22606648
1915	2924229	11635852	49775	5454067	20063923
1916	3559288	21362065	255	4977027	19944071
1917	4832648	16570034	35435	3353076	18014171
1918	4373912	18127164	562691	2820039	19118346

---

① 《海关贸易统计年册》、《镇江关中外贸易统计资料》,转引自张立:《镇江交通史》,人民交通出版社1989年版,第184—185页。

年 份	进口		出口		进出口总值
	由外洋	由通商口岸	往外洋	往通商口岸	
1919	3800175	26472164	504719	4992479	24739141
1920	5614557	19038001	287009	5013371	29952938
1921	5572578	19038341	352069	3627691	28590679
1922	4773037	16951325	247883	1573399	23545644
1923	3646278	18464366	285149	1672183	24067976
1924	3821635	18786122	144200	5618104	28371061
1925	5434626	20194875	77652	3318991	29026144
1926	5164782	23184441	31217	1914672	30295112
1927	4047893	17231763	33793	1507355	22820804
1928	5741175	22315405	26346	2247983	30330909
1929	5041419	18377517	1549	2039280	25459765
1930	8451085	16877297	257	1852895	27181534
1931	7551985	11144391	35687	1700561	20432624
1932	5502299	5756616	21450	1429625	12710040
1933	4286920	2131617	33901	1885455	8337893
1934	2377445	2555629	13273	2804808	7751155
1935	3591680	2939084	224	2404111	8935099
1936	3786588	4043933	252	2787389	10618132
1937	3812146	4588397	114	8202201	16602858

从表面上来看,镇江商业的衰落主要缘于地理优势的丧失。虽然不能以地理条件作为考察地方经济发展的唯一条件,但是对于近代长江沿岸的城市来说,它却是一个非常重要的条件。近代长江沿江城市,多以长江水道为依托,利用货物集散中心的优越条件,发展成为近代商业中心。如前所述,镇江商业的繁荣得益于自身良好的地理条件,反之,地理环境的恶化直接导致了近代镇江商业发展的停滞、衰落。20世纪初叶,京汉、胶济铁路相继通车,国内市场中的商路发生了重大变化,原先经镇江中转的货物随即改变了集散方向,

北方的土特产等货物,改道汉口和青岛转输,镇江货运大减,"商业腹地大大收缩,仅限于苏北地区和淮北之一部。"①1908 年,津浦铁路、沪宁铁路建立,南京等口岸立即分其势而起,有实力的外商、洋行和国内客帮纷纷迁往上海等其他城市,本帮较有实力的一些商号如元生丰、新义和、协和也都迁往上海,本地仅留象征性字号作为门面而已。再以土货为例,1904 年,经镇江中转的贸易额尚有 209 万海关两,至 1912 年,则下降为 21 万海关两,短短数年,相差十倍,其商业颓势,可见一斑。20 世纪初,曾经带头发展的北货业、糖业首先疲软,许多商号、行栈力不能支,相继收歇,"到了辛亥革命前后,剩下的老店不过三五户,也都紧缩范围"。②

第一次世界大战以后,镇江商业的衰落已然表面化。江上的繁忙情形已经一去不返,停靠镇江口岸的远洋海轮越来越少,美最时、华昌、麦边、东方等洋商外轮相继撤销,招商、怡和、太古、大阪等洋轮在镇江的业务也大为减少。北货的主要来源只剩鲁南、苏北的部分地区。糖销量的锐减深刻体现镇江商业颓势。1917 年至 1926 年间,糖的年销量约为 80 万包。较之此前最高年份的 143 万包,下降了 70 多万包,下降率近 50%。1927 年以后,糖的年销量更是下降到 30 万包,销售种类则主要以洋糖为主。③ 木业方面,自津浦路通轨后,镇江对于北路包括苏北、安徽、河南、山东等地的销售减少了十之六七。

米粮业的盛衰与米市的生成与迁移密切相关。镇江米市对近代镇江经济影响甚巨,然而,好景不长,1877 年大官僚地主李鸿章上书朝廷,请将镇江米市移师芜湖,1882 年镇江米市正式迁至芜湖,"于是镇地商业,遂有一落千丈之势"。④ 米市迁至芜湖之后,镇江米粮交易一落千丈,规模大为缩小。收购米及豆类的广、潮、建、宁各帮均逐渐转移芜湖,豆类、杂粮的营业大减。再加

---

① 张仲礼等主编:《长江沿江城市与中国近代化》,上海人民出版社 2002 年版,第 166 页。
② 胡鲁瑶、杨方益:《解放前镇江工商概述——抗战前部分》,政协镇江市委员会文史资料研究委员会:《镇江文史资料》第十五辑,内部资料,1989 年,第 9 页。
③ 镇江市工商联:《镇江糖、北货业的百年兴衰》,政协镇江市委员会文史资料研究委员会:《镇江文史资料》第十五辑,内部资料,1989 年,第 118 页。
④ 胡鲁瑶、杨方益:《解放前镇江工商概述——抗战前部分》,政协镇江文史资料研究委员会:《镇江文史资料》第十五辑,内部资料,1989 年,第 142 页。

上镇江本地豆类加工工业不发达,导致苏北的黄豆经镇江大多过而不留,径直被运往加工工业发达的苏州、无锡、常州、上海地区。雪上加霜的是,津浦铁路、沪宁铁路通车后,北路的粮食大部分由火车运往了上海、苏州、无锡地区。镇江米粮交易的衰落不言而喻。

此外,同一时期,镇江的绸布业、钱庄业也遭遇同样的境地。绸布业衰落主要受两个因素的影响。一是日本布的廉价输入。清末民初,日本仿照西洋货,织造大批质差价廉的细布、斜纹、漂布输入中国市场,对镇江当地绸布市场形成不小冲击。一战期间,由于西洋货的断供,利用机会,日本布大行其道,几乎完全垄断了洋货布匹市场。二是由于津浦沪宁铁路的通车,本地布匹业客商逐渐改变了贸易内容和贸易方式。随着两条铁路的建成通车,承办代运货物为主的转运公司日渐增多,零拆匹头货物可以凑成整件代运。因之,多数原先在镇采购洋货匹头的客商均直接赴沪采购,交由转运公司运回,从而不需要经由镇江市场这一环节,镇江相关业务大为下降。

镇江商业在近代的衰落,原因多重。近代城市商业发展,具有多样性和复杂性,除了地理环境,历史传统等因素以外,还有影响商业发展的多种其他因素,其中,近代工业的发展是近代商业良性发展的重要基础。一般说来,资本主义的商业依附于资本主义工业,除资本原始积累时期以外,商业的发展一般不可能脱离工业。单纯依靠对外贸易,不以工业为基础的商业发展缺乏连续性、稳定性。明清以来,镇江经济的繁荣主要建立在转口贸易基础之上,开埠通商后,传统商业的演进和新式商业企业的发展更多地适应了西方殖民经济体系的需要,与地方民族工业关联不大。另一方面,镇江近代工业基础也比较薄弱。相较于东南沿海、长江沿岸的其他城市,近代镇江工业起步较晚(产生于19世纪80年代以后),力量薄弱,更缺乏地方性的支柱产业,仅有的工业大多集中在轻工业方面,如面粉厂、电灯公司、榨油厂、火柴厂等,建材、机械工业、化工业等重工业发展几乎是一片空白。一些企业因为资金少、规模小,自生自灭是常有的事。由于地方工业的不甚发达,近代镇江商业缺乏应有的基础,失去了良性发展的可能。同为长江沿岸城市,同样具有良好的商业传统,由于有近代工业的支撑,在外部环境和条件发生改变的时候,无锡近代商业不仅发展迅速而且保持了相当时期的繁荣。19世纪末叶以来，无锡近代工业发展迅速，涉及了碾米、榨油、棉纺、织染、缫丝、针织、机器纺纱、化工、药棉等19个行业，仅棉纺织、缫丝、面粉三大行业中就形成了六大民族工业系统，至1929年，其工业产值占工农副业产值的60%以上。19世纪末叶以来，镇江和无锡均出现了华商设立的缫丝厂，前者仅有1895年设立的2家缫丝加工厂，至1929年丝业危机中就全部闭歇，而后者，不仅于建立之初就出现了一批缫丝厂，至20世纪30年代前后，更是达到四五十家之多。历史发展表明，工业发展水平高低是商业荣枯依归，离开工业发展的近代商业的繁荣无法长久，近代镇江商业发展充分说明了这一点。

除了客观条件的影响之外，主观条件是影响商业发展的关键因素。近代镇江商业经营理念的相对落后，组织形态也不成熟。

商业经营活动的主体是人，商业经营者的主观能动作用不可忽略，商业经营理念先进与否，直接影响了商业的发展。由于地理条件突出，镇江传统商业发展较好，但随着客观条件的变化，商人经营理念的及时调整势在必然。但遗憾的是，近代镇江商人大多因循守旧，愚昧落后，不善随机应变，终致近代商业失去了一贯的繁荣。铁路的修筑是中国近代史上的大事之一。要想富，先修路，近代亦如此。清末朝廷拟建"沪镇铁路"（上海到镇江）和"瓜清路"（瓜州至清江浦），再由清江浦筑铁路北达天津，与陇海路相交，这对镇江商业和地方经济将是崭新的契机。可惜的是，以时任镇江商会会长吴泽民为首的镇江绅商思想保守，缺乏远见，以为处于长江、运河交汇处的镇江，永远可以保持商业的繁荣，并因迷信风水之说，坚决反对上述修路计划，他们联合镇江籍京官、翰林共同施压，迫使清廷改变初衷，随后改修沪宁铁路，镇江商业因此失去了一次重要的发展机遇。"故以后二三十年间，镇江人士谈及商业走下坡路的原因，每每归咎于吴。"①

商业企业的组织形态和经营方式是近代商业发展的核心因素，良好的组

---

① 杨方益：《镇江商会始末》，政协镇江文史资料研究会：《镇江文史资料》第六辑，内部资料，1983年，第12页。

织形态和经营方式是近代商业良性发展的必备条件。然而在近代镇江,无论是传统商业还是新式商业,商业企业的组织形态和经营方式变化不大,传统的独资经营和合伙经营的方式依然占据主导地位,近代意义上的股份有限公司几乎没有,同业之间竞争多于联合,相互独立,各自为政。一些大的字号行栈依然是家庭式的经营,并未真正转化成为资本主义商业企业。近代江绸业四大家的陶家,实力最为雄厚,但随着子孙繁衍,分化为七八户之多,各自加记,独立经营。封建色彩浓厚,并未脱离旧式商业的轨迹,与他埠相比,其经营理念和方式要落后许多。

作为传统商业发展良好的城市之一,镇江商人组织很早就已出现了,从会馆、公所到同业公会再发展到镇江商会。在不同的历史时期内,这些商人组织为不同时期的商业发展起了良好的作用。会馆、公所作为传统的商人组织,往往由同一地域各邑商人组成,地缘性较强,并不完全具有近代意义上的商人组织功能。随着近代商业因素的生长,近代商人组织、商会应运而生。1903年成立的镇江商会在调解处理工商同业间纠纷等问题上发挥了积极的作用,但就镇江商会本身而言,保持了相当程度的封建色彩。从其构成来看,镇江商会是以各业公所为基层组织,也有少数大公司、厂商直接加入商会,实际还缺乏近代意义上的组织形态。经费来源方面,主要来自向同业抽取的"会厘"。"会厘"表面取之于同行,实际是加在客户身上,这就是所谓的附加税,经年累月,为数甚巨,给消费者带来了沉重的负担。从商会的性质来看,原本应该代表商民的利益,具有"人民团体"的性质,由于越来越多地接受地方政府的委托办事,尤其是后来继承了撤销的商务分局的部分职能,镇江商会逐渐有了"半官"的性质。官府与商人之间本身存在着一定的矛盾,商会一方面会很好地成为商人的代言人,协调与官府之间的关系,保持商人的利益,但另一方面,也有可能代政府传言。镇江商会首任会长吴泽民虽也经营商业,但他是科举出身,是一位亦官亦商的绅士。这些都一定程度上限制镇江商会对于经济活动的正确管理。

由于主客观因素的影响,近代镇江商业在经过相当一段时间的鼎盛过后,走向了衰落,商业发展的阻滞、凋敝对近代镇江经济产生了消极的影响。近代镇江,因商兴而兴,必也因商衰而衰。镇江本是一个以商贸为主的城市,商业是其经济的支柱。随着商业的衰败,镇江经济江河日下。民初,镇江商业中的五大业——江广业、江绸业、木材业、绸布业、钱庄业相继减色,一些大的商号、字号虽能维系一些当散未散的客户,却早已了无生气,渐归湮没,洋行、国内各帮纷纷撤走,镇江经济局势全非,数十年的经济繁荣美梦终于结束。

近代镇江商业的发展轨迹给我们以明确无误的启示,国家的独立和民族的解放是民族工商业发展的根本前提。此外,仅仅依赖于地理环境等客观条件,缺乏建立工业基础上的商业繁荣既不稳定,也不能长久,同样的道理,经济发展绝不能以某一行业作为支柱,"跛足"前行只会带来经济的畸形发展,只有不断适应时代需求,适时调整战略,建立良好的经济结构和模式,经济才可能健康、和谐发展。

第四章 埠际贸易与腹地经济的发展

在近代扬子江贸易体系中,镇江毫无疑问是一个重要的中转口岸。伴随口岸的开放进程,其埠际贸易发展也较为迅速。作为转口税较高的口岸之一,与天津、岳州、思茅等通商口岸一样,镇江口岸主要通过与后方市场保持密切的联系,从事进出口贸易。在此基础上,镇江与其经济腹地关系日渐密切,并进而推进了腹地经济的发展。

第一节 近代镇江的埠际贸易

与汉口、芜湖等口岸类同,近代镇江是临近省市广大区域的货物集散地,经镇江口岸中转的商品多流往安徽、河南、江苏地区及山东的广大地区。

1869—1875 年间,临近各省从镇江海关运入商品的地区数量,多则达数十个地区,少则数个、十数个。江苏省内是其商品输入最多的地区。自 1869 年至 1874 年六年间,其商品品种数量分别为 72、66、91、82、74、70 个。除此以外,安徽、河南、山东是输入镇江商品较多的地区。根据滨下武志先生的统计,安徽省最多的年份达到 72 个,河南最多的年份达到 27 个,山东省最多的年份达到 44 个,参见表 4.1。

图 4.1 19 世纪末镇江贸易范围

资料来源:[日]滨下武志:《中国近代经济史研究——清末海关财政与通商口岸市场圈》,江苏人民出
版社 2008 年版,第 488 页。

表 4.1　各省自镇江口岸输入商品的地区数量(1869—1874 年)①

单位:个

省份＼年份	1869	1870	1871	1872	1873	1874
安徽	51	67	72	72	55	57
河南	15	27	16	17	12	9
山东	17	22	44	24	17	15
江苏	72	66	91	82	74	70

　　上述商品输入地区具体包括了江苏的常州、江宁、通州、扬州、淮安、海州、徐州、泗州,安徽的太平、广德、宁国、池州、六安、安庆、泸州、滁州、和州、凤阳,河南的汝宁、陈州、许州、归德、开封,山东的沂州、兖州等。镇江之所以成为一大贸易中心,就在于"其临近地区是农业生产地,作为大运河的出入口,还是向华北贸易道路上的一大转口地,不论是陆地还是水路,都处在南北交通的要地。因此,镇江自身作为消费地虽不拥有大规模人口,但在沿岸贸易上却位居全国前茅。"②1958 年,自从《天津条约》签订后,"镇江与汉口共同成为扬子江贸易的中心。到 19 世纪 80 年代,在沿岸贸易港口中(在内地运送量的方面),镇江成为超过广东,仅次于上海、天津、汉口的港口城市。"③

　　近代镇江埠际贸易的主要走向仍然是长江与运河沿线。换句话而言,一条主要线路是与以长江为依托的运河沿岸城市地域间的埠际贸易,包括江苏的扬州、淮安、徐州、海州,河南的开封,山东的济南等地区及周边地区。一是长江上下游的沿线城市,主要包括上海、芜湖、汉口等沿江城市及其周边的地区。然而,无论哪条贸易线路,镇江口岸主要起了贸易的中介作用,特别是其

---

①　[日]滨下武志:《中国近代经济史研究——清末海关财政与通商口岸市场圈》(上),江苏人民出版社 2008 年版,第 479—480 页。
②　[日]滨下武志:《中国近代经济史研究——清末海关财政与通商口岸市场圈》(上),江苏人民出版社 2008 年版,第 477 页。
③　[日]滨下武志:《中国近代经济史研究——清末海关财政与通商口岸市场圈》(上),江苏人民出版社 2008 年版,第 477 页。

与上海进出口贸易之间的中介作用。

近代镇江长江沿岸埠际贸易可以从轮船招商局的相关航运业务上体现出来。轮船招商局由李鸿章创办于1872年,其长江航线航运业务量总体不及外商航运企业,但相较民族同类行业,其优势显见。1873年,轮船招商局镇江分局成立。是年7月10日,招商局轮船"永宁"号从上海开航,次日到达镇江港口。此后,"江裕"、"江孚"、"江宽"等轮船招商局轮船相继行驶长江航线,各船只停留镇江口岸成为常态。此外,旗昌、太左、怡和等外贸轮船公司船舶也常停靠镇江。据镇江旧海关史料记载,中转贸易旺盛的19世纪七八十年代,停靠镇江口岸的船舶常年在千艘以上。光绪十六年(1890),船只停靠镇江次数为1165次,吨数为115.3万余吨。光绪十七年(1891),轮船停靠镇江口岸次数达到1186次,吨数为126.6万余吨。①

依据相关资料,在沿海贸易中,镇江口岸的进口贸易与上海口岸密切相关,而出口贸易则主要来自上江的汉口、九江、芜湖等口岸。或者可以说,镇江口岸的洋货进入主要来自上海口岸,由此转运至上游各口岸。土货的出口来自上游的沿江口岸并转至上海口岸外销。招商局"江裕"、"江孚"、"江宽"、"江永"等轮船在1902年10月间的长江营运情况可以佐证相关情况。(参见表4.2、表4.3)②

表4.2　1902年10月招商局轮船到达镇江口岸营运情况一览

时　间	轮船号	来自口岸	营运货物
10月4日	江裕	上海	铅粉、炉底根、花干
10月11日	江宽	上海	面粉、上纸
10月13日	江孚	上海	淡菜
10月16日	江裕	上海	家伙、伙食
10月21日	江永	上海	降香、葡萄干

---

① 中国第二历史档案馆、中国海关总署办主编,茅家琦等:《中国旧海关史料》(第17辑),京华出版社2001年版,第141页。

② 〔日〕滨下武志:《中国近代经济史研究——清末海关财政与通商口岸市场圈》(下),江苏人民出版社2008年版,第803—823页。

时　　间	轮船号	来自口岸	营运货物
10月23日	江宽	上海	黑海参、升物
	江裕	上海	海菜、淡菜、青皮子
10月26日	江孚	上海	洋线、药材、香丸
10月30日	江永	上海	药材

表 4.3　1902 年 10 月招商局轮船自镇江去往口岸营运情况一览

时　　间	轮船号	去往口岸	营运货物
10月3日	江裕	上海	金针菜、瓜子、莲子、芡实、枸杞、枣、芝麻、绸子、银鱼、木耳
	江永	上海	瓜子、金针菜、麻绳
10月6日	江孚	上海	金针菜、瓜子、绸子、猪、熟猪油、枸杞、芡实、香草、枣干、火腿、药材、桂圆等
	江宽	上海	猫鱼
10月7日	江裕	芜湖	金针菜
		汉口	竹篦、木器、荆芥、京冬菜、火腿、绸子
10月10日	江永	上海	金针菜、瓜子、白瓜子、茶叶、绸子、白丝、茧衣、鸡蛋、枣干、车前子、篓皮、红花、芡实、莲子、麻绳
	江孚	芜湖	绸子
		九江	金针菜
		汉口	火腿、绸子
10月11日	江宽	上海	金针菜、红枣
10月13日	江裕	上海	金针菜、红枣、金银花、芡实、槐米、火腿、绸子、白丝、麻丝、纸箔、鱼肚
10月14日	江永	芜湖	金针菜、藕粉
		九江	金针菜、绸子
		汉口	火腿、银鱼、绸子

续表

时　间	轮船号	去往口岸	营运货物
10 月 17 日	江孚	上海	金针菜、白芍、鸭毛、绸子
	江宽	芜湖	时罗、绸子
		九江	苔菜
		汉口	竹、银鱼、绸子
10 月 20 日	江永	上海	红枣、金针菜、绸子、白丝
	江裕	汉口	火腿
10 月 21 日	江孚	芜湖	金针菜
		九江	金针菜、绸子
		汉口	绸子、银鱼、黄铜器、白蔼、海蟹
10 月 24 日	江宽	上海	金针菜、车前子、红枣、苔菜、白丝、麻
	江永	九江	金针菜
		汉口	竹篦、绸子、火腿、皮马褂

　　在长江贸易航线上,镇江与上海、芜湖、九江口岸的贸易往来是其长江沿线埠际贸易的主要部分。根据中国旧海关史料记载,19 世纪 70—90 年代是镇江口岸海关贸易的旺盛时期。以 1893 年为例,镇江与汉口、九江、芜湖、上海的贸易额均达到了一定的程度。

表 4.4　1893 年镇江口岸自国内其他口岸的进口贸易情况一览①

(单位:关平银)

口　岸	贸易额
天津	1090
烟台	1774
九江	338180

---

　　①　中国第二历史档案馆、中国海关总署办主编,茅家琦等:《中国旧海关史料》(第 20 辑),京华出版社 2001 年版,第 203 页。

续表

口　　岸	贸易额
汉口	3494121
芜湖	13550
上海	399638
宁波	40392
温州	1477
福州	256
淡水	5254
厦门	12413
汕头	555180
广州	4969
总计	4868294

表 4.5　1893 年镇江口岸转口贸易情况一览①　　（单位：关平银）

转口口岸	贸易额（关平银）
汉口	4088
九江	359
芜湖	6083
上海	19405
汕头	3040
广州	1352
总计	34327

　　依据表 4.4、表 4.5 可以看出，镇江与沿江其他口岸贸易往来密切的城市主要为上海、汉口、九江、芜湖。通过这种贸易途径，附近安徽、江西省的棉布、毛织品、米糖、铁等外国商品得以大量流入镇江口岸。表 4.6 是 1871 年镇江商品流入各地的分配情况。

---

　　① 中国第二历史档案馆、中国海关总署办主编，茅家琦等：《中国旧海关史料》（第 20 辑），京华出版社 2001 年版，第 203 页。

表 4.6 1871 年镇江进口商品流入江西、安徽省状况①

商　品	省	地　区	数　量
棉布 （单位：反）	安徽	芜湖县	47900
		大通镇	21969
		和悦州	19468
		安庆府	16661
	江西	亳州	12750
		吉水	110
毛织物 （单位：反）	安徽	芜湖县	4755
		和悦州	1197
		大通镇	940
		安庆府	833
		霍山县	392
砂糖 （单位：担）	安徽	芜湖县	15554.06
		大通镇	9281.85
		安庆府	199909.68
		亳州	31043.16
		宿州	7295.60
	江西	景德镇	42.00
		南昌府	19.20
		彭泽县	19.20
		湖口县	18.00
铁 （单位：担）	安徽	芜湖县	2026.02
		和悦州	746.48
		大通镇	466.20
		宁国府	287.16
		英山县	243.60

---

① ［日］滨下武志：《中国近代经济史研究——清末海关财政与通商口岸市场圈》（上），江苏人民出版社 2008 年版，第 484—485 页。

商　品	省	地　区	数　量
铁 （单位:担）	江西	临江府	55.86
		抚州府	42.00
		饶州府	18.90
		会昌县	16.80
		赣州府	16.80

在长江沿线埠际贸易以外,近代镇江更为主要的埠际贸易当数沿北运河沿线的埠际贸易。明清以来,位于长江以北地区的运河沿线城市如扬州、淮安、徐州、海州、济宁等府州,与江南的苏杭及北方的京津地区,经济关系皆极为密切。上海开埠后,通过镇江口岸的中介作用,这些城市及其毗邻的腹地随之成为上海的间接经济腹地。在这种经济作用下,距离上海甚远的河南等其他远方地区经济也受到深刻影响。时在华外商对此评述说:"镇江位于许多流贯南北的河道的交叉处,其位置对于发展子口贸易很合理想。河南省在历史上是中国的一个最著名最古老的省份,土地非常肥沃,有许多人口众多的大城市,全省的许多洋货完全由镇江供应。（河南）实际上可以在上海购买洋货,不过没有（镇江）这一条约口岸,洋货就无法大量深入。"如,经由上海港转之而来的"布匹被运往最遥远的地方,而且数量很大,尤其是运往河南各大城市和商业中心距离此地（镇江）仅有四百英里或五百英里。这些城市的洋货几乎由此地发出"。① 19 世纪 80 年代,镇江销往开封、济宁、徐州、海州城市的洋布多在 10 万匹以上。经镇江转运北方的洋纱数更是连年增长。自 1886年以来,其总体数额不断增长,"1886 年进口 179 担,1887 年 321 担,1888 年558 担,1889 年 1463 担,1890 年 1358 担,1891 年 27035 担"。②

除洋纱外,流入苏北地区、山东境内、河南省等地城市的棉布、毛织物、砂

---

① 姚贤镐:《中国近代对外贸易史资料》第 2 辑,中华书局 1962 年版,第 824 页。
② 《海关十年报告》1882—1891 年,镇江,第 295 页。

糖、铁等洋货也主要经镇江口岸中转。仍以 1871 年为例,江苏、河南、山东的相关商品的流入状况如表 4.7、表 4.8、表 4.9 分别所示。①

表 4.7 1871 年镇江进口洋货输入江苏地区情况一览

地　区	棉布(反)	毛织物(反)	砂糖(担)	铁(担)
徐州府	98408	2225	11490.26	
六安府	44115	2482	18207.88	
江宁府	39580		7647.02	2255.36
海州	27995			
东台县	22485		8155.77	
如皋县		1944		
清江浦		1836		
通州		1242		
扬州府			7477.89	5097.17
沙沟镇				3128.1
邵伯镇				1782.96
兴化县				1596.12

表 4.8 1871 年镇江进口洋货输入河南省情况一览

地　区	棉布(反)	毛织物(反)	砂糖(担)	铁(担)
归德府	33625	416	1510.95	
周家口	8729	20	24110.14	
陈州府	3110		2090.71	
鹿邑县	1810	30		
开封府	1695			
商水县			523.30	
永域县			507.40	

① ［日］滨下武志:《中国近代经济史研究——清末海关财政与通商口岸市场圈》(上),江苏人民出版社 2008 年版,第 484—485 页。

表4.9 1871年镇江进口洋货输入山东省情况一览

地 区	棉布（反）	毛织物（反）	砂糖（担）	铁（担）
济宁州	72798	564	3591.41	
东昌府	25980	58	78.90	
济南府	16910			
兖州府	11550		575.00	2.00
沂州府	11084			
青州府		60		
曹州府		50		
武定府		50		
滕县			188.21	57.02
海南府			110.00	

口岸时期的镇江埠际贸易还包括与多地特别是经济腹地之间的土货贸易往来。苏北运河是沟通镇江与北地经济联系的有效途径。19世纪60年代以来,虽然运河有些地区河工久废,某些区间已不能行船,河槽年久失修,石堤颓废,河水泛滥,但山东"张秋的南河股尚能行船,因此在此经镇江中介,沟通上海与苏北、鲁西南、豫东南、皖北等地区的经济联系方面,镇江至张秋运河区段仍发挥着主干道的作用"。① 上述山东、河南、江苏北部的镇江洋货运销之处一般均为镇江口岸的土货出产之处。以1899年为例,苏北、河南、安徽、山东等地经运河运抵镇江口岸转运的农副产品比重分别为48%、28%、20%、4%。② 其中,苏北地区的农副产品比重占据近一半左右。具体到各个城市,苏北的扬州、淮安、徐州与镇江的经济关系最为密切。河南省开封、陈州是镇江商品的主要集散地,也是本地区农副产品的输出地。土货的出口,相关资料统计比较粗略,但根据1899年的镇江海关报告,镇江几个主要的土货品种来源地均为上述地区,参见表4.10。

---

① 戴鞍钢:《港口·城市·腹地——上海与长江流域经济关系的历史考察》,复旦大学出版社1988年版,第188页。

② 戴鞍钢:《港口·城市·腹地——上海与长江流域经济关系的历史考察》,复旦大学出版社1988年版,第189页。

表 4.10　1899 年镇江关土货来源地统计一览①　　　　单位:海关两

地区 品种	江苏	河南	安徽	山东	合计
枣类	无	59814	无	32868	92682
花生	573436	无	无	9430	582866
金针菜	117624	183300	52838	无	353762
芝麻油	无	11550	9009	无	20559

第二节　开埠对腹地经济的影响

镇江开埠对腹地经济的影响是显而易见的。作为较早开设的通商口岸,镇江的腹地范围一度广阔。兴旺时,除了江苏本省和邻近的安徽省以外,还涉及山东、河南、江西、湖南、湖北的 237 个地区。这些地区的芜湖、归德、徐州、六安、济宁及兖州等城市为区域市场,形成以镇江为核心的层级分明的商品销售网络体系。清末以来,"镇江商业,本来是上海附近最大的副区,在长江以北,山东以南,安徽以北,河南以东,凡是洋货的输入,土货的输出,都在镇江转输,他的贸易圈可算很广。"②因此,其时山东以南、河南以南、安徽以北、江苏北部等地应是镇江经济腹地的核心地区。镇江的近代化历程对上述地区的近代化进程产生了不可忽视的影响。

由于镇江口岸土货转口贸易主要依赖腹地供给,由此这些地区农产品的商品化过程也随之开始。镇江开埠以后,随着中转贸易功能的扩大,其腹地商品经济得到相应的发展。在江苏北部地区,清江浦是苏北的商品集散地,也是这一区域的金融中心,周边的沭阳、宿迁、赣榆、涟水、睢宁、灌云、东海都受其经济深刻影响。所以,"就运河沿埠镇江至清江之产物出口而言,淮阴(清江)

---

① 中国第二历史档案馆、中国海关总署办主编,茅家琦等:《中国旧海关史料》第 26 辑,京华出版社 2001 年版。

② 《全国商埠考察记》,世界书局 1926 年版,第 25 页。

每年有小麦、芝麻、红粮、黄豆、山芋干、瓜子、生仁、生油等共约一百三十五万担之谱。皮革六千担,鸡鸭毛一千担,活猪四十万只,封猪五万只,鸡鸭十万笼,鲜蛋二万篓,北药一千担。淮安有黄豆、小麦十五万担,鸡鸭四万篓,鱼虾一万担,鲜蛋两万篓。高邮有小麦、黄豆约四十万担,鸡鸭毛、白药各五百担。江都(扬州)小麦、芝麻约二十五万担,鱼虾一万担,鲜蛋两万篓,鸡鸭毛三百担,猪鬃毛五百担。"①这些数据表明,镇江经济腹地的传统农产品在适应区域市场经济发展的过程中商品化程度得到不断加深。

来自安徽、山东、河南的农副产品也经过镇江口岸转输海外,其商品化的程度也不断提高,如棉花、大豆等商品,一些农业商品常受国际市场的走势影响。19 世纪 90 年代后,国产棉花因"日本纺织业大兴,出口大增",而"山东所产之帽鞭……海外吸收意味甚浓,其他大豆、豆饼、皮革、毛类、植物油、籽类等亦均渐为各国注意……大豆及其制品近年来(1892—1901)在出口货物中堪称首屈一指。"②此外,在镇江转输海外的"山羊皮大半来自河南、安庆等处,贩户于每年春夏间收取该货均在亳州打包,由亳雇骡运赴南京对江之浦口地方,再用民船运至镇江出口。"③

镇江与腹地经济密切往来还表现在口岸内地税征收的上述区域数额的构成上。以光绪二十九年(1903)贸易情形为例,本口是年"内地税洋货入内地之价值共计关平银一千五百二十五万两,内江苏有七百万两,河南有四百二十五万两,山东有三百万两,安徽将近一百万两"。土货方面,"出内地之价值共计关平银四百二十五万两,内江苏有一百七十五万两,河南有一百二十五万两,山东有七十五万两,安徽有五十万两"。④ 由此看来,腹地经济发展过程

---

① 赵惟义:《镇江轮船业之今昔论》,《航业通讯》,民国三十六年(1947)八月五日出版,第 37 页,转引自陈敦平:《镇江港史》,人民交通出版社 1989 年版,第 75 页。

② 班思德编:《最近百年中国对外贸易史》,茅家琦等:《中国旧海关史料》第 157 辑,京华出版社 2001 年版,第 217、221 页。

③ 《光绪二十二年镇江口华洋贸易情形论略》,茅家琦等:《中国旧海关史料》第 24 辑,京华出版社 2001 年版。

④ (民国)张玉藻、翁有成修,高觐昌、刘嘉斌、何庆年等纂:《续丹徒县志》卷八,外交一,《中国地方志集成·江苏府县志辑》第 30 辑,江苏古籍出版社、上海书店出版社、巴蜀书社 1991 年版,第 591—592 页。

中,除苏北地区以外,受镇江经济影响最大的省份当为河南省,次为山东省,再次为安徽省。周口镇为近代河南的商业重镇,其地处淮河流域,境内有四通八达的水网,通过便捷的水路,周口很早就与镇江建立了密切的贸易往来。晚清以来,作为中原地区一大贸易枢纽,周家口附近的农产品如麦子、大豆、高粱、稻米、金针菜等汇聚本地后,一部分经沙河通过陆路转运各地,一部分则由颍河入淮转运镇江。

由于与腹地的经济往来密切,镇江客商遍及大江南北,形成了所谓的"镇江帮"。如同其他商帮一样,"镇江帮"在各地的形成是为了团结同乡,保障自身利益,以求发展自身企业。在此背景下,"镇江帮"在各地建立了同乡会性质的会馆。苏北如皋的京江会馆建立于清初,原名"京江水龙会馆",会馆位于如皋烟店巷内,清末时"该会馆有房屋数十间","高大宽敞、建筑精致",为当地所瞩目。镇江商人在如皋的活动十分频繁,其时"镇江籍在如城经商的主要人物有:大城官盐栈,开设于清末,是李耆卿(民国初年任交通银行江宁、扬州等县分行行长,后任江苏省财政厅长)、胡志清(医生胡晋侯之父)、道少吾(后开京茶食店、大伦绸布店,儿子道贤模是美国留学生、硕士,曾任中南银行上海、香港、广州分行行长,上海市银行总经理等职)等人创办。陈子文是源大钱庄管事,他在源大钱庄、万祥银楼、源和绸布店都有股份。孙炳南是宝祥银楼管事。"[①]此外,在如皋经商的镇江籍商人尚有殷磬岩、江永年等。镇江人在如皋经营的行业与镇江的传统"五大业"密切相关,著名的商号有南货业的恒昌、裕斗、源记、宏昌、赵义泰等。绸布业则有大昌、金泰和、泰记、宏大昌、郭子记等。此外,尚有一些银楼如宝祥、万祥、江义昌等。除了在县城的经营外,"在如皋县乡村等镇,镇江人开放的商店不在少数。故镇江帮与徽州帮势力相等。"[②]

盐城是苏北地区面积最大的城市,位于阜宁西南边缘的益林镇是近代盐

---

① 《简介昔城如城之间乡会馆》,《如皋文史资料》第三辑。参见政协镇江文史资料研究会:《镇江文史资料》第十五辑,第262—265页。

② 《简介昔城如城之间乡会馆》,《如皋文史资料》第三辑。参见政协镇江文史资料研究会:《镇江文史资料》第十五辑,第262—265页。

城地区的历史文化名镇。其地理位置优越,西邻淮安,东南接近盐城,地处射阳河大支流之末,交通极为便利。近代益林商旅往来频繁,货物集散便利。各地运来之货物中,北来之土货如大豆、花生、高粱、毛猪等由此出口或转销,南来货物如洋油、洋烟、洋糖、洋火等洋货由此运入,并转销涟水、泗阳、宿迁等地。在此地经营纯商业的客商大多是外籍商人。其中,镇江籍大港商人在此颇具影响力,他们开设了旱烟店、酱园、茶食、糖坊、油坊等行业,形成了远近闻名的镇江帮。1916 年,益林商会成立,镇江大港人陆兆科被推举为副会长,此后的多年间,镇江商人常代表客帮与本帮商人争夺地方商贸领导权,势力不相上下。1927 年,陆兆科被推举为代理会长,后镇江籍商人吴玉余也参与商会领导权之争,一定程度反映出镇江商人在木地的经济实力。①

除了益林以外,镇江人在盐城其他地区的商业活动也很频繁。清末以来,建湖的上冈镇工商业发展迅速,至 20 世纪 30 年代,工商业发展至其兴盛时期。"全镇五千多户中,从事工商者占全体居民总数近五分之一。南北东西南大街的两旁店铺、工房林立。"②当地工业中最为出名的是鸿泰蛋厂,传说由镇江人许炳辉、许炳元于同治八年(1869)引进外资建立。初与美国协和洋行合作,继而又与英、法、日、葡萄牙等国商人进行贸易往来。该蛋厂规模较大,规模最大时有"瓦房九十间,职工二百余人"。③ 鸿泰蛋厂以当地的鸡蛋为原材料,进行工业生产,制作成蛋白片等。此外,所生产的盐黄、甜黄、飞黄等品种,据称每天生产两万多箩,均销往美国、英国、葡萄牙等外商公司。

近代镇江籍商人在南通、泰州地区的商业活动也可谓活跃,对当地的经济发展产生了一定影响。镇江人钱伯良在南通如东掘港与人合伙开设"仁记"粮行,至 20 世纪 20 年代末,钱氏开始独资经营"仁记粮行",改名"钱仁记",其规模盛时,"能左右掘港粮行形势",以致"当时唱牌儿经也唱道:钱仁记老

---

① 《商林商会史略》,《盐城文史资料》第七辑。参见政协镇江文史资料研究会:《镇江文史资料》第十五辑,第 262—265 页。

② 《名镇上冈》,《建湖文史资料》第二辑。参见政协镇江文史资料研究会:《镇江文史资料》第十五辑,第 262—265 页。

③ 《名镇上冈》,《建湖文史资料》第二辑。参见政协镇江文史资料研究会:《镇江文史资料》第十五辑,第 262—265 页。

板本事好,粮食行里站头号"。① 此外,钱氏还经营棉花、布匹等,对当地的商业影响至甚。晚清以来,南通地区的工商业发展中,外邦客商的势力较强,本帮实力较弱,而在外邦客商中,徽帮略胜,镇江帮居次。

民国以来,兴化地区的商业发展也时见镇江客商的影子,个别镇江商人势力还比较雄厚,特别是在南货业经营方面。同昌南货店与仁昌南货店是兴化城内颇具影响力的两个商店,前者开设于民国元年,鼎盛时期,营业额每年高达 100 万元以上,镇江商人陈冠伯资金占据其中的 60% 之多。后者仁昌商店由镇江商人周绍康创设于民国十九年(1930),规模最大时,商店职工人数达到四十余人,经营项目甚至超出南货范围,包括煤油、碱粉、卷烟、火柴、食糖等五洋货品,营业额最多时亦达百万元以上,"与同昌堪称伯仲"。②

近代镇江商人及其商业活动影响了腹地经济的发展轨迹。近代镇江与其腹地的经济互动关系打破了腹地长期的相对封闭状态。在口岸经济的辐射作用下,镇江与腹地社会经济联系空前增强,区域市场网络逐渐形成,并通过镇江口岸与上海等口岸城市产生经济联系,并进而与其他国内市场和世界市场发生一定关系。

伴随经济的变革,镇江腹地社会深刻变迁。城乡关系变动明显,城乡间联系加强的同时,对抗性矛盾逐步显现。区域内社会结构演变,传统商人现代转向的同时,新式商人阶层出现,新一代民族企业家群体逐步形成。新式知识阶层也逐步出现,对区域政治、经济、文化的发展产生了特定影响。此外,社会生活的诸多方面也深刻变迁,如人口流动趋向、民众收入水平、生活观念、宗教信仰、生存方式、交往方式、社会风俗习惯、文化教育水平、婚姻家庭模式甚至政治理念等,因此,镇江腹地近代化进程的近代意义值得进一步重视与关注。

---

① 《钱仁记粮行茂盛的"经络"》,《如东文史资料》第三辑。参见政协镇江文史资料研究会:《镇江文史资料》第十五辑,第 262—265 页。

② 《我所知道的近百年的兴化工商界》,《兴化文史资料》第七辑。参见《镇江文史资料》第十五辑,第 262—265 页。

第五章　金融业的近代演进及其埠际地位

近代城市走向现代化的进程中,影响因素甚多,包括政治、经济、社会,而"金融是经济社会的循环系统,是工商百业的枢纽,关系国家财政经济基石"。① 镇江的金融业素有基础,开埠以后,更是迅猛发展,盛极一时,镇江也因此号称"银码头",一度对镇江商业起了良好的推动作用。此外,近代镇江的金融业不仅极大程度影响了本地的社会经济发展,盛时,其影响力远及苏北、河南、山东等经济腹地,并一度称雄上海金融界。近代镇江的金融业经历了从传统钱业到现代银行的演变过程,伴随了镇江的近代化进程。

第一节　镇江金融业的近代演进

中国传统的金融机构,主要包括钱庄、票号等,在银行业兴起之前,两者皆为正式的金融机构。江苏的票号甚少,传统钱业多以钱庄为主,其功能主要以借贷、存放、交换、汇兑为主。

钱店是钱庄的前身。就其名称看来,显然前者的规模不及后者。镇江钱店最早出现于清咸丰年间。镇江开埠后,伴随镇江口岸货物中转量的加大且日趋兴旺,钱庄业随之得到发展。自1866年晋源钱庄开业至1873年间,镇江

---

① 王树槐:《中国现代化的区域研究,江苏省,1860—1916》,"中央研究院"近代史研究所1984年版,第322页。

钱庄发展至 27 家,资本多在 5000—20000 两之间,规模比较大的钱庄吸收的存款通常都在 60000—100000 两之间。① 19 世纪 70 年代,伴随商业进出口量的迅速增长,镇江钱庄开始进入鼎盛时期,钱庄数量多达 60 家,规模较大的 8 家钱庄还在外地设有分号。② 1883 — 1890 年间,镇江钱庄发展遭遇重大挫折,受上海金嘉记丝栈钱账风潮影响,一度陷入低谷,钱庄纷纷倒闭,最低潮时钱庄数量仅剩 16 家。"但镇江钱业并未因此而一蹶不振,随着形势变化,尔后镇江进出口贸易和市场双双兴旺起来,镇江海关年入税钱 100 余万两",③ 钱庄业随之复兴。

光绪十七年(1891),钱业公所辅宜堂在镇成立,至光绪三十二年(1906),镇江钱庄随发展至 32 家,全行业资本总额达到 30 万两白银。钱业公所是钱庄同业机构,这一机构的成立为同业间厘定了账务制度、业务规章和行业信级,具有一定影响力。据统计,镇江近代金融业最为鼎盛时期,钱庄、银号多至 100 多家,著名的有源丰润、同升泰等,甚至北京的著名钱庄"四恒"在镇江也设有分号。

根据镇江近代钱庄行业发展的轨迹,镇江钱庄发展大致经历了晚清、民国初年、抗战及战后初期几个阶段。由于经济发展、战争、灾荒、国际国内环境等多种因素的影响。它在不同的阶段表现出不同的发展态势,表 5.1 及图 5.1 是对此过程的大致概括。

表 5.1　1861—1949 年间镇江钱庄发展一览

时间(年份)	特点	数量(家)	备 注
1861 — 1868	初步发展	27	
1868 — 1883	迅速发展	60	

① 镇江市地方志编纂委员会:《镇江市志》(下),上海社会科学院出版社 1993 年版,第 1174 页。

② 王敏:《镇江钱庄业兴衰录》,江苏金融志室编撰:《江苏典当钱庄》,南京大学出版社 1992 年版,第 171 页。

③ 王敏:《镇江钱庄业兴衰录》,江苏金融志室编撰:《江苏典当钱庄》,南京大学出版社 1992 年版,第 171 页。

时间(年份)	特点	数量(家)	备 注
1883	多数倒闭	16	
1891—1906	复兴	32	
1906—1911	中落	20+	
1911—1930	再度勃兴	30	规模较大的有慎康、源祥、裕润、阜康等
1931—1932	衰落	9	
1934		5	
1935		4	
1936		3	
1937—1944	畸形发展	8—44	
1945	复业时期	30	

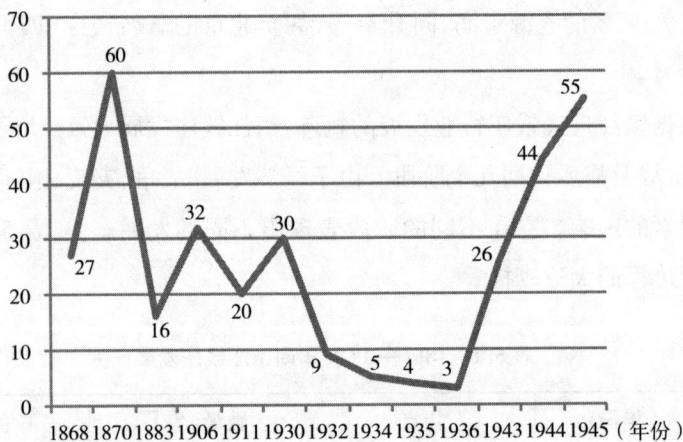

图 5.1 近代镇江钱庄业发展走势图

根据图 5.1 不难看出,近代镇江钱庄业的发展经历了跌宕起伏的历史过程。自镇江开埠以至 1883 年的 20 余年间,镇江钱庄行业经历了从初步发展到走向鼎盛的过程,这一历史时期内,由于镇江百业兴盛的缘故,作为百业之首的镇江钱业发展迅猛应在情理之中,而传统的钱庄业在商品经济发展的刺激下,表现尤为明显。晚清二十余年间(1883—1911),钱庄业在镇江的发展并不顺利,在 1906 年前的十余年间几近沉默,但仍一度中兴。究其原因,仍然与镇江口岸的中转作用密切相关。民国建立以后,镇江和平光复,市面一度走向繁荣,钱庄又再度勃兴,特别是第一次世界大战期间,由于西方殖民者的无暇东顾,与其他民族经济行业发展状况相仿,镇江金融业中的钱庄行业有了发展的机会,至 1930 年间,钱庄数增至 30 家左右。1931 年至抗战爆发前的 1937 年间,受苏北水灾及政府"废两改元"和"币制改革"政策的影响,镇江钱庄闭歇严重,几至完全覆没。抗战时期,镇江沦陷后,地方经济在维持会的把持下,地方市场一度畸形活跃。由于当地银行机构寥寥,日本商品的倾销,货币杂乱,钱庄业也畸形繁荣,钱庄数多时达四五十家之多。

近代镇江的钱庄业除了著名的源丰润、同升泰等字号以外,尚有道生、裕润、裕康等。以 1922 年为例,镇江的钱庄有 30 余家。主要情况参见表 5.2。

表 5.2　1922 年间镇江钱庄录①

序号	字号	地址	序号	字号	地址
1	道生	钱业公民巷	16	晋源	风神庙巷
2	裕润	西坞街	17	源祥	西坞街
3	裕康	二马路	18	慎康	东坞街
4	润嘉	日新街	19	升泰	镇屏街东
5	丰泰润	东坞街	20	裕祥	西坞街
6	宝恒	东坞街	21	元生	大马路
7	诚孚	三马路	22	复泰	大马路
8	汇康	东坞街	23	鼎昶	日新街
9	镇康祥	东坞街	24	汪记	清记巷
10	永生	二马路	25	正泰	银山门
11	元盛	东坞街	26	同裕	鱼巷
12	晋生	大马路	27	镇余	鱼巷口西
13	积余	日新街	28	升源	小天主街
14	泰源	大马路	29	宝源	天主街
15	其昌	银山门	30	源顺	二马路

---

① 朱瑾如、童西芊:《镇江指南》,1922 年版,转引自江苏金融志室编撰:《江苏典当钱庄》,南京大学出版社 1992 年版,第 312 页。

镇江市区以外,下辖县属的钱庄发展也较为迅速,附近的丹阳是很典型的例子。清末至民国初年间,丹阳地区出现的钱庄数先后有 40 余家,如,祥源、谦吉、元康、顺源、晋源、益大、立生、厚康、宝大等。值得关注的是,其中多数钱庄生存时间短暂,少则三四年,多则十余年。表 5.3 是清末至民国时期丹阳部分钱庄的起讫时间,借以佐证。

表 5.3　清末至民国时期丹阳部分钱庄情况表①

字　号	开业时间	停业时间
祥源	光绪二年	光绪六年
谦吉	光绪七年	光绪三十年
元康	不详	光绪三十年
顺源	光绪八年	光绪三十年
晋源	不详	光绪三十年
益大	光绪三十一年	宣统三年
立生	光绪三十年	民国十五年
厚康	光绪三十一年	光绪三十三年
宝大	光绪三十二年	宣统二年
生泰	光绪三十二年	民国三年
晋益	宣统元年	宣统三年
宜生	民国五年	民国十年
晋升	民国七年	民国二十三年
晋升成记	民国二十三年	民国二十六年
骏昌	民国九年	民国二十四年
志诚	民国十一年	民国二十四年
聚泰	民国十二年	民国二十五年

① 江苏金融志室编撰:《江苏典当钱庄》,南京大学出版社 1992 年版,第 313 页。

续表

字　号	开业时间	停业时间
新源	民国十五年	民国二十四年
惠源	民国十五年	民国十九年
鼎九	民国十六年	民国二十五年
裕通	民国十七年	民国二十三年
义源	民国十八年	民国二十三年
诚孚	民国十九年	民国二十四年
建昌	民国二十年	民国二十五年
商记堆栈	民国十七年	民国二十五年
惠通	民国三十三年	民国二十四年
鼎康	民国三十三年	民国二十四年
永裕	民国三十二年	民国二十四年
鼎元	民国三十二年	民国二十四年
兴昌佳	民国三十二年	民国二十四年
恒余	民国三十三年	民国二十四年
惠泰	民国三十四年	民国二十四年
晋升	民国三十五年	1950 年 5 月
骏昶	民国三十五年	民国三十七年

　　总体看来,由于口岸开放较早的原因,镇江钱庄相较苏省其他府县不仅发展较早,而且基础也相对较好。清末至民国初年时期,镇江钱庄虽然经历了一个较为曲折困难的时期,但无论在钱庄数量及资金额方面,均仍占有比较重要的地位。民国四年(1915)的江苏钱庄地区分布情况能够显示出此种意义。(参见表5.4)

表5.4　民国四年(1915)江苏钱庄地区分布情况①

表头地区	钱庄数	资金(元)
上海	30	1821000
苏州府	21	310000
常州府	27	299500
徐州府	21	297800
通州	27	293330
扬州	69	253700
镇江府	24	243000
江宁府	43	60600
松江府	3	58000
太仓府	6	60000
海州	10	55885
淮安府	8	15000
海门	1	12000
合计	290	3779815

自钱业公所辅宜堂成立以后,镇江钱庄逐渐脱离自由散漫的状态,慢慢形成了一定的规章制度、行业准则,对于清末以来镇江钱庄业的发展起到了较为良好的规范约束作用。

镇江钱庄的内部组织构成经历了一个变化过程。早期镇江钱庄掌权者称为管事(亦称正管),下设副管事一至二人(亦称二管、三管),再以下则为"走街"或"跑街",下设属员若干,具体内部组织结构图大致如图5.2。

需要说明的是,"走街"及其副手"二走街"相当于后来金融机构的营业主任,专司在外承揽存贷业务,兼任信用调查之职,如探寻客户身家、职业及财产等。"二走街"职责与"走街"无异,不过责任略轻,听从"走街"指挥。② 钱庄

① 王树槐:《中国现代化的区域研究,江苏省,1860—1916》,"中央研究院"近代史研究所1984年版,第326页。

② 王敏:《镇江钱庄业兴衰录》,江苏金融志室编撰:《江苏典当钱庄》,南京大学出版社1992年版,第174页。

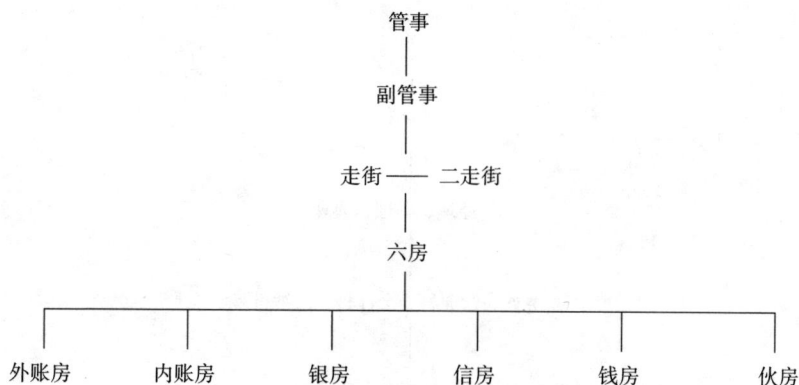

图 5.2　早期镇江钱庄内部结构图

的六房各有明确的分工,外账房处理会计事务,考核存欠,记载账目等;"内账房"根据外账收支情况办理转账和分户等手续,编制月结、年结,计算利息,负责年终盘查,制定红账等;"银房"保管元宝、银洋、现金、票据等;"信房"负责往来文书处理和保管档案等;"钱房"掌管铜元及零用开支,负责庶务;"伙房"则办理伙食。①

　　上述组织机构、内部管理方法显然颇具传统性。"长期以来,钱庄被人们视为带有封建性的旧式金融机构,其无限公司的组织形式,家族制的管理方法,以信用贷款为主的营业方针,多被视为封闭落后的表现。"②清末时期的镇江钱庄业多少仍然带有封闭的色彩,但在镇江地区近代社会转型的过程中,传统钱庄业也逐渐开始了其近代转型的过程。"民国肇兴以后,随着银行机构的普遍设立,在很多方面影响着钱庄,其内部组织逐渐为钱庄以借鉴。"③镇江的钱庄机构逐渐发生变化,改组为股份公司。类似于银行,其内部组织机构变化如图 5.3。

---

　　① 王敏:《镇江钱庄业兴衰录》,江苏金融志室编撰:《江苏典当钱庄》,南京大学出版社1992 年版,第 174—175 页。
　　② 马俊亚:《混合与发展——江南地区传统社会经济的现代演变(1900—1950)》,社会科学文献出版社1990 年版,第 162 页。
　　③ 王敏:《镇江钱庄业兴衰录》,江苏金融志室编撰:《江苏典当钱庄》,南京大学出版社1992 年版,第 175 页。

股东会

|

董事会

|

经理、副理、襄理

|

总务处、营业科、会计科、出纳科

|

办事员、助理员、练习生

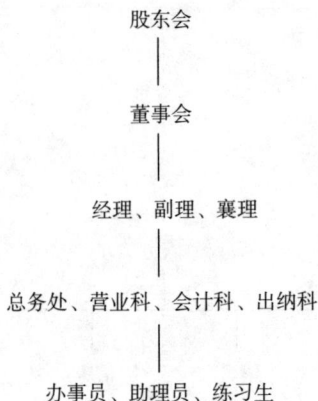

图 5.3　清末镇江钱庄内部结构的变化

　　有些钱庄还在股东会下另设有监事会,并列于董事会。总之,民国以后尤其是 20 世纪 20、30 年代后,镇江钱庄业的现代色彩愈加明显,无疑契合了镇江经济近代转型进程。

　　近代镇江钱庄的资金来源与构成体现出传统钱业复杂的社会关系,尤其需要指出的一点是,官方因素对传统钱庄业时有影响,并始终影响其发展的进程。从钱庄发展的初期来看,钱庄的资本主要来自各股东筹集的股金。1868年,镇江 27 家钱庄的股东,除了商界、富绅人士之外,"官方人士并不鲜见"。[1]最典型的例子,莫过于光绪年间李鸿章投资的义善长钱庄、盐商周扶九的鸿源钱庄、经收关税的裕通官银号等。民国建立以后,镇江钱庄的资本额度较之清末更有增加。据资料记载,1922 年间,钱业公所的二三十家会员中,钱庄资本由"二三万两到十数万两不等,每年营业额多者百余万两,少者亦有三四万两"。[2] 目前,尚无确切资料确定这些钱庄中的官方资本额度,但依据本地钱庄发展传统,如此发展规模的钱庄,若无官方资本的支撑是无法生存的。

　　抗战爆发后,镇江钱庄得到畸形发展。这一时期,镇江钱庄业的"繁荣"

---

　　① 王敏:《镇江钱庄业兴衰录》,江苏金融志室编撰:《江苏典当钱庄》,南京大学出版社1992 年版,第 175 页。

　　② 王敏:《镇江钱庄业兴衰录》,江苏金融志室编撰:《江苏典当钱庄》,南京大学出版社1992 年版,第 176 页。

很大程度得益于所谓"官方"资本的大量注入。1937年冬,镇江沦陷,次年春天,伪维持会成立,钱庄从业人员迫于生计不断回归,初始仅经营商贩划汇和小额放贷,但随着沪宁铁路的恢复通车,日本商品的大量倾销,钱业市场渐走向活跃。沦陷时期,在伪维持会的把持下,市面上日本军票、法币、中储券、银元混用,各有市场,各有其用,钱庄的调剂、汇兑作用立即体现。这一时期,汪伪政权发行的中储券在镇江钱庄中占资金额相对较大。根据"1941年10月出版的《中国经济日报》第一期报道,镇江当时8家钱庄的资本额为中储券134万元,占营业额的28.1%。嗣后至1945年,陆续开业的57家钱庄,银号的资本总额累计数以千万计,高达中储券6127.5万元"。①

　　传统的钱庄业在近代镇江金融业的发展过程中占据重要地位,与此同时,新式金融机构银行——官钱局在清末民初逐渐发展起来。银行业的发展应当是近代中国社会发展进步的产物,新式金融机构的发展对近代中国社会生活中的多个领域均产生主要影响。银行业在镇江的出现,最早始于外资银行在镇江代理处和代理行的设立。1894年前后,香港汇丰银行、华俄道胜银行在镇江分别设立代理处和代理行,19世纪90年代末期起,民族资本银行开始兴起。1897年,盛宣怀开设了中国第一家资本主义银行——中国通商银行。次年,盛宣怀见镇江商业发达,就在镇江设立了中国通商银行镇江分行,拥有资金10万多两,②时本地官商交易、关税以及京饷收存汇解业务均经本行经办,后因为亏损,于光绪三十年(1904)裁撤。1906年,大清户部银行于镇江东坞街设立镇江户部银行,后改称大清银行镇江分号。1907年,镇江信义工商储蓄银行开业,两年后的1909年,由于挤兑风潮的出现,信义工商储蓄银行便宣告倒闭。除银行机构外,裕宁、裕苏两家官银钱局也在镇江设立分局。辛亥革命爆发后,镇江所有清廷所设银行,均相继收歇。

　　民国建立后,银行业一度发展,主要国家银行均相继来镇设立分行或代理处。自民国元年直全新中国成立前夕,江苏银行、交通银行、中国银行、中国实

---

　　①　王敏:《镇江钱庄业兴衰录》,江苏金融志室编撰:《江苏典当钱庄》,南京大学出版社1992年版,第176页。

　　②　谢俊美:《盛宣怀与中国道商银行》,《档案与历史》1989年第1期。

业、江苏省农民银行、中央银行等均曾来镇开设分行或分支机构,影响了民国时期镇江钱业和商业市场。表5.5是对清末至民国年间镇江新式金融机构的梳理,以说明相关问题。

表5.5　清末、民国时期镇江主要新式金融机构①

机构名称	开设时间	停歇时间	经营业务
香港汇丰银行镇江代理处	1894		
华俄道胜银行镇江代理处	1894		
中国通商银行镇江分行	1898	1904	官商交易、关税京饷收存汇解业务
大清户部银行镇江分行	1906	1911	
镇江信义工商储蓄银行	1907	1909	
裕宁、裕苏钱银局	1907	1911	
江苏银行镇江分行	1912		收解省库款项
交通银行镇江分行	1913		铁路、邮电款项
中国银行镇江支行	1913		代收官税
江苏省农民银行总行	1931		

此外,民国八年(1919)至民国二十(1931)年间,镇江先后设有中国实业银行、中央银行、上海商业储蓄、淮海实业、江苏典业银行等。总体上来看,民初以来的二三十年代间,镇江银行业发展相对迅速。这一时期,镇江地区最具代表性的银行当属江苏省农民银行。江苏省农民银行于1928年成立于镇江,它"为全国首创的农业金融机构,在国内金融史上和本省经济建设上具有盛名。其成立宗旨为:调剂农村金融,促进农业发展,供给农民资金,扶助农民合作业务方针。吸收多种存款,代理省县公库,办理仓库农贷,运销全省农产。"②

---

① 镇江市地方志编纂委员会编:《镇江市志》(下),上海社会科学院出版社1993年版,第1175页。

② 陈山洪:《江苏省农民银行史略》,政协镇江文史资料研究委员会:《镇江文史资料》第十五辑,内部资料,1989年,第81页。

江苏省农民银行(下简称苏农)的组织系统经历了一个发展变化的时期,并日趋完善。苏农的最高权力机构为监理委员会,设委员 5—7 人,任期二年。每年改选其二分之一,"其职权为保管基金、监督业务"。初始,苏农内部组织设总务稽核、储蓄业务、设计委员会等科,各下设部门若干。后随着业务扩大,苏农的组织机构经历了一个比较大的调整,总行组织变更,并形成了一个相对固定的组织机构形式。直至抗战胜利基本未有较大改变,具体组织机构设置如图 5.4 所示。

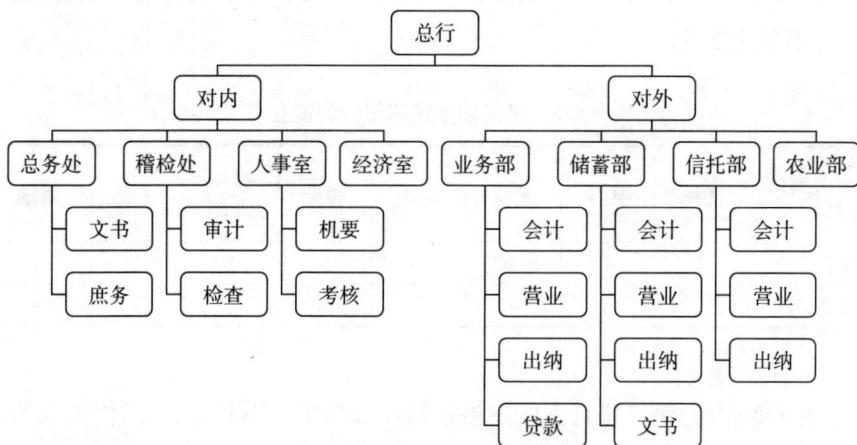

图 5.4　江苏省农民银行组织机构

　　苏农资金量充足。资金初始主要部分来源于孙传芳时期"经征耕田赋附加之工角方捐",总共实收资本 360 万元,后加公积金 20 万元,储蓄金资金 10 万元。由于资金相对雄厚,业务额与收益也逐年增加。"根据民国二十三、二十四年的业务报告,全年营业量,二十三年为 59561 万元。次年达 68980 万元,较上年增加 16%。纯益二十三年为 101848 元;次年为 156748 元,较上年增加 54%。"①至民国二十四年(1935)年底,苏农存款储蓄合计 15703837 元,活动资产 7802875 元,现金准备占据 50%。这一数据足以说明苏农银行的财力基础。

---

　　① 陈山洪:《江苏省农民银行史略》,政协镇江文史资料研究会:《镇江文史资料》第十五辑,内部资料,1989 年,第 83 页。

相较镇江地方其他银行,苏农银行地位特殊。它首先是一家省级银行,规模较大。盛时,金融网点密布苏省各市县大镇,甚至兼跨上海市。迄至抗战爆发前,重要的分支机构有分行、支行、办事处或分理处等。其中,分行有上海、镇江、南京、苏州、无锡、常州、徐州、扬州、泰县、盐城等24处,支行有金坛、太仓、宜兴、宿迁等7处,办事处或分理处有句容、六合、同里、盛泽、沭阳、宝兴、涟水、泰兴、海安等49处,营业网点达80处之多。

总体上,镇江银行业的发展较之苏省其他地区,尚嫌不足。据王树槐先生的统计,民国初年,江苏省内的银行以上海、苏州地区为多,镇江、武进、南通居末。(参见表5.6)

表5.6　民国初年江苏银行的设立①

时间＼地区	上海	吴县	无锡	华亭	武进	镇江（丹徒）	江宁	南通
民国二年	7	1	2	1	1	1	1	1
民国四年	7	3	2	1	1	1	3	1

表5.6表明,镇江银行业的发展在沿江城市中并不具有优势,但是因为江苏现代化较早,新兴金融业机构在全国发展占有优势地位,而且民国以后全国银行业发展迅速,"江苏仍不失为全国经济中心,居各省之冠。"②因此,镇江地区银行业虽然发展程度不及上海、苏州等地,但地域因素仍赋予该地区银行业发展的诸多机会。

钱庄、银行以外,典当业是近代国人经济生活中不可或缺的部分。作为中国传统经济社会中的传统经济部门,典当业与人们的日常生活息息相关。"典当属于传统的生息资本。由于传统的生息资本与小生产、自耕农和小手工业主占优势的经济形态相适应,中国稍具实力的传统商人地主多乐于参与

---

① 王树槐:《中国现代化的区域研究,江苏省,1860—1916》,"中央研究院"近代史研究所1984年版,第330页。

② 王树槐:《中国现代化的区域研究,江苏省,1860—1916》,"中央研究院"近代史研究所1984年版,第329页。

典当的投资,以分享其利润。""如同商人、钱庄主一样,江南地区的典当业主一般兼有地主、商人、钱庄主身份。"①镇江近代典当业也具有上述一般特点。

镇江的典当业发展较早。清乾隆年间,官府将捐输各银存各典生息的现象在镇江就已开始出现。晚清时期,镇江典当业也成为人们经济生活的一部分。1861 年镇江开埠以后,和记、公和两家当铺出现,两家当铺"俱设于租界左近,且以洋商出名,利率与期限沿袭旧制。"②

清末,镇江典当业大多系外地客商所开设。自 1880 年至辛亥前,共有松茂、忠裕义记、裕丰、祥泰等典当行。其中,除松茂典当行由本地人朱立人开设外,裕丰、祥泰、丰裕等 3 家典当均为浙江富商胡雪岩开设。清末时期,实力较强、历史较长的当属和记典当,系由岭南人所开,但至辛亥前,包括和记在内典当业均陷入低潮,祥泰、裕丰、丰裕等皆相继闭歇。20 世纪 20 年代,镇江典当业有所复苏。1922 年,镇江市内典当存有裕泰、忠裕、裕昌、继恒、恒和等 5 家当铺。1924 年,第二次直奉战争爆发,5 家当铺闭歇 4 家。30 年代初,镇江商业一度复兴,典当业遂现上升势头。民国二十四年(1935),镇江城乡规模较大的典当增至 9 家,营业额达至 197 万元,本地典当业进入相对兴盛时期。具体情况参见表5.7。

表 5.7　1935 年镇江典当行名录③

名　称	地　址	成立日期	资本(元)	经　理
裕泰	万家巷	光绪二十三年	100000	姚涤源
忠裕义记	西门内	民国二十三年	80000	李皋宁
裕昌	三马路	民国十九年	70000	孙如松
继恒	二马路	民国十九年	60000	罗薇园
恒和	大马路	民国十九年	60000	翟月波
松茂	高桥镇	光绪七年	22000	朱立人

① 　马俊亚:《混合与发展——江南地区传统社会经济的现代演变(1900—1950)》,社会科学文献出版社 1993 年版,第 225—226 页。

② 　江苏省金融志编辑室:《江苏典当钱庄》,南京大学出版社 1992 年版,第 61 页。

③ 　江苏省金融志编辑室:《江苏典当钱庄》,南京大学出版社 1992 年版,第 253 页。

名　称	地　址	成立日期	资本（元）	经　理
集成	大路镇	民国十四年	30000	王厚甫
同济	谏壁镇	民国十九年	50000	周寿之
和裕	姚家镇	宣统元年	55000	姚慕祥

日伪时期,镇江典当剩余 8 家。抗战胜利后,典当业一度复兴,但由于典当的高利盘剥,招致社会舆论的普遍非议。解放前夕,法币贬值,物价暴涨,镇江典当亏损严重,相继闭歇。

第二节　金融业的功能与埠际地位

作为一个传统商业都市,金融业在近代镇江社会经济发展中的作用与功能是毫无疑问的。不仅如此,由于镇江口岸的中转地位,镇江钱业对于其周边地区及经济腹地的影响较为突出,形成了近代时期特定的埠际金融地位。

清同治后期至光绪年间,镇江钱庄业迅速发展。甚时,"钱庄逐渐成为当地金融流通的枢纽,在商业市场上占据重要地位,故存放、汇兑成为钱庄的通常业务。"①

存款是镇江钱庄资金的主要来源。通常情况下,钱庄均为殷实绅商独资或合资开设,资金储备具有一定基础,钱庄往往有着较高的信誉。"早在 1868 年,镇江几家大钱庄的存款常在 6 万两到 10 万两之间。在此后较长一段时间里,地方官吏、绅富及小康之家,每将手头银钱存入生息,甚至经年累月取利不动本,无形中为钱庄增加了资本。"②钱业鼎盛的光绪年间,"存款多达四五百

---

① 王敏:《镇江钱庄业兴衰录》,江苏金融志室编撰:《江苏典当钱庄》,南京大学出版社1992 年版,第 176 页。

② 王敏:《镇江钱庄业兴衰录》,江苏金融志室编撰:《江苏典当钱庄》,南京大学出版社1992 年版,第 178 页。

万两左右。"①民国时期,银行业有所发展,钱庄难免受其影响。钱庄存款多来源于银行的多余款项,如江苏银行、交通银行、中国银行等银行。钱庄的存款业务与近代镇江商业密切关联,商业兴盛之时,通常是钱庄存款量较多之时,反之则反。例如,1930—1931年间,作为镇江经济腹地的苏北地区旱涝灾害频发,镇江商业深受影响,钱庄存款者难觅踪影。

放款是近代镇江钱庄业的主要业务之一。开埠之初,钱庄放款主要服务于进出口贸易。"19世纪60年代以后,支持周转洋货内销成为钱庄的一项主要业务。"②这一历史时期,镇江口岸土、洋进出口贸易值达到70万两左右,进入70年代,土洋贸易值达1000余万两。其中,洋货贸易净值达900余万两,土货贸易值达100余万两。土、洋贸易的资金周转均需依赖钱庄,据称,"光绪镇江钱业放款余额高达1500万两以上的白银。"③民国以后,随着近代工业的发展,钱庄业务进入一个新的发展时期。"在1921—1928年中,全业放款膨胀时,余额最高时激增至2000万两以上白银。其中,长期存款不下三四百万两。贷款对象多以木业、米业居多,次为典当,绸布及油、菜、糖、香、洋广、南北等杂货业。这些放款以秋冬为多数,期限3—6个月不等,利率约一分二厘至一分八厘。"④

20世纪30年代初期以后,银行业发展相对迅速,钱庄业务多少受到影响。与此同时,与镇江钱庄业密切关联的苏北经济遭受大面积自然灾害的打击,镇江钱庄业务开始衰落,放款业务遭遇有史以来的最大风险。出于谋取最大利益的目的,多数钱庄不计风险,盲目放款,账面不断放大,客户透支数目越来越大,受商品市场风险的影响,20年代末30年代初,钱庄由于存货搁浅而倒闭者时有所闻。至1933年年底,多数镇江钱庄闭歇,仅剩7家左右。其中,

---

① 王敏:《镇江钱庄业兴衰录》,江苏金融志室编撰:《江苏典当钱庄》,南京大学出版社1992年版,第178页。

② 张仲礼等:《长江沿江城市与中国近代化》,上海人民出版社2002年版,第200页。

③ 王敏:《镇江钱庄业兴衰录》,江苏金融志室编撰:《江苏典当钱庄》,南京大学出版社1992年版,第179页。

④ 王敏:《镇江钱庄业兴衰录》,江苏金融志室编撰:《江苏典当钱庄》,南京大学出版社1992年版,第179—180页。

具有 30 多年历史的晋生钱庄为一典型案例。自此以后,兴盛一时的镇江钱庄繁荣不再。日伪时期,钱庄放款业务在金融市场的影响力并不大,放款通常以贴现方式为主。日本投降后,由于遭受银行挤压,镇江钱庄业仍然难有起色。金融市场上,钱庄的放款项目虽时有所见,但总体数额不大。以 1947 年上半年为例,这一时期"放款累计 498.1 亿元法币,余额为 111 亿元,仅占同期 7 家银行加钱庄放款余额总和的 6.2%"。①

汇兑也是晚清中国钱庄业主要的业务之一。清光绪年间,伴随商业的发展,镇江商界已开始使用钱庄的汇票支付业务。19 世纪 90 年代以后,汇兑业务进入一个高度发展时期。为适应汇兑业务的需要,镇江钱庄通常在业务往来频繁的城市设立办事处或分支机构。上海与镇江钱业的金融业务对于近代镇江金融业至关重要,钱庄业尤其如此。光绪年间开始,镇江各大钱庄始设驻申庄客,专门负责汇票收付事宜。需要特别指出的是,伴随汇兑业务规模的扩大和市场需要,作为行业领导组织的镇江钱业公所于 1891 年后在上海福州路设立润昌栈,亦即申庄,时镇江 30 余家会员开出的上海汇票,俱由该栈负责兑付。此外,在一些较为重要业务往来的城市还设立分支机构,如在苏州就出现 38 家规模较大的镇江钱庄的分庄。

近代镇江钱庄的汇兑业务在业内具有良好的声誉,信用卓著成为业内的公认,这主要缘于近代镇江钱庄对于汇兑业务的严格管理和对信誉的维护。如各钱庄"订立协定,凡润昌栈抬头的汇票,无论发生何种情况,即使开票钱庄于汇票发出后遽然倒闭,亦须保证照常兑付,然后再由各栈庄公摊损失"。② 钱庄业公约中的这一对于兑票有共负清偿义务的规定,使得近代镇江钱庄建立起了长期可靠的信用。因而,"几十年来,经过上海润昌栈批明'见镇江钱庄汇票',不但上海各行业可以凭此出货,甚至连外滩银行也当作本埠庄票收受。"③

---

① 王敏:《镇江钱庄业兴衰录》,江苏金融志室编撰:《江苏典当钱庄》,南京大学出版社 1992 年版,第 180 页。

② 王敏:《镇江钱庄业兴衰录》,江苏金融志室编撰:《江苏典当钱庄》,南京大学出版社 1992 年版,第 181 页。

③ 沈芷痕:《近百年来的镇江银钱业》,政协镇江文史资料研究会:《镇江文史资料》第六辑,内部资料,1983 年,第 72 页。

近代镇江钱庄的汇兑业务时有沉浮,但总体说来,在近代镇江经济发展较为迅速的 19 世纪末 20 世纪初经历了一个相对辉煌的历史阶段。20 世纪 20 年代,银行业有所发展,洋行的大宗货款如美孚、亚细亚、德士吉的煤油款汇兑业务均由银行经手,但普通商业汇款往往仍由钱庄办理,其汇款规模甚至超过银行。近代镇江钱庄的汇兑业务往来主要集中于长江沿江城市及苏北的经济腹地。具体看来,主要有以下几个方面的业务往来:首先,与上海地区的汇兑占据主要部分,其业务涉及五洋百货、纱布等商业行业;其次是汇往汉口,主要涉及麻、桐油、木材等业货款;再次是九江、无锡,主要为大米款项。此外,则是镇江本地及苏北经济腹地的客户通过钱庄办理的银洋汇兑业务,并且大多转汇上海。"据统计,在 1920—1924 年的 5 年间,镇江运往上海的银洋达到4969 万元,与同期从上海运进银洋数相比,出超近 9 倍。"①

需要特别指出的是,从镇江钱庄汇兑业务的往来与趋向,不难看出近代镇江经济发展的特点以及镇江钱业的服务功能。镇江与上海之间的汇兑往来,反映出两个口岸间的经济往来主要以商业贸易为主。与汉口之间的金融往来,则主要是土货业及其他传统行业间的经济交往。九江、无锡与镇江同为近代长江流域的重要米市,因而米粮业的往来成为三者之间的主要经济交流。镇江钱庄与苏北经济腹地的经济往来则显然影响了两者之间的钱业往来。相较钱庄,近代镇江的银行业在区域经济中的影响力略逊一筹。银行业的业务主要涉及洋行贸易、官商交易、关税京饷收存汇解等领域。如 1897 年开设的中国通商洋行,主要经办本地的官商交易、关税京饷收存汇解业务。如前所述,洋行如美孚、亚细亚、德士吉等的大宗货款也大都经由洋行往米汇兑。19世纪末 20 世纪初,银行业进入一个发展时期,业务规模都有所扩大,但在汇兑的规模上,银行汇兑不及钱庄,表明传统的金融机构仍然具有比较坚实的基础。

尽管如此,银行业的金融功能仍然不可忽视,有些银行的设立还具有特定

---

① 王敏:《镇江钱庄业兴衰录》,江苏金融志室编撰:《江苏典当钱庄》,南京大学出版社1992 年版,第 182 页。

的意义。镇江农民银行(亦即江苏省农民银行)的设立可谓一典型案例。农民银行设立以后,在较长的时期内履行了特殊的职能,其设立初衷能窥见一斑。时人仲祖龄在其《开办镇江农民银行拟议》一文中有着相关记述:

> 窃谓处今经济发展之时代,凡事皆宜适应潮流,日新月异,墨守旧章,故步自封。即以金融事业论,在昔我国清代,有官银号为国家金融之机关,有钱庄钱铺商宗之金融机关。迨至海禁大开,中外互市,遂有银行之名称,起而代之银号之活动,然当时仅有大清银行一所,其后陆续增设,同时商业银行逐渐设立。至民国以后,各种银号始见发达。然多年来经济制度虽逐渐发展,而仅限于工商业大公司与夫经营之大资本家,而平民不与焉。且其发达亦仅限于通商巨埠,而小县及乡镇不与焉。在昔军阀时代,和其人民土地,墨守旧章,悯惜民艰,故数十百年来,一般耕凿乡农,市厘小贩,欲谋金融之借助,往往不得其门,充其量刨乞怜于典当,仰给于印钱。重利盘剥,备尝困苦。自我国民政府扫荡东南,统一环区,本先总理之遗教,订三民主义之政治,解放平民,标榜国内,秉除恶务尽之旨,苛征暴饮,革除禁绝,福国利民、惠莫大焉。即如吾苏省政府,所定农民银行组织大纲,实为顺应世界潮流之新产物,且系加惠农民小贩之法政。镇江忝列大县,所占农田与人口为各县冠,而农业之未发展,皆因受经济之束缚,故农民银行之所设立,实为当务之急矣。①

仲祖龄先生对于江苏省农民银行设立缘由的表述,不难看出钱庄与银行业的主要区别以及银行业兴起的时代背景。近代初期,钱庄主要服务于商家,而银行业初始仅服务于工商业大公司,并主要出现于通商巨埠。随着镇江口岸的开放,银行业得到较为快速的发展,作为新兴的金融机构,银行业的规模、汇兑、经营方式等方面的优势明显。不同的银行往往有专门的服务对象和经营范围。但由于通商口岸贸易相对发达的缘故,多数银行业务均与贸易业务

---

① 《钱业公报》1928 年第 12 期。

密切相关。资料记载,由于"镇江濒居长江南岸,为运河与长江交会之点,沪宁铁路东至上海、西达南京,长江大轮上通皖赣川鄂,下连上海出海,江北运河轮行如驶,故交通素称便利,各处货物多由此转运起卸。淮扬一带,尤为咽喉。故商业颇为发达,如江北之淮盐、稻米、豆麻、花生,皖豫鲁各省之金针菜、牛皮、药材,芜湖九江之米,南通之棉花、纱布,南昌之漆、麻、木材各货及输往各该埠之糖香、广杂货等,均以此埠为集散之枢纽。"因此,本地金融机关均为"调剂多业之需"。除钱庄外,镇江"银行则有中国、交通等行,常年营业贷出多至千余万圆,汇兑如规元、汉估等,需用亦钜,规模颇称宏大"。① 相较这些银行,江苏省农民银行则相对专门服务于农业,其经营方针规定农民银行"以便于农民活动为之旨","放款须为农民生产而设",如"添量或修理农具,购买牛马及肥料,或通达水利,开浚河道,购用机器等。"此外,江苏农民银行还"特别注意垦荒造林之放款"。镇江"山荒甚多,如高资、辛丰、宝堰、育成等乡所在,皆有该乡农民无力开垦造林,任其牛山濯濯,甚为可惜",所以,农民银行还提倡酌量贷款,鼓励农民开垦山林,对相关行业起了一定的推动作用。

银行业的汇兑、放款功能一定程度减轻了典当业对民间融资盘剥。典当的高利盘剥对近代中国社会社会经济生活带来了较多的负面影响。传统典当"营业完全重利盘剥。查我国各地典当小押之利率,甚有超过月利二分者。殊骇听闻,小民苦于借贷无门,不得已饮痛而受之"。② 镇江近代历史时期的不同阶段,皆有十分集中的表现。如"民初十数年,战乱频繁,治安混乱,百姓生活倍加艰难,往典铺质当者甚多。镇江各典又常以时局不靖,银根紧缺为由,压低当价。当值只能十当二,高利盘剥可见一斑。"③银行贷款利率远低于典当业,无形中对典当业的高利盘剥无疑是有益的。江苏省农民银行运用金融力量,缓解农民困难,为扶助农业生产起了积极的作用。

近代镇江的埠际金融地位与其近代区域港口经济地位密切相关。作为扬

---

① 《钱业公报》1928 年第 12 期。

② 《钱业公报》1928 年第 12 期。

③ 王军富:《镇江典业沿革》,江苏金融志室编撰:《江苏典当钱庄》,南京大学出版社 1992 年版,第 62 页。

子流下游区域的货物集散地之一,其金融地位几乎完全决定于其市场圈大小和商品流向。要了解近代镇江的埠际金融地位,有两个方面不得不重点关注:第一,在近代以上海为枢纽的金融网络中的地位如何?第二,对其经济腹地的金融影响到底有多深?

首先,上海是近代中国的金融中心。20 世纪 30 年代初,中国近代金融业初成比较完整的金融体系。由于近代上海的经济地位,与之相对应,上海的金融中心地位逐渐形成。长江沿江地带的城市都基本属于上海贸易圈,各城市之间的金融往来十分密切,逐渐形成了以上海为中心的三级金融网络层次,除重庆、汉口以外,一些长江沿岸的中小城市如南通、扬州、南京、九江、宜昌等处于这一网络的第三层级,镇江同样如此。这些城市与上海保持着不同程度的金融联系,[1]从而获得了不同的金融地位。

镇江与上海之间的近代金融关系,是两个城市间经济往来密切的一个具体表现。开埠以后,镇江的金融业得到迅猛发展,但始终都离不开上海金融业的支撑。1923—1931 年间,上海银元对镇江的输出、输入情况,一定程度反映出镇江金融对上海金融市场程度的依附程度。(参见表 5.8)[2]

表 5.8　1923—1931 年间上海银圆输入／出镇江统计　　单位:万元

年份	1923	1924	1925	1926	1927	1928	1929	1930	1931
输入	20	693	110	755	320	225	800	60	90
输出	20	65	300	120	270	85	250	380	25

如表,1923 年—1931 年的七八年间,上海输入镇江的银圆合计达到 3073 万元,超过南通、芜湖、安庆、九江、汉口、重庆,仅次于南京。同一时期,镇江反向输往上海的银圆也达到 1515 万元,超过九江、芜湖、安庆和重庆,但远远落

---

① 张仲礼等:《长江沿江城市与中国近代化》,上海人民出版社 2002 年版,第 193—195 页。
② 上海商业储蓄银行调查部:《十年末上海现金流动之观察》,《银行周报》1932 年 10 月 25 日,第十六卷第四十一号,第 25—27 页。

后于汉口、南通、南京等城市。① 两种数据均表明了镇江金融市场对上海的较大的依附程度。19 世纪 60、70 年代，随着口岸土洋贸易额的不断增大，钱庄业务开始涉及洋货内销转运贸易，"他们支付进口洋货货款的方法比较特别，即先开出由上海钱庄承兑的汇票，而后从在苏州一带收购的生丝运到上海变价付款。这样，镇江、苏州和上海的三地钱庄在贸易金融方面起了很大的作用。"②因此，不难看出，近代镇江钱庄业发展过程中的上海因素不容忽视。纵观整个近代时期，长江沿岸城市的钱庄大多资力较小，均不同程度地从上海的金融机构包括银行、钱庄等获得额度不等的资金调拨。现有的研究表明，"整个近代时期，长江沿江城市的钱庄均向上海金融界借款，少者 2 万—3 万两，多者 40 万—50 万两。以地区而言，对上海欠款最多的城市为镇江，在与上海的金融往来中，'吃进规元头寸，再转放客路及外业'成为镇江钱庄的主要业务之一。"③

镇江钱庄的申庄——润昌栈的设立与业务往来充分反映了近代镇江金融业的历史地位和长江下游的区域金融地位。润昌栈为镇江钱庄派驻上海庄客的集中住所。润昌栈的设立开长江各埠在上海设立申庄办理汇兑业务之先河。其初创时期，原属一普通商栈，钱业尚不发达，间有外业，如兼营绸业，"后由镇江钱业公所（辅宜堂）派人管理，以自给自足为原则，因为所驻申庄庄客以镇江为主体，辅宜堂负盈亏之责。"④随着镇江钱庄业与上海金融业联系的逐渐密切，润昌栈的资金来源越来越倚重于上海金融业。据资料记载，"总计上海的银行每年对润昌栈的放款，最高达一千四五百万两。"⑤"庄客的任务，为联系同业往来，总付本庄的汇票及代收客户在申交款，解送客户汇款，以及调运银两银元等，每月收付轧平，缺款向往来行庄支用，多款交往来行庄入账，均以本庄户名往来，当日收解之毕，以手信帐单报告本庄，并附报告当日申

① 张仲礼等：《长江沿江城市与中国近代化》，上海人民出版社 2002 年版，第 214—215 页。
② 张仲礼等：《长江沿江城市与中国近代化》，上海人民出版社 2002 年版，第 200 页。
③ 张仲礼等：《长江沿江城市与中国近代化》，上海人民出版社 2002 年版，第 201 页。
④ 中国人民银行上海市分行编：《上海钱庄史料》，上海人民出版社 1960 年版，第 182 页。
⑤ 中国人民银行上海市分行编：《上海钱庄史料》，上海人民出版社 1960 年版，第 182 页。

市行情及市场银根情况,不直接经营。"①由此可见,润昌栈的业务主要服务于商业的汇兑放款。

润昌栈业务的发展反映出镇江钱庄业与长江各埠金融关系的变化过程。初始,润昌栈的申庄往来主要贷放款项业务,"只有镇江人负责经理的义吾源、源丰润、裕源长、大庆、大庆元、厚大、厚德、同和等。以后并有镇江人在沪设立的同德、久和、元顺等几家未入园钱庄。"②润昌栈的信用卓著吸引了一些镇江帮以外的其他各帮逐渐加入,因而极盛时,申庄每日收解额常有四五百万两。

考察润昌栈业务往来对象,可以探析镇江钱业与其他各埠钱业的往来状况。除上海、镇江本地帮外,苏帮与宁绍帮也逐渐参加。钱庄方面主要有:永丰、滋康、元盛、鼎康、大德、瑞昶、汇昶、润昶、兆丰、润馀、益丰、祥裕、茂丰、鸿祥、鸿洋、鸿胜、鸿赉、鸿丰、慎益、涵康、恒巽、惠兴、志裕、滋丰、庆大、庆成、安裕、安康、钜大、大赉、德昶、同庆、源和、汇和等。此外,银行方面,还有中南、金城、盐业、大陆、上海、东莱、国华、国货、中实、安徽、太平、统原、大公等。由是可见镇江钱庄业在以上海为中心的金融网络中的独特地位。

镇江金融业还承担区域金融服务功能。其中,与其经济腹地的金融往来尤其值得关注。镇江金融地位的凸现,从镇江"公估局"的设立上可以看得出来。"公估局"是近代一个极为重要的金融机构,是当时为鉴定通货(白银)成立的权威机构。清末,镇江商贸鼎盛时期,公估局经估元宝平均日有千锭,由此能够证明其金融地位。关于镇江在区域金融网络的地位界定,有学者认为,"江苏西南部地区及苏北大部分地区的钱业市场则围绕镇江钱业市场运行。"③

如前述,晚清时期镇江钱庄业放款业务多与进出口贸易相关以外,还常服务于农业等其他领域。如,每年润昌栈于茧市及小麦登场和秋收之际,会陆续

---

① 中国人民银行上海市分行编:《上海钱庄史料》,上海人民出版社1960年版,第182页。
② 中国人民银行上海市分行编:《上海钱庄史料》,上海人民出版社1960年版,第182页。
③ 马俊亚:《混合与发展——江南地区传统社会经济的现代演变(1900—1950)》,社会科学文献出版社1993年版,第175页。

运送现银至各埠头口岸,以适应季节性的需要。同一历史时期,经常从镇江钱庄调剂资金的省内外埠钱庄主要为扬州、徐州、淮阳、新浦等地。需要强调的是,除本省以外,同时期,"镇江钱业的业务范围除本地工商业及苏北地区同业以外,远可直接到达芜湖、九江、汉口、间接及于山东、河南、湖南等地。一度成为苏、沪游资运输媒介和苏北金融调节机关。"①

江苏西南地区是上海直接经济腹地的西线,虽然多数时候受上海金融网络的直接影响,但缘于地域关系,南京、丹阳、常熟等地受镇江钱业的影响更大一些。"常熟钱庄行业中有句老话,叫做'无镇不成庄',意思是没有镇江人,钱庄是开不起来的,也就是说常熟开钱庄之风是从镇江方面吹过来的。"②在常熟,昌盛、义隆庄钱庄经理均为镇江人。据称,镇江人江竹栋为常熟钱业鼻祖,镇江帮势力可见一斑。在此背景下,多地钱业人士常以原籍镇江为荣。南京、丹阳一带的钱庄业人士也常以镇江人自居。

镇江的经济腹地主要为苏北地区,清末至民国初年的较长历史时期,镇江钱庄在腹地经济发展的过程中起举足轻重作用。扬州为苏北地区的钱庄枢纽。镇江钱庄与其经济腹地的金融往来更多地反映在镇、扬两地的金融往来上。据称,"扬州钱业的外埠往来,向来有南路、北路之分,往来最大者为前者,而前者中以申、镇为大宗。"③除从镇江钱业市场调拨资金以外,其洋厘银价"大约以申、镇两地银根之松紧为转移也"④。

作为长江下游的金融中心之一,镇江钱业对江北金融市场影响极深。一段时间内,江北各地的流通洋厘几乎全为镇江二七宝。镇江二七宝即为镇江银子。废两改元之前,近代中国银钱业是银、元并用,银子为账面筹码,进出皆得利。时长江下游金融市场上的银子主要有上海银子(即九八规元)和镇江银子(即二七宝)。此外,尚有杨二七宝(扬平)、苏二七宝(苏纹)、汉二七宝

① 王敏:《镇江钱庄业兴衰录》,江苏金融志室编撰,《江苏典当钱庄》,南京大学出版社1992年版,第179页。
② 政协镇江文史资料研究会编:《镇江文史资料》第十五辑,内部资料,1989年,第262页。
③ 王敏:《镇江钱庄业兴衰录》,江苏金融志室编撰,《江苏典当钱庄》,南京大学出版社1992年版,第181页。
④ 刘荫南:《扬州钱业调查》,《钱业日报》第1卷第1号,1921年1月。

(汉估)等,但在长江下游的金融市场上均不占主要地位。晚清时期,白银作为历代货物交易的媒介,被商界称为元宝,商人称之为纹银,约以五十两为一锭,均须通过镇江公估局审定合格方能流通,实际分量之外,每只加二钱七分。所以镇江钱庄的二七宝为本位,并通过与多地的金融往来,使镇江二七宝成为交易的主要媒介。另外,元宝的真假也须通过镇江公估局审查。

近代晚期,长江以北各地"除南通接近上海,用的九八元外,其他各处在镇江都设有庄客,一切划汇、归解、往来事宜,如是大洋,就照各地当日所议洋厘价兑银,咨双方庄客在镇江轧平,故用的洋厘全是镇江二七宝"。① 南通金融虽然使用九八规元,但因其为用款码头,各钱庄大都和上海、镇江等地的银钱业往来为调剂,"并随着镇江和上海两地行情参考供求关系,加成计算,谋取利润,在南通没有通汇划之前,门市收进纹银,整只的元宝,通过公估局审查合格,如是一律不加。"②反之,则另须加碎银五厘或一分。

镇江钱业在如皋金融业也较有影响力。光绪末年起,镇江就于如皋陆续设立了裕丰和钱店、鼎裕钱庄、源大钱庄。史料记载,如当铺业的南典属于镇江赵姓,一度规模宏大,房屋多至 100 余间。海安的典当业始于道光晚年,有名的源源典当由镇江大油麻商人李然海创设,据称,"李氏系江南巨商,来海前已在苏北沿江多镇开有当铺六七家,规模最大的为黄桥和季家市两处,建筑面积大,设备周全,为全省冠。"总的看来,近代苏北地区的兴化、溱潼、姜堰、泰县及如皋、海安等处"稻麦收获节令,洋用甚旺",须经常依赖镇江钱业,兴化的钱业市场尤其如此。"其金融缓急,向以镇、扬方向为依归","至同行银钱交易,悉归镇江。"③

作为苏北地区的重镇,盐城的金融业也不乏诸多镇江因素。盐城开创最早、营业时间最长的一家钱庄为镇江人朱立言出资开设的复顺钱庄,年营业额

---

① 《海安钱典行业史》,《海安文史资料资》第二辑,参见《镇江文史资料》第十五辑,第 260—269 页。

② 《南通金融业历史资料》,《南通文史资料选辑》第二辑,参见《镇江文史资料》第十五辑,第 260—269 页。

③ 《兴化钱业概况》,《钱业日报》第 9 卷 6、7 合刊,1929 年 7 月 15 日。

10万元,规模较大。民国一二十年间,镇江人乔竹坪、仓占春、江其湘等人又分别开设法隆、永茂兴钱庄等。其时,"盐城各钱庄存放款大都以商业户为主;放款或信用或抵押,期限最长一年,汇兑款项则以扬州、镇江两地为主,上海少许。"①

镇江钱业的金融地位与其口岸地位密切相关,正是特定的市场层属关系决定了其特定金融层级和历史地位。

第三节　金融业的衰落及其影响因素

受诸多因素影响,20世纪30年代初叶以来镇江金融业日趋衰落。金融业发展的特点对镇江的近代转向有着不可忽视的影响。

第一,银行业虽有所发展,但总体在镇江金融业中所占比例不大,功效也不大。如前所述,国内重要银行在镇江大多设立分支机构或代理处,除江苏银行、交通银行、中国银行、中央银行等国家银行在镇江设立过分行外,其他的如中孚、中南、金城等商业银行在镇江设立的均为代理处,而且数量不算多,尤其是在民国元年以前,在镇江开设的银行机构相对有限。民国元年后,银行业有了一些发展,至1938年,镇江共有银行7家以及分支机构7处。即便如此,与其他城市如上海的银行业相比,它的规模是很小的,在镇江经济中所起的作用也十分有限。如民国元年,江苏银行在镇江设立镇江分行,其"范围狭小,以收解省库款项为主要业务"②。1913年,交通、中国两家银行在镇江开设的支行,则"分别代收铁路、邮电款项和代收官税,放款偏重于钱业拆放"③。可见,这些银行在商业上的发展余地比较狭小。

---

① 《盐城的钱庄》,江苏金融志室编撰:《江苏典当钱庄》,南京大学出版社1992年版,第215页。

② 镇江市地方志编纂委员会:《镇江市志》(下),上海社会科学院出版社1993年版,第1175页。

③ 镇江市地方志编纂委员会:《镇江市志》(下),上海社会科学院出版社1993年版,第1175页。

此外,时驻镇银行大多根基不稳,善始善终的不多,停设是常事。前面所提到的中国通商银行镇江分行就因经营不善,行款巨额亏损,于开业后7年后被裁撤。镇江交通银行设立后也曾两停两设。因而可见,银行在镇江实际经济生活中的作用不是十分突出。

第二,钱庄作用突出。钱庄在近代镇江的经济生活中有很深的根基。开埠之后,镇江开始了长达半个世纪之久的商业繁荣和百业兴旺的历史时期,而"镇江各行业的金融往来操于钱庄之手"。① 开埠之初,洋货和土产在镇江迅速扩散和汇聚,资金周转皆须依赖钱庄。进入19世纪70年代,镇江"出口土货和进口商品净值分别比60年代增长1.5倍和2倍,对钱庄的资金需求更甚殷,镇江钱庄业进入鼎盛时期,且逐渐成为当地金融流通的枢纽"。② 在汇兑规模上,钱庄也比银行机构更占优势。1932年,镇江可以通汇的钱庄20家,银行机构只有7家左右。镇江钱庄的实力之强,令本地银行相形见绌。

第三,近代镇江金融业以商业放款和汇兑为主,与工业关系不太密切。近代镇江并不是一个工业城市,镇江经济的特点一向是农村比较贫瘠,而城市显得特别繁荣,这种繁荣则主要体现在它的商贸方面。镇江的近代工业基础十分薄弱,缺乏支柱型的产业,开埠前的商业就占有一定的优势,开埠后客货贸易大增,本帮行栈、商号发展迅速,传统木材业、航运业也一度兴旺发达,镇江成为重要的货物集散地和进出口贸易转运的港口。因此,镇江金融业主要以商业放款和商业汇兑为主要业务。随着商业的衰落,镇江金融业尤其是钱庄失去兑换业务而根基动摇,一蹶不振。

第四,与上海的联系比较紧密。上海是全国的金融和工商业中心,镇江作为一个区域金融中心与上海的往来是必然的,再加上倪远甫等镇江籍绅商在上海金融界的影响,使得它们之间的往来十分紧密。一方面,镇江钱庄资金的80%从上海、苏州借入,镇江商业的许多汇款如纱布、"五洋"、百货款由钱庄

---

① 镇江市地方志编纂委员会:《镇江市志》(下),上海社会科学院出版社1993年版,第1171页。

② 镇江市地方志编纂委员会:《镇江市志》(下),上海社会科学院出版社1993年版,第1174页。

办理汇往上海;另一方面,美孚、亚细亚、德士古等洋行的总公司都在上海,镇江这些洋行的大宗煤油款等款项多须汇往上海,银行就基本承担了这些业务。钱业公所在上海设立的润昌栈,信用颇好,曾受到上海许多银行的重视,辛亥革命后,一度衰落的钱庄业再度兴起,镇江与上海金融界的往来也再度密切,"仅民国九年起的 5 年中,镇江运往上海解付的汇差银元就近 5000 万元"。①由于关系密切,上海金融业的波动波及镇江金融业是不可避免的,如 1884 年的上海金嘉记丝栈倒账风潮导致镇江钱庄大批倒闭现象,就是很好的例证。

19 世纪末 20 世纪初,镇江金融支柱的钱庄业日趋衰落,"至民国二十五年(1936),仅剩 3 家勉强维持,年营业额仅 100 多万银元"。② 与此同时,银行业发展相对迅速,开始左右金融市场,然而,好景不长,自民国初年至日伪时期,由于多种因素的影响,银行业的结局大多以闭歇而告终。导致近代镇江金融业这种畸形发展的因素是多方面的。

客观环境因素方面,金融业的发展程度很大程度上取决于商业的发展程度,而近代镇江商贸的发展与镇江开埠是分不开的,但 19 世纪末 20 世纪初,镇江的地理优势逐渐丧失,让位于上海,商业也一落千丈。第二次鸦片战争后,被逼开放的长江口岸日益增多,汉口、九江、芜湖、南京相继开埠,原经镇江中转的货物逐渐分流,镇江的商业贸易遭受沉重打击,从而波及镇江的金融业。由此可见,优越的地理优势为镇江金融业的发展提供了良好的客观条件,反之,地理优势的丧失对金融业的冲击也是必然的。

政治环境因素方面,近代恶劣的政治环境也是值得注意的因素。和全国其他的城市一样,镇江经济的发展内受封建势力的挤压,外遭殖民主义的蹂躏,所以镇江的金融业一开始就是沿着畸形的道路发展。鸦片战争之后,政府更替频繁,先后经历了清末、北洋政府、南京政府、日伪统治时期。不同时期镇江金融的发展状况是不一样的,开埠后的清末时期是钱庄业的鼎盛时期,北洋

---

① 镇江市地方志编纂委员会:《镇江市志》(下),上海社会科学院出版社 1993 年版,第1174 页。

② 镇江市地方志编纂委员会:《镇江市志》(下),上海社会科学院出版社 1993 年版,第1171 页。

政府统治时期是钱庄走向衰落、华资银行逐渐兴起的时期,而南京政府统治时期,银行业占据了统治地位。这种起起落落极不利于金融业的发展。另外,不管是清政府还是北洋政府,抑或是南京国民政府,都不是一个理想的政府,他们的施政目标不是为了金融和经济的发展,而是为了统治者的政治利益。尤其是军阀政府时期,出于自身利益的考量,军阀经常滥发钞票,中饱私囊。如1909 年的镇江信义工商储蓄银行的倒闭就是大量发行通用票的恶果。南京政府建立以后,通过重新对最主要金融机构的直接控制和法币改革,实现了对金融的垄断,镇江的金融业毫无疑问收到较大的影响。日伪时期,同样由于币券的滥发,市面上货币杂乱,银行业畸形发展,沦为政府的财政工具。抗战结束后,日伪银行被国民政府接收,商业银行全部关闭,政府对金融业的垄断依然存在,并且演变成毁灭经济的恶性通货膨胀,在这种政治环境下生存的镇江金融业的状况可想而知。此外,鸦片战争后,西方殖民者纷至沓来,在中国实施野蛮的政治掠夺和经济掠夺,直接扼杀了镇江的民族企业,阻碍了近代工商业的发展,从而影响到近代的镇江金融业。

社会环境因素方面,战事活动的频繁以及自然灾害的频发,使正常的商务活动受阻,也使一些行业的经营搁浅,进而影响到金融业的放款和汇兑业务。

除以上诸多因素以外,近代镇江金融业自身畸形发展也是其衰落的因素之一。资金短缺、放款呆滞、周转欠灵是镇江钱庄发展的制约因素,作为近代金融业支柱的钱庄,它的业务主要是银钱放贷,其资金主要来源的80% 为借款,其余为一般存款、股东浮存、本业资本。在此背景下,一旦放款呆滞,必将引起连锁反应。1932 年,苏北发生罕见大水灾,镇江钱庄放款的80% 成为呆账,资力薄弱的钱庄纷纷倒闭。而钱庄的经营者大多唯利是图,追求暴利,逐渐失去兑换业务而动摇根基,最终损害的还是自己的利益。

近代镇江的银行业的发展,如前所述,本身所占比例不大,大多根基不稳、经营不善,银行与银行之间,不惜以种种方式如贴补暗息、对存款大户给予若干信用透支,竞相招揽存款,这样的恶性竞争只能导致银行业的畸形发展,影响了金融业的长远良性发展。

第六章　近代工业的兴起与农业的近代趋向

近代中国社会经济的发展以工业为主,农业为辅。而在口岸城市,受开埠通商因素的影响,商业迅猛发展,成为刺激工农业发展的重要因素,镇江是一典型城市。纵观开埠以来镇江城市发展的进程,不难发现,相较商业的畸形繁荣,新式工业的发展则稍逊一筹。尽管如此,传统的镇江手工业仍然嬗变,新式工业逐步兴起,并影响了地方经济的发展。与此同时,农业的近代趋向也开始出现。

第一节　近代工业的兴起

近代中国工业的发展,多脱胎于传统的工场手工业。在整个近代时期,"江苏的工业甚为发达,就整个工业来看,常居各省之冠。"①就工业结构来看,光绪二十九年(1903)之前,全国的工业均以工场手工业为主,而江苏所占全国的比例达到7.7%。表明江苏地区手工业的发达。② 光绪三十年(1904)以后,全国新式工厂日渐增加。江苏地区无论在使用动力工厂数,还是百人以上工厂数,均位于全国前茅。据王树槐先生的研究,"百人以下之工厂,江苏皆

---

① 王树槐:《中国现代化的区域研究,江苏省,1860—1916》,"中央研究院"近代史研究所1984年版,第366页。
② 王树槐:《中国现代化的区域研究,江苏省,1860—1916》,"中央研究院"近代史研究所1984年版,第367页。

居第一位,多占全国的比例亦增大。人数愈多的工厂,江苏所占的比例愈大,证明江苏工业发达的程度。"①但是,受地区产物的限制,就整个地区而言,多地的工业发展状况并不完全均衡。

传统的镇江手工业最为著名的当数江绸业。江绸亦称"京江绸"。如前所述,"京江绸"是镇江最为传统的商业行业,江绸业在镇江的发展最早能够追源到清代中叶。"京江绸"的主体品种是线绉(京江线绉),此外,尚有宁绸、九线宫、杭线绉、缣丝、官纱、塔府绸等。江绸业号称晚清镇江"五大业"之一,相关产品行销海内外,并在一度时间内有力支撑了近代镇江社会经济的发展。

近代镇江江绸业之所以盛极一时,与其优良原料的供给密不可分。首先,镇江本地盛产生丝,江心各洲农田隙地大多种桑,育蚕抽丝是当地农民的重要副业。其次,其经济腹地苏北的扬州、清江浦、淮安一带,农村也多产丝,销路多往镇江,远端市场的山东、皖北、河南等地的土丝和黄丝,也有相当部分销往本地。19世纪晚期,随着铁路的修造,上述地区生丝销往镇江的数量日增。因此,从原料方面来看,近代镇江丝绸业基础良好。

与江绸业密切相关的行业则是木机手工业。换句话,江绸是手工木机的土丝织品。丝绸是一个工种繁多的手工业,它包含了织造、车、染、校织、提花、牵经、槌纬、络丝、打洋车、传花本、打线团等多种工种。其中,以织造行业为主,通称机房。近代镇江"机房织造江绸,是各专一项品种。在极盛时期,各品种的织机数目,线绉机数二千台以上,宁绸机近一千台。官纱机三十多台,缣丝机一百五十多台,总共三千二百余台。"②江绸业鼎盛之时,机房都集中在镇江东南乡,而东南门城内东乡一带缣丝机房较为集中,它们多属当地农民的副业。

江绸业虽然名闻海内外,但其制造一项却基础薄弱,并多操控于绸号、绸庄和零售布店,影响了其长远发展。一般说来,江绸机房的规模都比较小,多则四五台,少则仅一两台,并且多无流动资金。因此,机房长期从事的多为加

---

① 王树槐:《中国现代化的区域研究,江苏省,1860—1916》,"中央研究院"近代史研究所1984年版,第369页。
② 杨质凡:《盛极一时的镇江江绸业》,政协镇江文史资料研究委员会:《镇江文史资料》第六辑,内部资料,1983年,第37页。

工业务,货价仅是原料成本基础上另加料银,利润甚少,因此形成了"工不如商"的状况。这从根本上制约了织机行业的近代发展。

辛亥革命以后,江绸业逐渐开始走下坡路,至1918年以后,江绸业衰落速度日甚。20世纪20年代以后,一些机房在江绸没落之后力图生存,开始了艰难的近代转型,有些开始转化为小型布厂,机工也逐步转为织布工。大致至解放前,镇江的小型布厂有200余户,其中80%由江绸机房转型而来。

江绸业的发展轨迹表明,近代镇江工场手工业的现代转向十分艰难。除了资金短缺、规模小等因素以外,江绸织造的家庭作坊式的分散经营方式阻碍了其商品化发展。

除了江绸业以外,晚清时期,镇江还出现了一些新型丝厂。光绪二十年(1894)左右,先后有四经、大伦等丝厂。这些被称为镇江近代工业的先驱,是江苏最早一批创办的工厂。

20世纪20年代左右,借助于江绸业的基础,一批绸厂出现。如,陶桂记绸号创立了光华绸厂,拥有铁机四十多台。江绸四大家陶、毛、陈、蔡四家则合创新华绸厂。此外,地方钱业巨头陆子波创立的仁承绸厂、法华绸厂和惠民蚕绸厂等也是当时镇江地区主要的绸厂。

棉织业于民国初年开始兴起。自民初以来,镇江棉纺织业多以色织业为主,其棉纱则主要来自上海、无锡、南通、常州等地,主要设备为脚踏铁机,早期的棉纺织业以家庭手工织布坊为主。民国二年(1913),邑人柳祝三以公益捐款创办慈幼工厂,这是镇江较早出现的棉纺工厂。慈幼工厂时有职工200余人,生产形式以手工操作为主,主要设备有小木机、提花龙头机、脚踏铁木机等。民国五年(1916),同等规模的棉纺工厂省立第三工艺厂在镇江设立,仍然以手工操作为主。此后,华昌、润华、巨丰等等规模较大的私营布厂陆续出现。"至民国十二年,镇江织布业有40多家工厂,职工1000多人,织机千余台,色织布年产量达1万余匹,其中慈幼工厂0.6万匹,华昌布厂0.3万匹。"①镇江棉纺织业得到比较迅速的发展。20世纪20年代开始,受苏州、常

---

① 镇江市地方志编纂委员会:《镇江市志》(上),上海社会科学院出版社1993年版,第867页。

熟等地的影响,镇江棉织业渐趋艰难,至 1927 年左右,在镇家庭织布厂仅剩 40 家左右,产品也主要为衣服里布。第一次世界大战后,随着洋布的大量倾销,镇江棉织业更是举步维艰,至 20 世纪 30 年代初,全市织机仅剩 300 余台。

与江绸、棉织业相关联的印染业在清末也有了一定程度的发展。民初以来,镇江先后有和记、镇记、潘义兴、法记等 16 家手工染坊,其从业人员 300 余人,主要服务于棉布店加工和农村土布业,染料主要有土靛和快靛等。印染业在近代镇江虽有所发展,但由于本地土布及棉布业一向不及上海、苏、锡等地,所以自 1922 年以后,半数染坊逐步闭歇,从业人员也一度锐减至 200 余人,并自此以后一蹶不振。

造船业及船舶修造业在近代镇江的工业发展过程中具有一定地位。镇江造船业有其悠久的历史。史载,南朝梁时本地就开始营造战船。唐、宋、元、明时期,镇江的造船业十分发达,皆见于史册。清前期,镇江是长江南岸的造船基地之一。晚清时期,镇江首先出现了赵福兴、李恒记等几家修船厂。民国初年以后,一些有实力的商人开始采用机械方式修理船舶,如宁波人周千茗的茂昌机器厂等。除了修理船舶以外,少数绅商还开始介入客货轮制造业,1924年注永沂、马士杰等人募捐白银 3 万两,建造了一艘用于长江南北义渡的"普济"号民用钢质船舶。

米粮加工业的近代趋势出现。镇江并非商品粮之区,但因其交通优势,尤其是历史上漕粮转输之故,镇江很早就成为长江下游著名的粮食市场。开埠以后,镇江成为长江下游的大米市。自此以后,除了米粮交易之外,与之相对,米粮加工业迅猛发展。其时,"镇江辗稻成米的米厂最多时亦达 40 多户","米厂因系畜力辗米,故名砻坊,大型砻坊如裕隆祥、同裕等。各有职工一百数十人"[1]。1897 年末,镇江米市迁往芜湖,米粮业受其牵累,日益下滑。但直至 1937 年前,米粮业仍不失为近代镇江工商百业之大宗。相关行业碾米业为镇江重要行业之一。光绪十八年(1892)后,镇江碾米业开始使用柴油引擎

---

① 市工商联:《盛极一时的镇江米粮业》,政协镇江文史资料研究委员会:《镇江文史资料》第十五辑,内部资料,1989 年,第 140 页。

作为动力,此后镇江地区的碾米业水平不断提高,至"民国初年,镇江被列为全国五大碾米中心之一。20世纪20年代初,有道和、裕源2家机器米厂。到民国二十五年(1936)机器碾米厂已发展到35家。日产米千担,年营业总额约300万元。"①1910年,镇江产仁白苞米荣获南洋劝业会银奖,反映出本地区碾米业发展的较高水平。

在传统手工业衍变的同时,受外力影响的近代镇江新式工业也逐渐发展,对于地方近代化历程影响较大的主要有电力、缫丝、面粉、火柴制造、机器造纸、印刷等行业。

镇江大照电气公司的设立,不仅是镇江近代工业的开拓者,同时亦"开内地华商电气事业之始",在近代镇江地方经济和近代中国民营电业的发展中,均占有一定的历史地位。大照电气公司创建于1905年,原名大照电灯公司,为江苏省首家公用电厂。大照电气公司的创立始于对西方殖民经济势力的抵御。镇江开埠以后,英国人在租界陆续建成领事馆、海关、洋行,随着外侨人数的增加以及镇江商贸的日趋繁荣,英租界工部局拟在镇兴建电厂。大照电气公司的创立者郭鸿仪,商人家庭出身,早年就读于南京文正学院及上海汇文书院,对西方近代科学有较多的接触和了解,基于比较强烈的民族情感和对兴建电厂利益的敏感,他在担任候补知县、任职镇江地方时,听闻英租界工部局拟兴建电厂,决心"挽回利权",积极筹资在本地兴建华资电厂。他在给常镇道署的禀折中详细阐述了筹建大照电灯公司的缘由:

> 伏思通商各埠,凡有商务权利均被洋人侵占,以致中国商民交困,无力自强。虽职商创议试办,意在开通风气,自固利权,上以副朝廷振兴商务之明谕,即仰宪台加惠商民之至意,初非专于谋利也。所集股份皆名富绅巨族,实意经营,足以创设之初,建厂购机,竖杆挂线,恐愚民无知,遇事阻滞,由官保护易成事。……近年洋商刁狡,见利必趋,若再继起分办,必

① 镇江市地方志编纂委员会:《镇江市志》(上),上海社会科学院出版社1993年版,第853页。

至两方血本。此职商所谓捷足先登也。职商自愧庸愚,实为自固藩篱,换回利权,振兴商务起见,伏乞宪台提倡商政机委职商经理,并行知洋务局机饬丹徒县先行示谕,以便度地建厂,经营始甚。①

禀折既表明了新建电厂的初衷为"开通风气,自固利权",同时也希望得到政府的支持与帮助。此折很快得到了常镇道郭直的肯定与赞赏,郭随即禀折江苏抚院,称"镇江为商务繁盛之区,若不捷足创办,瞬将为洋商所占。与其听利权之外溢,不若筹抵于事先。……职道伏查镇江为长江第一口岸,华商先设电气灯以收利权,与商务、地方均有裨益。"②郭的禀折很快得到江苏抚院的同意批复。得到政府批复的同时,郭鸿仪也取得了其老师著名实业家张謇的资助,张还亲自担任董事长一职。1906年,大照公司向农工商部以"大照"申请注册,取得电气第一号执照,开镇江此类事业之先河。

大照电气公司初设之时,困难重重,不仅受到英租界当局的百般刁难,资金方面亦时常捉襟见肘。张謇在投资之外,曾通过大生纱厂给予一定贷款,郭昭仪本人亦四处筹款,终使公司渡过难关。自1905年开业时至七七事变爆发前,大照公司自主经营三十余年,为地方电气事业做出了重要贡献。(参见表6.1)

表 6.1 　1905—1936 年间部分年度发电能力一览表

年　份	发动机组容量(千瓦)	发电量	备注(发电机组)
1905—1906	150	63.8	2×75 千瓦
1909	380	130.4	2×190 千瓦
1920	620	312	2×190 千瓦、240 千瓦
1924	990	420	240 千瓦、750 千瓦
1929	2450	583.6	750 千瓦、1700 千瓦

---

① 杨正光:《历经坎坷的大照电器公司》,政协镇江文史资料研究委员会:《镇江文史资料》第十五辑,内部资料,1989 年,第 30 页。

② 杨正光:《历经坎坷的大照电器公司》,政协镇江文史资料研究委员会:《镇江文史资料》第十五辑,内部资料,1989 年,第 30 页。

续表

年　份	发动机组容量(千瓦)	发电量	备注(发电机组)
1936	5950	870	750 千瓦、1700 千瓦、3500 千瓦

表 6.1 显示,大照电气公司的发电能力逐年上升,直至 1936 年止,仍居国内同业领先地位。

镇江近代食品工业的发展主要体现在香醋、面粉、豆制品、小磨麻油、制油业等方面。镇江的食品业有其比较悠久的传统,香醋业尤甚。"恒顺"醋业驰名海内外,迄今为止,经久不衰。因此,提及近代镇江食品业,恒顺香醋应为首位。

恒顺的历史最早可追溯到道光二十年(1840)间的朱恒顺糟坊。初始,朱恒顺糟坊生产花酒、香醋、酱菜等,由于质地精良而闻名远近。其中,尤以百花酒而出名,后被采为朝廷贡品。自此以后产量不断增加。道光三十年(1850)起,糟坊以酒糟制醋。宣统二年(1910),朱恒顺的陈醋获得南洋劝业会金奖,从此镇江香醋脍炙人口,声名远播。1925 年,浙江镇海人李皋宁接手朱恒顺糟坊,改名恒顺源记酱醋糟坊,恒顺业进入一个新的发展时期。民国二十二年(1933),糟坊更名恒顺酱醋厂。二十四年(1935),改组为"恒顺酱醋厂股份有限公司",并于上海开设分厂。自此,恒顺醋业进入鼎盛时期。

镇江香醋素有"酸而不显,香而微甜,色浓味鲜"的特色。《中国医药大典》记载云:"醋产浙江杭绍二县为最佳,实则以江苏镇江为最。"镇江香醋因其品质优良,自其面市之后,多次获得多种高级别的奖项,可见其在相关行业的历史地位。(参见表 6.2)

表 6.2　清末民初镇江香醋历年获奖情况[1]

品　种	年　份	奖　项
香醋	1909	钦命江苏省巡抚部二等奖
陈醋	1910	南洋劝业会金牌奖

[1]　镇江市地方志编纂委员会:《镇江市志》(上),上海社会科学院出版社 1993 年版,第 852 页。

品　　种	年　　份	奖　　项
香醋	1930	江苏省国货展览会优等奖
金山牌香醋	1931	江苏省特产展览会优等奖

盛时,镇江香醋不仅内销安徽、广东、广西、湖南、湖北及华北沿海城市,而且外销至中国香港、缅甸、新加坡、菲律宾等地区与国家。自民国二十三年(1934)后,外销总量甚至开始超过内销。恒顺醋业发展至今,仍不失为地方产业之柱。因此,镇江地方相关行业的近代化历程中,恒顺醋业有其特别的历史地位。

面粉业在近代镇江的发展也较有基础。镇江面粉厂是面粉业中的佼佼者,它创办于1903年,起源于常州人恽禹九等人合资兴办的合兴石磨面粉厂。镇江面粉厂初有三层楼制粉车间,14英寸磨粉机6部,使用水汀作为动力。民国三年(1914),合兴石磨面粉厂改名为贻成晋记面粉厂。民国七年(1818),该厂又转手李皋宇,李吸收银行界、粮食界股份,将之改组成贻成新记股份有限公司。在李的有效管理下,公司生产能力大为提高,日产量由最初的200袋增至3000袋,年产达到50万袋,分别销往汉口、九江、宁波、烟台、上海、南京、苏州、芜湖等地。30年代初,公司发展至鼎盛时期,并逐渐使用新式设备,动力也改用175匹及520匹柴油引擎。其时,公司拥有24部磨粉机,日产能力更是达到5500袋左右,成为当时镇江唯一的大型工厂,据称,其当时"生产规模在苏、浙、皖三省60余家面粉工业中列为第8位。"[①]

20世纪初叶,近代食品工业进一步发展,其中,本地榨油工业发展较好。如1906年创设的镇泰、源升榨油厂,1913年创立的大源榨油厂等,这些企业作坊均为近现代镇江食品工业的发展奠定了基础。

鸦片战争之后,火柴业亦称"洋火"业在中国发展迅速,这一行业在中国的发展是殖民经济渗透的典型产物。清末以来,火柴业在镇江起步发展,并在地方经济中占有一定地位。镇江最早的火柴厂当数宣统二年(1910)出现的

---

① 王克俭、高萍:《镇江面粉厂简史》,政协镇江文史资料研究委员会:《镇江文史资料》第十五辑,内部资料,1989年,第50页。

义生火柴厂。民国九年(1920),浙江人邵尔康创设的上海荧昌火柴公司来镇开设分厂,亦即著名的镇江荧昌火柴厂。资料记载,荧昌火柴厂规模较大,拥有资本20多万元,工厂"设总务、工务、会计3课,主要生产设备有排板机30部,拆板机17部,贴招机16部,调药机2部,磨磷机1部,理梗机和铜版机各2部,工人606人(男工198人、女工378人、童工30人),年产火柴24000箱。"①民国十九年(1930)后,由于其母公司——大中华火柴股份公司发展迅速,镇江荧昌火柴厂也随之发展,生产设备增至70余台,工人增至660人,日产量达到100箱左右,年产火柴17.28万件。② 除了荧昌火柴厂外,创设于1921年末的燧生火柴厂在近代镇江工业史也占有一席之地,其开创之初,规模相仿于荧昌火柴厂,这是日籍华商陈锦堂开设的一家火柴厂,其产品销路主要销往临近的沿江城市九江、芜湖、汉口、上海等地,后闭歇于五四运动之后。

镇江近代火柴业的发展是近代中国民族工业发展的一个缩影,它成长于殖民经济的挤压过程中,发展过程极为艰难,其取得的成绩反映了近代中国民族工业不懈的努力。镇江荧昌火柴厂生产的产品商标先后有名烟、老人、上海、金鼎等。其中,名烟、老人等品牌皆具影响力,一度抗衡于国际知名品牌——瑞典的凤凰火柴。自鸦片战争以后,中国火柴市场一直为西方殖民资本尤其是瑞典资本所垄断,中国本土火柴企业举步维艰,发展至20世纪20、30年代,本土火柴业影响力日甚,这离不开民族企业家的苦心经营。

镇江荧昌火柴厂的发展与大中华火柴股份有限公司密切相关。其创始人刘鸿生,1888年生于浙江定海,肄业于上海圣约翰大学,曾担任上海公审公廨翻译,并曾入职于英商上海开平矿务局。1920年,刘鸿生创设苏州鸿生火柴厂,四年之后,他收购了上海燮昌火柴厂。有感于民族企业时常面临外资资本的垄断困境,刘鸿生主张火柴业联合,以抗衡外资力量,他曾发表著名的《刘鸿生告火柴同业书》:

---

① 李植中:《大中华火柴股份有限公司与镇江荧昌火柴厂》,政协镇江文史资料研究委员会:《镇江文史资料》第十五辑,内部资料,1989年,第56页。

② 镇江市地方志编纂委员会:《镇江市志》(上),上海社会科学院出版社1993年版,第834页。

窃思火柴一物,为家常日用之品。我华地大民众,全国销售之广,岁以金钱计当不下千万元之巨,甚为重要实业,奚待繁言?顾国人自设之厂,虽有多家,然均规模简陋,不足以言发展。遂令眈眈外商得日事侵占,攫我巨利而走。然设计之毒,侵略之狠,如瑞中公司者,实尤为我同业之最大隐患。该公司为瑞典商人所组织,以垄断世界之火柴为唯一目的。设立以来,除法国事业属该国之外,其他各国火柴厂,大半被其收买归并。三年前颇称著名之日本磷寸,尚在归并之列,此外可想而知。东三省及青岛各地,亦有数家为其收买。目下该公司规模之大,获利之厚,以视我国货各厂,何异天渊之别!而其吞并野心则初未因此少戢。我苏省之同业至今犹得幸存,在彼视之,不啻眼中之刺,时以拔除为快。幸我同业各厂,深明大义,迄未受其收买。故至今无从下手,然其处心竭虑,未尝一日忘情于我国货各厂,固不待著卜而后知也。

考该公司所出火柴,如凤凰牌、桥牌等产品质优良,确在国货之上,销行我国各通商口岸,为数之巨,而尤以长江上游为最盛,虽在穷乡僻壤,亦时有所见。外货侵略之锐厉可畏,于此可见一斑。我国货同业处此情况之下,前途岌岌,极为可虑。[1]

刘鸿生的倡议得到多数同业的支持。1930 年,苏州鸿生火柴公司与上海荧昌火柴公司、周浦中华火柴公司合并为大中华火柴股份有限公司,刘鸿生担任总经理。大中华公司成立后,镇江荧昌火柴厂也随之归其管辖。这一时期,镇江荧昌无论在生产规模、技术使用、质量提升等各方面均有长足进步。大中华致力于开辟中国沿海和腹地市场,在镇江、苏州、南京、芜湖、九江、汉口、福州、厦门、杭州、长沙等地分设事务所。在大中华的管理网络下,镇江事务所承载了较多的应销任务。

---

① 李植中:《大中华火柴股份有限公司与镇江荧昌火柴厂》,政协镇江文史资料研究委员会:《镇江文史资料》第十五辑,内部资料,1989 年,第 58—59 页。

表 6.3　大中华各事务所规定之应销火柴数①　　　　　　　　单位:箱

镇　江	16000	福州	6000
汉口	11000	苏州	5000
芜湖	8500	厦门	4500
南昌	8500	九江	4000
南京	6500	合计	70000

　　自来水事业在民国初年开始起步。近代镇江自来水事业在全省创建最早,这主要缘于镇江省内开埠最早的原因。1912 年,镇江英租界工部局开始兴办自来水工程,是年 9 月,工部局即在租界各栅口设水龙头,售于镇江民众,此为镇江自来水工程之始。民国元年之后,本地有识之士开始筹谋自设自来水厂,多因故而搁浅。1922 年前后,镇江数度发生火灾,英租界自来水厂不仅见火不救,还趁火打劫,伺机索价,终使地方士绅决心联合起来创设自来水厂。地方名绅陆子波、胡健春、杨光宇等人出面筹资,由镇江马万兴机器厂厂主马成章承办。1924 年 1 月 14 日,在各方的努力下,以救火会名义成立的"镇江第一救火会自来水厂"于龙窝长江江滩开工兴建,6 月,水厂建成投产。水厂建成伊始,设备简陋,资金有限。初期,水厂仅供消防救火使用,年底以后,董事会决定将消防余水出售给市民使用。12 月 6 日起,浴室业、饮食业、理发业和部分居民开始使用自来水,由此开启了镇江民用自来水的时代。

　　1926 年 3 月 25 日,"第一救火会自来水厂"更名为"镇江自来水厂",与此同时,镇江自来水厂股份有限公司成立,公司投资增至 10 万元,性质商办。此后,公司还兴建水厂一座,公司规模由此不断扩大,所产自来水除用于消防及各商业行业外,还供应 1234 户居民使用,约占全城居民户的 4.94%。1929 年,镇江民众收回英租界利权,水电权亦同时收回。同年 4 月 21 日,镇江商会收购英租界工部局自来水及电火厂房机器。由是,镇江自来水事业皆回归华

---

①　李植中:《大中华火柴股份有限公司与镇江荧昌火柴厂》,政协镇江文史资料研究委员会:《镇江文史资料》第十五辑,内部资料,1989 年,第 69 页。

资。20世纪30年代初至七七事变爆发前,镇江自来水事业有了进一步发展,水厂投资规模不断加强,应用范围也日益广泛,不仅供应居民用水,还服务于建筑、消防、船舶、工厂、冰厂、园林等行业领域。自来水事业的发展广泛地影响了人们日常社会生活。需要强调的是,镇江自来水厂在苏省内不乏先行者的意义,对于本地及省内他城同类行业的影响力不容忽视。

第二节　近代镇江工业地位的区域考察

镇江工业在近代的发展是镇江近代化过程中的组成部分,由于开埠较早,镇江工业的近代起步也相对较早,但总体看来,相较商业,近代镇江工业不甚发达。在长江下游流域经济圈中影响力也相对逊色。

镇江的近代工业多脱胎于传统的手工作坊,如前所述,江绸业为镇江传统行业之一。镇江开埠以后,受外资影响,地方蚕丝工业也进一步发展。蚕丝业主要包括缫丝业、丝织业两个部分。蚕丝业在江苏有着悠久的传统,"鸦片战争后,我国生丝及丝织品出口,占世界第一位。"[1]而江苏因其素享盛名,其中比例亦可以想见。江苏内地的缫丝业,苏州、镇江发展较早。至光绪二十七年(1901),苏州有3家,镇江有1家。但自宣统三年(1911)后,无锡后来居上,除上海外,苏州、镇江皆落后于无锡,尤其是后者。(参见表6.4)

表6.4　1891—1923年间江苏缫丝发展状况[2]

地区	1891年		1911年		1914年	1922年		1923年
	家数	釜数	家数	釜数	家数	家数	釜数	家数
上海	28	7900	43	12904	60	70	18580	65

①　王树槐:《中国现代化的区域研究,江苏省,1860—1916》,"中央研究院"近代史研究所1984年版,第394页。
②　王树槐:《中国现代化的区域研究,江苏省,1860—1916》,"中央研究院"近代史研究所1984年版,第395页。

地区	1891 年		1911 年		1914 年	1922 年		1923 年
	家数	釜数	家数	釜数	家数	家数	釜数	家数
苏州	3	630	3	728	3	3	742	3
无锡	—	—	5	1184	5	15	4284	14
镇江	1	120	2	416	2	3	736	3
合计	32	8650	53	15232	70	91	24,342	85

无锡的缫丝业始于光绪三十年(1904),但迅即发展起来,至1916年就发展至9家。镇江早于无锡13年之久,至1916年仅有2家缫丝厂。表6.5是1916年间除上海以外的江苏内地缫丝厂车数比较情况,可见一斑。

表 6.5　1916 年江苏各地缫丝业情况①

地　区	厂　名	车　数	合　计
苏州	源盛	336	736
	源盛	200	
	延昌恒	200	
无锡	裕昌	330	2532
	源康	320	
	振艺	520	
	永康	256	
	鸿仁	256	
	协昌	248	
	锦记	314	
	乾牲	208	
	佘记	80	

① 王树槐:《中国现代化的区域研究,江苏省,1860—1916》,"中央研究院"近代史研究所1984 年版,第396 页。

续表

地　区	厂　名	车　数	合　计
镇江	富成	208	456
	余记	248	
合计	14 家	3724	3724

　　新兴工业的起步相对较早,但后势却不及他处。以制造业为例,镇江面粉业发端比较早,放之全国观之,是少数最先设立面粉厂的地区之一。中国本土的面粉工业起始于光绪二十四年(1898),至宣统三年(1911),全国共设立面粉厂 30 家,其中江苏(含上海)有 13 家之多,镇江就设有一家。然而发展至民国六年(1917),全国增至 34 家,镇江仍仅存一家,但在资金额和生产能力方面,镇江均名列前茅。仍引用学者王树槐先生的研究成果,以资说明。(参见表 6.6)

表 6.6　1917 年间江苏地区制粉厂一览①

地　区	工厂数	资本额(两)	辗压机数	年制数(袋)
上海	17	6665000	233	8375000
无锡	6	820000	84	2300000
镇江	1	200000	11	500000
苏州	1	80000		180000
南通	1	180000	7	250000
清江浦	1	200000	12	400000
高邮	1	120000	11	550000
泰州	1	150000	9	300000
新浦	1	200000	4	200000
淮阴	1	100000	4	150000
宿迁	1	50000		125000
扬州	1	50000		125000

---

　　① 王树槐:《中国现代化的区域研究,江苏省,1860—1916》,"中央研究院"近代史研究所 1984 年版,第 400 页。

近代镇江工业基础比较薄弱,主要以轻工业为主,这与其传统的经济基础密不可分。梳理近代镇江的工业发展历程,不难发现,近代工业发展主要集中在棉纺、丝织、食品加工等轻型工业领域。19世纪末以来直至抗战结束,镇江本地百人以上规模的企业,仅有面粉厂、火柴厂、电气公司等十几家轻工企业。据现有的史料,镇江近代工业发端于19世纪80、90年代,兴盛于民国初年,逐渐衰落于20世纪30年代初期。机器工业在本地的产生,出现于光绪二十年(1894)前后,这一时期,四经、大纶丝厂率先开办,两者被视为地方近代工业的先驱。同时期,面粉厂、电灯公司、榨油、火柴、制纸、印刷等一批轻型工业企业随之兴起。表6.7为19世纪末至20世纪20年代左右镇江主要新式工业企业情况,可作管窥。

表6.7　清末民初镇江主要新式工业企业一览

行　业	创设时间	主要企业
火柴	1910	义生火柴厂
	1920	荧昌火柴厂
	1921	燧生火柴厂
食品	1840	朱恒顺糟坊
	1926	恒顺源记酱醋糟坊
	1892	王福源米厂
	1920	通和、福源米厂
	1903	合兴石磨面粉厂
	1913	贻成面粉厂
	1906	镇泰、源升榨油厂
	1913	大源榨油厂(长江下游第一个机器榨油厂)
	1922	谈万和、复盛源、吴镇康机器面厂

续表

行　业	创设时间	主要企业
纺织业	1913	慈幼工厂
	1917	省立第三工艺厂
	1918—1924	华昌、润华、巨丰等
	民国初年	潘义兴、镇记、和记、德记等手工染坊
	1894	四经丝厂
	1895	大伦丝厂
	1930	萃伦、绋纶、泰斗、丁丰永、丁丰祥、鼎丰永、富润第一、富润第二等八家丝厂
	1917	光华绸厂
	1918	新华绸厂
	1925	仁章绸厂
机械	1910	昌祥铁工厂
	1910	茂昌机器厂
电力	1905	大照电灯公司
造纸印刷	1889—1899	恒和、韦顺兴、韩万兴、常顺兴手抄纸坊
	1906	镇江机器造纸公司
	1929	上海江南造纸厂高资分厂
	1910	大成书局
	1912—1922	藻文印刷所、正业、大成、竞新、新民、新华、兴昌、新新、源兴铅印公司
其他	1913	茂昌机器厂
	1925	张源记皮坊
	清末	张森泰、曹裕兴制伞
造船	清末	李恒记、赵裕兴修船厂

　　镇江轻工业在其发展初期,有些产品尤其是一些食品企业的产品质量较为优良,在江苏乃至全国同类行业中可谓翘楚,包括食醋类在内的产品甚至荣

获国际奖项。

表 6.8　清末镇江工业产品获奖情况表①

时　间	品　名	奖　项
宣统二年	百花酒	南洋劝业会银奖
宣统二年	京江滴醋	南洋劝业会金奖
宣统二年	宁肚月肚	南洋劝业会金奖
宣统二年	丝	南洋劝业会特等奖
	江绸	南洋劝业会优等奖
宣统二年	京江线绉	南洋劝业会获奖
宣统二年	文明花纱	南洋劝业会金牌
宣统二年	文明罗	南洋劝业会金牌
宣统二年	花素布	南洋劝业会银牌
宣统二年	五色线	南洋劝业会银牌
宣统二年	漆	南洋劝业会银牌
宣统二年	角油烛	南洋劝业会银牌
宣统二年	浣衣胰皂	南洋劝业会银牌
宣统二年	一正斋膏药	南洋劝业会优奖

　　近代镇江工业发展的这种状况,实与江苏工业早期起步的大势有其一致的地方。江苏早期工业也以轻工业见长。1916 年的国货展览会中,江苏工业产品获奖较多者主要集中在棉纺、丝绸、印染、皂、化妆品、文具、印刷、工艺、饮品、茶等方面。当然,机械仪器、钢铁、建筑品等方面也有涉及,但并不占主要地位。对于同一历史时期江苏轻工业发展的情况,王树槐先生统计相关资料进行了深入分析,认为在全国范围来看,获奖产品中,"江苏所占比例之高,诚叹为观止,有达 50%者,半数以上的货品占 20%,足见江苏省产品之优良。占

---

① 　(民国)张玉藻、翁有成修,高觐昌、刘嘉斌、何庆年等纂:《续丹徒县志》,卷五,物产,《中国地方志集成·江苏府县志辑》第 30 辑,江苏古籍出版社、上海书店出版社、巴蜀书社 1991 年版,第 550—555 页。

比例最多的一项为玻璃、眼镜之类,次为仪器及机械制品。此两项为上海所得较多之故。再次为食品、丝及丝织品、化学品及印刷文具等。此数物品,亦为江苏工业最发达之品。大致而言,与江苏工业最发达的种类极相近。"①在此背景下,将镇江放之江苏范围来看,镇江则在其中的第三类奖项中占有一定比例,可见其工业产品结构。镇江近代工业结构的特点与中国多数地区的情况基本相当,近代中国工业发展至民国二十二年(1933)左右,仍然以纺织与饮食业为主,机械等重工业所占比例很低。

与其他条约口岸一样,镇江近代工业受外资企业影响较深,并在与外资工业企业的竞争中艰难成长。西方列强在条约口岸拓展商业的同时,在口岸城市主要开设与贸易直接关联的工厂,这很大程度上影响了中国地方工业的近代布局。早期外资在华设立工厂,无外乎船舶修造、出口加工工业等方面,这样既符合西方列强对于原料和市场的利益需求,同时又是口岸城市适应市场需求畸形发展的结果。除了船舶修造业为满足扩大商品运输需求以外,出口加工业满足了外商迅速掠夺中国廉价出口商品的利益需要,上海等沿江口岸的外资缫丝、棉纺企业就是在这种背景下发展起来的。然而,"在上海以外的长江沿江其他开发口岸城市中,外资工厂的数量甚少"。② 1895 年以后,镇江的外资企业仅集中在蛋厂、自来水、电气、轮船业等行业。尽管如此,这些外资企业的出现,深刻刺激了本土民族工业的发展。镇江机器造纸公司的创建是一个典型案例,其创始人为曾少卿、尹寿人、钟勉之,他们对于机器造纸公司的创办初衷进行了明确的阐述:"中国之工艺不振久矣,以有用之才置无用之地,患贫患弱,怀实啼饥,坐视利权尽入外国人之手,可胜欢哉。即以造纸一事,言之木草之质,布缕之絮,殆无不为造纸良材。自我国人视之俨同无用之物而已矣。岂知一转移间即成为人身可不能离之要物。本公司有鉴于此,且为开通内地风气起见,特创商办镇江机器造纸公司。"③

---

① 王树槐:《中国现代化的区域研究,江苏省,1860—1916》,"中央研究院"近代史研究所1984 年版,第 404 页。

② 张仲礼等:《长江沿江城市与中国近代化》,上海人民出版社 2002 年版,第 227 页。

③ 《南洋官报》1907 年第 4 期。

　　近代镇江工业的发展还与口岸贸易的刺激密切相关。与长江沿江其他口岸相同,本地工业结构随口岸贸易建构,深受世界市场的影响。"鸦片战争以前的长江沿江城市,是地区性的商品集散中心。手工业一般也比较发达。但是,受传统自然经济的影响,又受落后的交通运输工具的制约,这些口岸城市经济不可能有突破性的大发展。口岸被迫开埠以后,封闭性的地区经济开始受到外资势力的直接冲击,洋货不断涌入,土货源源流出,沿江口岸地理位置的优越性,因进出口贸易的发展,以及轮船等近代新式交通运输工具的引进,进一步明显地体现出来,口岸城市的市场商品结构发生了根本性变化,使地方经济与世界市场联合了起来。于是刺激和促进了当地本国资本近代工业的兴起。"①近代镇江的工业兴起就具有这样明显的特征。洋货输入之后,一方面,国人观念更新,竭力主张挽回利权;另一方面,适应市场需求,本土手工业不断转向,机器工业出现。以纺织业为例,江绸业在晚清镇江兴盛一时,然而好景不长,辛亥以后逐渐衰落。江绸业基础的动摇,洋货的大量输入是一大重要原因。民国以后,商洋行纷纷在内地大量开设工厂,相关产品大量充斥内地市场,这对镇江江绸业本身就是一个不小的冲击。江绸业的国内市场,包括本地、苏北、山东、安徽、江西、河南、上海、广东、西湖、四川、云贵以及华北、东北、西北、内蒙古等广大地区。19世纪80、90年代,外贸丝厂在中国不断建成,相关产品充斥国内市场,民国以后,江绸业开始处于各种丝织品的激烈竞争中,动摇了其生产基础。不仅如此,镇江江绸业的海外市场还极为严重地受到外资丝业的挤压。江绸业的外销素以朝鲜、苏联、印度、南洋诸国等市场为目标,其中以朝鲜为最。其时,以江绸制成的"朝鲜披风"在朝鲜仍然深受欢迎,19世纪90年代左右,这种"朝鲜披风"年销量达40万件,占江绸国内外总销量的40%,可见其旺盛需求。然而,1918年前后,日本加强了对朝鲜半岛的经济侵略,加重了对中国丝织品的课税。"朝鲜披风"被加收100%的税,导致江绸业大受打击。适应市场的变化,江绸业开始其近代转化,本地的一些绸号富商逐渐纺织杭州等地的铁机绸,改创绸厂。如1917年,陶桂记绸号的光华绸厂

开始使用铁机生产。此外,江绸业中著名的"陶、毛、陈、蔡"四家绸号合资创办的新华绸厂,也同样开始使用机器生产。1921年,著名的钱业人士陆小波投资创设仁章绸厂,该厂拥有铁机七十台,规模较大。民族小轮业方面,《马关条约》签订以后,外商轮运业大肆侵入长江航线,由于镇江口岸的转口作用,经济腹地的土货和来自上海的工业产品、洋货均须在此转运,刺激了本地民族小轮业的发展,1898年以后,镇江民族小轮业发展迅速,出现了10多家航运公司。

近代镇江工业的发展与近代沿江其他城市尤其是上海工业的发展密切相关。作为上海与其间接经济腹地之间的重要中介,其近代工业的发展深受上海近代工业发展的影响。长江沿江的工业发展并不是孤立的,各城市之间的联系随着商贸和工业的发展而不断扩大。在外力的冲击下,长江沿江城市本土工业次第发展。自清末至20世纪20、30年代,长江沿江城市东至上海,西至重庆,形成了一条狭长的工业带。这些城包括南通、扬州、镇江、南京、芜湖、安庆、九江、汉口、宜昌、重庆等。这些沿江城市,"以长江水道为依托,利用各口岸城市是货物集散中心的优越条件,通过口岸城市间建立的商品流通网络,埠际贸易明显增长。这样,一个口岸城市可以较为方便地从其他口岸城市获得必要的工业原料,同时又为这个口岸城市工业的产品销售开辟市场渠道。而且还带动了其他口岸城市工业的兴起,由此,促进了各口岸城市工业发展的互动联系。"①在这个工业带中上海的中心地位是毋庸置疑的。各沿江口岸城市即为它提供原料又带动各城市的工业发展。镇江的情况也是如此。来自镇江的土特产品转运至上海,到底有多少成为上海近代工业生产的原料,尚无确切的资料可以统计,但其中部分产品如丝绸、稻米、小麦、杂粮等成为其工业原料,是可以想见的。以榨油业为例,清末以后,上海、无锡、常州等地的机器榨油业相对发达,镇江本地油厂相对逊色,所以在镇江转口的豆类中的大宗黄豆,在本地销纳微末,大多销往江南地区的上海、无锡、常州。特别是津浦、沪宁铁路开通以后,北路的豆类、粮食很多经由火车直达上海,成为其工业原料

① 张仲礼等:《长江沿江城市与中国近代化》,上海人民出版社2002年版,第238—239页。

的一部分。20 世纪 20 年代后，上海的面粉厂更是"在镇江设庄收卖，数量很大"。

镇江工业与其他城市的工业联系更突出表现在其他城市对镇江工业的反向作用上。镇江的近代工业由于基础薄弱，大多随生随灭，实力相对雄厚的电气、水、面粉、火柴等行业大都不乏其他口岸城市的资金和技术影响。如在近代史上颇具历史地位的大照电气公司创始人郭鸿仪原为徽籍人士，早年就读于上海，较多接触了西方近代科学，他创设的电灯公司资金得到了南通实业家张謇的投资。大照最初的主体设备发电机及配套锅炉均从国外定制。镇江面粉厂最早的投资者是常州人恽禹九，后有安徽及无锡商人参加股份。1918年，浙江商人李皋宁接手后，集合了上海银行界、粮食界的股份，建成贻成新记股份有限公司。镇江荧昌火柴厂更与上海工业界的联系密不可分。镇江荧昌火柴厂本为上海荧昌火柴公司分厂，资金来自宁波商人邵尔康。1920 年，著名商人刘鸿生创建苏州鸿生火柴厂，1930 年，苏州鸿生、上海荧昌、周浦中华合并成大中华火柴厂，由是，镇江荧昌火柴厂成为其管辖下的一部分。大中华火柴公司的联合优势，一定程度为镇江荧昌火柴厂提供资金、技术和市场保证，使其成为为数不多的发展势头较好的近代镇江工业企业之一。

在近代沿江长江工业带中，镇江的近代工业虽起步较早，但后势不仅不及上海、汉口、重庆这样的大城市，在与同等级别的南通、无锡、芜湖、九江、沙市等城市的比较中也有诸多差距。就其根本而言，长江沿江多城市之间由于地理条件、工业生产基础、资金来源、原料供给等因素的不同，工业发展有其不平衡性。具体到镇江而言，影响其工业的发展因素不外乎以下几个方面：

首先，近代镇江的工业多脱胎于传统手工业，尤以轻工业为主。传统手工业对现代工业本有抵触的一面，传统手工业是投资少、技术低、劳动密集型的行业，而机器工业则正好相反。据《续丹徒县志》记载，镇江传统的手工产品，主要包括食品和纺织品方面，前者如百花酒、醋、月肚等水产品，后者则主要是江绸业中的茧、丝、绸、绫、缎、京绉、绢、纱、罗、缫丝、花素布、五色线、手工线等。这些传统手工业尤其是江绸业的主要劳动力基本是农民，他们在知识及技术等各方面远远达不到机器工业的要求。如江绸的原料是丝，本地丝源主要来自江心几个沙洲。农民在农田隙地种植桑树、育蚕抽丝,土丝因而成为沙洲农民的重要副业。有别于规模生产的现代机器工业,江绸织造是分散经营的一个手工行业。作为农民的副业,机房织造多集中于镇江的东南乡、东南门一带,它们由农民自产自销。机房的业主基本就是农户,包括业主在的家庭成员基本都是这一行业的主要生产者。机房忙碌的时候也有雇佣机工,机工是季节性的雇工,织绸是农民的农余劳作,和现代意义上的工人仍然有着天壤之别,他们来自郊区,也有苏北等地过来的短工。江绸业中的这些劳动者固有的知识、视域、技能均制约了本行业向现代工业的转变。需要特别提出的是,盛时镇江的机房虽达千户以上,但均各自分散经营,并没有形成大规模的工业企业,因此在市场竞争中容易不堪一击。

近代镇江工业以轻工业为主,主要因为相关工业的资本需求量少,设备相对简单,资金周转也比较快,生产的产品也比较符合作为一个商贸城市的贸易需求,这就阻碍了本地大规模民族工业尤其是重工业的发展。作为开放较早的口岸城市,外国商品大量充斥本地市场,一方面阻碍了本地民族工业的发展,另一方面也使本地民族工业不自觉地围绕殖民市场的经济需求而运转。列强打开中国的大门,旨在掠夺原料和市场,需要大量的中国原料和初级加工品,如:土丝、粮食原料、茶叶等。因而本地工业的丝织、制茶、粮食初加工均服从于市场需求,这些刺激了本地轻工业的起步和发展,也容易受到殖民经济市场的影响。

其次,传统商业中落后的经营理念、管理模式阻碍了传统手工业向新式工业的尽快转化。传统生产技术落后固然是一个重要因素,更为主要的行业经营者的封建落后观念十分严重。缺乏现代科学管理意识,目光短浅,唯短期利益是图,终至素有基础的一些行业难于顺利向现代化企业转化,导致在激烈的市场竞争中败下阵来。仍以江绸业为例。江绸业的传统管理和运行方式是自给自足小农经济的产物,机房自产自销,但却受到绸号的严格控制,传统意义上,"绸号是经营江绸的主体,国内外的营业大部分有绸号掌握。各重点销区,如西路的汉口、东北的营口以及上海、苏州等地都设有分庄。汉口分庄,初经营湖北省得交易外,并有湖南、四川、河南以及云贵等省客帮就近收购,后期湖南的长沙也设有分庄。营口分庄,设地当地的各个'大屋子里'。营业都由'大屋子'经手,销售到东北各省并蒙古和苏联境内。后期哈尔滨也设有分庄。苏州分庄的营业,是随着苏州的丝织品对河南、河北等省在苏州采办的客商进行交易。上海则各省驻申采办的客商很多,上海分庄主要是对广东、北京、天津、山东等帮交易。朝鲜披风也是由山东帮在上海采办。苏州、上海分庄的营业,是在当时对各帮成交付款。售货则由镇江直接运各帮的销区。"①由是可以看出江绸的销售网络和渠道。清末时期的大型绸号有十余个,最负盛名的有陶、毛、陈、蔡四大家,并以陶为最。这些绸号不仅控制着流通流域还严格控制了生产领域。就经营方式来说,绸号本身并不拥有机工和织工,而是通过"放料"和借贷,严格控制江绸业的生产。由于机房业主多为小生产者,并无多少流动资金,一部分自产自销的机房,小量生产的产量卖于绸号,货价只能在成本的基础上另加料银,利润微薄。大绸号则以放料为主,机房承接绸号的放料,利润就是料银,生产过程中绸号通过苛刻的放料、料银议订等收货手段盘剥机房,导致"机房在生产上收到绸号控制,在产品价格上受绸号摆布,使得机房缺乏实力与地位来保障自己的存在与发展,也使得机房长期以来只能停留在分散的个体经济的规模上。彼此之间,不易团结,还得彼此在生产上竞争,形成了一股独立的力量。在生产方法上被迫只能一切旧行事,很少能改进生产技术。"②由于机房受到严格的盘剥,所以机工的待遇相应较差,使得多数机工不敢轻易脱离本地生活,大规模的产业工人队伍的生成受到了严重的阻碍。不仅如此,掌握大量资金的绸号也缺乏向现代企业转化的意识,他们注重商业资本的积累,轻易不愿向产业转化。辛亥革命以后,江绸业受到市场多种新品种的影响,基础开始动摇,但大绸号们仅仅力图保财,收缩营业,当他们感觉到向现代工业转化的迫切性时,已为时已晚。1918 年以后,镇江出现了规模不等的少数绸厂,由于缺乏先进的技术、管理能力,这些绸厂均不敌苏

---

① 杨质凡:《盛极一时的江绸业》,政协镇江文史资料研究委员会:《镇江文史资料》第六辑,内部资料,1983 年,第 41 页。

② 杨质凡:《盛极一时的江绸业》,政协镇江文史资料研究委员会:《镇江文史资料》第六辑,内部资料,1983 年,第 47 页。

杭等地先进工厂,多数逐渐趋于消亡。

再次,资金的缺乏。相较上海、无锡、汉口等其他口岸,早期镇江近代工业大多规模较小,主要原因在于资金的缺乏。中国早期的民族企业,相较外资企业来说,本身在规模、资金等方面竞争力较小,各口岸之间的差异也很明显。"商办企业的资本基本上是单一的私人资本。其投资者有买办、官僚、一般商人、绅士、华侨、手工业作坊主。前三种人投资较多,尤以买办的投资量较大,一些规模较发达的企业一般都有他们投资本创办。"①近代镇江大买办、官僚投资民用工业的情况较少,稍有影响力的工业企业大多由地方士绅、手工作坊主投资,因此,在财力上与上海、汉口、广州等大中城市相较,甚有差距。有些企业起步伊始,就遇到较大的投资困难,以致拖延数年甚至十几年方能建成。以镇江自来水事业为例,1906 年始,地方富商席日楼开始筹设镇江自来水公司,未成。1913 年起,镇江商界再一次筹办自来水工程,都因资金不足而夭折。1913 年 3 月,商人殷某等筹集资金兴办,未能筹满资金。1914 年 4 月,朱中孚、李皋裕等人再次筹集股本,因资金困难,向日商借款 20 万,折价 13 万元,并开始建筑部分工程,最终未成。自来水厂的兴建前后筹划了十几年之久,才在应对天灾的前提要求下,勉力建成,可见其艰难。镇江商办机器造纸公司也遇到了资金的压力,其发起人采取种种对策进行资金的募捐,其融资公告说道:公司"估定资本规平银二十五两,两辟作二千五百股,每股出资一百两,广集同志,刻期完工。兹本公司定于十八个月出货。已于镇江北固山脚下购定地基,目前收股按照九折收受,即以现扣之一成作为首先入股人,十八个月内所得之利息一俟出货以后即以利息八厘起利,按照本公司预算表计算红利,每股百两至少可确得红利二十两左右。合周息八厘计之是,入本公司股份一百两者,每年确得利息三十两上下,三年之内利过于本矣。请比之诸君子之购田置宅者,其利息之孰厚孰薄?其资本之孰板孰活?又请比之诸君子之开设商店时虞折者孰劳孰逸,厉害在诸君子之心目中自有确实之比较。"②机器

---

① 虞和平:《中国的现代化历程》第一卷,江苏人民出版社 2007 年版,第 154 页。
② 《南洋官报》1907 年第 4 期。

造纸公司竭尽所能游说资本,足见其集资之艰难。

第四,殖民势力的挤压。近代中国工业发展遭受殖民势力的挤压,这是共同的认知。外资力量的竞争是一方面,另一方面殖民势力还采取多种手段肆意挤压。由于存在着竞争关系,大照电气公司在筹建伊始,就遭到了镇江英国租界工部局的百般阻挠。初始,工部局以所树电杆并未十分坚固,恐倒塌伤人,易引起火灾为由,禁止杆线经过租界,后经多方协商,满足了种种苛刻条件,才得以完成相应工程。这些苛刻条件包括:第一,租界夏季白天要供电;第二,雇佣洋技师日薪250两(这一数字超过了整个租界的月电费),负责保险,后又以电压不足,取消合同,直至英租界收回时,相应权利才由镇江地方当局购回。火柴业也遭受洋货的大量冲击。1928年,瑞典火柴公司收买镇江的燧生火柴厂,将其大量廉价火柴倾销本地市场,对本地及其经济腹地市场形成了不小的冲击。

此外,作为一个商贸为主的城市,商贸业对工业发展的阻滞作用是显然的,商业资本的利润取得总是要比产业资本来得快捷,这也在根本上阻碍了其发展的脚步。

总体看来,近代镇江工业相对薄弱,在其近代化进程中的历史地位远不及商贸经济,在长江中下游的区位发展过程中,无论规模、基础、发展后势远远落后于其他一些大中城市,其所带来的负面影响深远,直至当今。虽然如此,其在镇江近代化进程中的应有位置仍不能忽视。

第三节　农业的近代趋向

镇江开埠后,农业的近代趋向开始出现。近代长江沿岸的通商口岸城市近代化进程极大程度影响了周边广大的农村,对周边农村经济结构的变化有着较大的影响,镇江亦如此。

近代镇江的经济特点是商贸发达,工业基础较为薄弱,农村则相对贫瘠。镇江四乡多丘陵,农业发展一向不若苏、常平原地区。尽管如此,镇江的农业发展仍有其值得关注的深厚历史。"镇江农业生产历史久远,早在五千年前即有土著居民在此从事种植粮食和饲养牲畜。商末,周贵族泰伯、仲雍率人移居江南宁镇丘陵一带,带来了较先进的农业技术。三国东吴建国后,镇江地位更见重要,采取屯田措施,兴修水利,开发农田,推广用牛耕田。到了南朝宋时,辟湖荡作稻田,促进了境内农业生产。唐、宋两代都较重视农桑水利,疏浚江南运河,改善了农业生产条件。"①元、明、清三代农业生产有一定的发展。镇江传统的物产大多与自然地理条件密切相关,其地属亚热带气候,四季分明,因多丘陵,农业生产以粮、棉、油等为主,林、牧、副、渔也有一定程度发展。

镇江的粮食种植业有比较悠久的历史,虽然镇江地区以丘陵为主,但在低洼、平整之处,仍普遍种植稻麦等粮食作物。《丹徒县志》记载云:"礼曰:天时有生,地利有宜则物宜尚焉。丹徒旧志:物五百余种,嘉庆志删存三十余种。云皆徒邑专产,似之简。"水稻在本邑的种植有着很长的历史,《诗经·小雅》早有相关的记述。嘉庆以后的史志、典籍则有更清晰的记载。《嘉庆志·淮南子》云,本地"江水肥而宜稻,稻种各殊,名称亦多"。"康熙志云,大稻之种十六,小稻之种六,糯之种九,今约计之凡有四等:一曰籼,其熟最早八月即刈,人谓之早实,又曰小稻;一曰秔(粳同作粳者,俗字),九月始刈。土人通谓之籼,又曰晚稻,或称大稻,米色青白而粒尖长,故有长腰秔米之称,其粒圆长而色或白或赤者,沙土之所产也;一曰香稻,亦晚实。米色浅碧粒小而香气馥有,亦于他种。以上三种昔人通谓之籼,皆稻之不黏者,以为饭食。一曰稬(同糯),稻之黏者以为酒及糕饵。粢粽之属。嘉庆志云,黄省曾理生玉镜,京口大稻谓之粳,小稻谓之籼,其粒细长而白,味甘而香,九月而熟是谓稻之上品。"②这一记载,表明水稻在本地的种植,不仅历史久远,而且品种丰富,并在粮食业中占有重要的地位。

除水稻以外,其他旱生粮食作物也有多个品种,有些还具有一定的影响

---

① 镇江市地方志编纂委员会:《镇江市志》(下),上海社会科学院出版社1993年版,第963页。

② (清)何绍章、冯寿镜修,吕耀斗等纂:《光绪丹徒县志》卷十七,物产一,《中国地方志集成·江苏府县志辑》第29辑,江苏古籍出版社、上海书店出版社、巴蜀书社1991年版,第304页。

力。如黄粟,唐地理志就有相关记述,并云"润州土贡黄粟","按壳之未去壳者,古人谓之粟。不必为梁秫专称,今马迹山下,所产之稻色黄米极香美,""他土所无,土人亦甚重之,云是贡品,唐志所称盖谓此也。"①可见,黄粟为本地固有特产。自唐以来至康熙年间,本地一直种植,并因其色香味美而成贡品,并从此成为本地种植业的骄傲。

麦子的种植历史也很悠久。大麦本地品种有两种:"曰芒,曰圆","圆者又曰淮麦"。《康熙志》的记载也认为有两种:春麦和黄秆。春麦即芒麦,"自十月至正月即可种,早熟"。鸦片战争前后,麦子在本地普遍种植,有记载说,"道光朝江湖频涨,滨江居民或以正月种麦,皆获丰收。"②黄秆也即圆麦,是一种后熟的小麦,本地亦多种植。两者以外,本地还种植有一种麦子谓之"赤壳"者,亦即荞麦,其"秋花冬实",常在干旱的季节或年岁种植,也是本乡居民的粮食之一。

豆类是本地稻麦以外的粮食大宗。豆亦称菽,有大豆、小豆之分。据《康熙志》云,本地大豆"有青、黑、黄、紫、褐诸种"。小豆则有"红、黑、白诸种",包括蚕豆、刀豆、豌豆、绛白豇豆、紫白扁豆。两者都可以充作蔬菜食用。此外粮食作物中还有芝麻、稷、黍、秫、玉蜀黍、薏苡仁等,均不占主要地位。蔬菜的品种繁多。据光绪《丹徒县志》的记载,主要包括菘(青菜)、青芥、诸葛菜、菠薐、苋菜、茼蒿、茄子、莴苣、苦菜、生菜、莙荙(甜菜)、芹、韭、葱、蒜、薤、葫荽、菱菰、香菜、落葵、蕹菜、豆、笋、川芎、香椒等。瓜属类则以甜瓜、西瓜、黄瓜、冬瓜、丝瓜、南瓜、蕃瓜、苦瓜等为主。水果则有梅、杏、桃、李、樱桃、柿、枇杷、石榴、橙、山楂、杨梅。由于本乡水网密布,水生植物的品种亦很丰富,如莲子、藕、菱、芡、荸荠、慈姑等。

由于丘陵地势的缘故,木属物产则带显著的地缘特征。其品种主要包括:松木、侧柏、桧(圆柏)、桑树、梓木、柳树、楮、榆树、冬青、合欢、棠梨、栎树等。

① (清)何绍章、冯寿镜修,吕耀斗等纂:《光绪丹徒县志》卷十七,物产一,《中国地方志集成·江苏府县志辑》第29辑,江苏古籍出版社、上海书店出版社、巴蜀书社1991年版,第304页。
② (清)何绍章、冯寿镜修,吕耀斗等纂:《光绪丹徒县志》卷十七,物产一,《中国地方志集成·江苏府县志辑》第29辑,江苏古籍出版社、上海书店出版社、巴蜀书社1991年版,第304页。

这里最值得一提的是桑树的种植。《康熙志》说:"本邑产者向惟野桑及柘。道光朝虽有植湖桑者,传亦未广。同治初,观察沈公秉成始设课桑局,购湖桑教民种之,而桑园桑田遂遍境内。"①可见,桑树在本地的广泛种植应始于同治年间,为此后镇江城乡丝织业的发展奠定了良好的基础。

茶叶也是镇江传统物产之一,并以品质著称。其种植也颇有历史,资料记载:"徒邑迤西诸山皆有之,五州出者尤佳,名云雾茶。"②但缘于"土人不善焙,故名不闻尔"。这种影响延至当今。

镇江的耕地面积相对较少。据记载,"同治四年间,镇江本邑田地、山塘、荡滩通共原额一万四百七十项十三放五分四里一毫二忽",但多为山地丘陵,如"镇属西乡高资镇迤南一带,山多田少。"③晚清以来,由于滩涨及堤岸坍没等原因,田亩数时增时减,但均影响不大。截至鸦片战争前后,镇江农业生产状况较之清前中期较少变化。然至太平天国运动后,镇江农村逐渐走向凋敝,多年的战争,对镇江本地的农业经济生产产生了较多的负面作用。太平天国运动爆发后,太平军"几乎消灭了或驱逐了镇江附近的居民,捣毁官衙,焚毁了地方田籍。"④许多农民为避战乱,逃离了土地,造成大量土地的荒废。仇视太平军的《益世报》报道说:"杨林村在丹徒县西南乡,三面环山,土地肥沃。山中树木茂盛,樵采者取之不穷。所产青石,烧成石灰,物高价贵。故承平村,居民一百余家,族大丁繁,皆称富庶。自红羊苍狗,兵燹罹灾,村内人民半为赤眉所害。加以连年瘟疫,鬼籍频登,年末只剩二十余户,田荒野旷。"⑤

太平天国运动以后,镇江本邑"大地主不复存在,仅剩下自耕农","附近的农业经营面积平均为二十方,大约在十至五十亩之间。"⑥长江以南各府县,

---

① (清)何绍章、冯寿镜修,吕耀斗等纂:《光绪丹徒县志》卷十七,物产一,《中国地方志集成·江苏府县志辑》第29辑,江苏古籍出版社、上海书店出版社、巴蜀书社1991年版,第313页。

② (清)何绍章、冯寿镜修,吕耀斗等纂:《光绪丹徒县志》卷十七,物产一,《中国地方志集成·江苏府县志辑》第29辑,江苏古籍出版社、上海书店出版社、巴蜀书社1991年版,第314页。

③ 李文治、章有义编:《中国近代农业史资料》第一辑,三联书店1957年版,第223页。

④ 李文治、章有义编:《中国近代农业史资料》第一辑,三联书店1957年版,第175页。

⑤ 《益闻录》,第六三二号,光绪三十三年一月初十日。

⑥ 李文治、章有义编:《中国近代农业史资料》第一辑,三联书店1957年版,第172页。

太平天国以后,十分之九的土地皆为自耕农所有。"一八六五年(同治四年)以后,长江以南的土地为先来者所占耕,他们耕种几年以后,便发给他们一张地契,令完纳田赋。在这种情况下,当然只有靠田地生产而能维持生活的贫苦农民才能占耕土地,而且只是小量土地。"①这就造就了江南地区大量自耕农出现的情况,镇江的情况亦是如此。太平天国运动以后,"虽然北方的灾难逐渐驱使着人民向南迁移,而慢慢地开垦着这片土地,但是,靠近茅山和南部,仍有大片土地因为缺乏人力而没有耕种。"②土地荒芜的现象时有所见。另一方面,"寺庙经常拥有大量土地,这些土地是一年一年由信神的皇帝赏赐的。金山寺的庙产约有三千亩土地,而银山各个寺庙合计,占有四千亩土地。华山(句容)有一寺庙,乾隆皇帝的母亲曾在此修道,这个庙的地产约有五千亩。"③所以镇江普遍意义上的大地主甚少,而各寺庙却都是土地占有大户,亦相等于大地主。

虽然自耕农普遍存在,但农民的生活仍然较为困苦。据记载,19世纪80、90年代,"镇江附近的农舍极为粗劣,设备也极简陋,有一张桌子,一个土灶,一把椅子,或者几条板凳和床铺,这是仅有的家具。自耕农的全副精神和劳动都用在土地上,耕种之整洁有序和种植花园一样。遇有灾荒时,由于有地产的富户都不在村里,由官吏和慈善团体作些救济工作。但是这种救济工作常常中断,不是正规的方式。农民不得不住在凄惨的屋子里,但他们满足,由这一点可以证明,农民对家庭的舒适和美好生活没有较高的理想标准。"④进入民初以后,和中国大多数地区的农村一样,属县农民无地化的趋势不断加强。以丹阳为例,本地区的"自耕农占半数,半自耕农所占比数甚微。二十年后,因经济窘迫之影响,将田出典与他人者,日渐增多,在经济力量较充裕时,再典他人田地耕种(短典则租田耕种)。故当时自耕农数量激减,而佃农数量特

---

① 李文治、章有义编:《中国近代农业史资料》第一辑,三联书店1957年版,第173页。
② 李文治、章有义编:《中国近代农业史资料》第一辑,三联书店1957年版,第629页。
③ 李文治、章有义编:《中国近代农业史资料》第一辑,三联书店1957年版,第630页。
④ 《英国皇家亚洲学会中国分会会报》卷二十三,第98—102页,江苏镇江英国领事阿志逊汉姆(E.L.Dxenham)的报告,1889,上海,转引自《中国近代农业史资料》第一辑,三联书店1957年版,第631页。

增。二十二年后,又因农村经济窘迫之现象扩大,虽有田地出典,亦无人接受。因之自耕农激减之现象,亦暂告停顿。"①民国二十二年(1933)与二十五年(1936)的自耕农、半自耕农与佃农的比例变化能够说明相关情况(参见表6.9)。

表 6.9 民国二十年(1931)与二十五年(1936)丹阳地权情况比较

单位:百分比

年　份	自耕农	半自耕农	佃　农
民国二十年	45	40	15
民国二十五年	30	35	35

资料来源:李文治、章有义编:《中国近代农业史资料》第　辑,三联书店1957年版,第733页。

和中国绝大多数地区的农民一样,镇江地区农民生活困苦的原因是多重的。首先,农业生产力水平低下,生产效率不高。19世纪90年代,镇江农作物的产量丰收年稻米的产量仅在3—6石之间。麦的产量年份不一,少的年份在0.5石左右,多的年份在1.4—1.5石之间。这与江苏省内其他府县的情况大致相当,具体情况参见表6.10。

表 6.10　1880年—1911年间江苏各府县农作物方产产量　(单位:石)

地　区	年　份	品　种	产　量	备　注
松江府	1883	谷	1.5	
丹徒县	1890	米	3—6	丰年
淮安府	1890	米	3—6	丰年
松江府	1891	米	3	丰年
京口(丹徒县)	1890	麦	0.5—1.0	
镇江府	1893	麦	1.4—1.5	
句容、溧水县	1893	麦	2	
淮安府	1898	小麦	0.7—1.0	

资料来源:李文治、章有义编:《中国近代农业史资料》第一辑,三联书店1957年版,第619页。

---

①　李文治、章有义编:《中国近代农业史资料》第一辑,三联书店1957年版,第732—733页。

其次,劳动力和资金缺乏导致农业耕作水平低下。有记载说,光绪二十四年(1898)间,丹徒农村"贫民人、钱均缺者,往往全不推草。谚云:草里蹬蹬,强似分分,谓稻在草中,有一半可得,较为人佃种输半与人强也"。① 战乱也导致劳动力大量的缺失,对农业的影响值得关注。如"句容自同治元年以来,孑遗已尽,少壮之人均逃避江北佣工,老病孱弱胥为饿殍"。② 太平天国运动后,句容城乡"百物腾贵","而土著农民十无四五。力田之家,添雇客民。工本既大,花息尤微。""从前每亩收一石者,今只收谷一石。谷价每石不过五六百文,即使减收起征,已属勉力输将。若照从前原额银米并纳,民力实有未逮。"③

第三,天灾人祸也经常影响农业的生产。镇江县乡虽以丘陵为主,但境多河网,又濒临长江,农田因而时常受到洪涝灾害的影响。咸丰年间,丹徒阳湖境内的练湖,受山水暴发影响,破堤成灾。时人记载云:"大概今之田昔之湖,徒知湖中之水可涸以垦田,而不知湖外之田将胥而为水也。徒邑(丹徒县)以南有万顷洋,阳(湖)县有练湖,皆受长山,高骊山西来之水而为湖。近则四面占垦而为田,不如始于何时,山水暴发,无所容纳,旁溢四出。决堤破圩之患,岁有所闻。而徒、阳交界沃垠之区,十年计之,荒恒六七。"④由于濒临江岸,丹徒县农户更时常受到江水潮汐的影响。同治十二年(1873)前,"丹徒户属沙湖田地六万五千五百三十三亩零。从前滨临大江,灌溉既便,宣泄不难,水旱无虞,最为腴产。是以原定赋额,每方征米麦一斗五升有奇,银一钱叁分有奇,较常镇各属种则,亩增至倍,俗名双粮是也。历年既久,沙滩淤涨,潮汐不通,山水下注,宣泄维艰,旱无引水之方,涝乏泄水之策,旱涝均灾,十难一稔。以硗瘠之产,而供加倍之赋,民困奚苏。"⑤

① 《各省农事述》,《农学报》第三十一期,光绪二十四年四月上。
② 李文治、章有义编:《中国近代农业史资料》第一辑,三联书店1957年版,第686页。
③ 张绍棠修,萧穆等纂:《续纂句容县志》卷五,台北成文出版有限公司1974年影印版,第25页。
④ 李文治、章有义编:《中国近代农业史资料》第一辑,三联书店1957年版,第711页。
⑤ (清)何绍章、冯寿镜修,吕耀斗等纂:《光绪丹徒县志》,卷十二,卹政,《中国地方志集成·江苏府县志辑》第29辑,江苏古籍出版社、上海书店出版社、巴蜀书社1991年版,第234页。

相较天灾,人祸影响更甚。太平天国运动时期,兵匪下乡掳掠的现象也时有存在。咸丰七年(1857),太平军占领丹阳,据称有兵匪常掳掠附近农村,十一年间多达百余次。对此,解涟的《遭乱纪略》里记述道:"时匪已据丹阳,常雇附近农夫向山北虏掠。夜半至,名为'出黑队',清晨至,名为'打先锋'。吾村向来贸易者多,力田者少。耕田凿井,全仗丹阳农夫作雇工,故村之虚实,工所素知。工指身材为殷实,故往来搜索,较甚于邻村。或一月一次,或一月数次,不问衣粮、杂物、家伙,匪取十之三,夫取十之七,十室九空,囊括殆尽。得利则满载而归,失利则焚烧屋宇。故十一年往来百有余次,焚毁千有余间,林中光景,破碎不堪。"①

此外,镇江开埠后,农业经济发展还时常受到西方殖民势力和商人的侵扰。洋人进入镇江以后,不断修盖洋房,并意图侵占土地,开展商业活动。长江边的涨滩,如"玉山涨滩,出自天生,余属官地,不得以业户升科为比"。有洋商欲侵占涨滩,修造房屋,申请执业,引起官野一时争论。除了洋人对土地的不断侵占以外,本土商人也利用自身实力,囤积居奇,哄抬物价。光绪三十二年(1906)七月十五日的《时报》报道说:"镇郡市面每值新谷登之时,米价必致大跌。今届新米业已上市,而米价骤然腾贵,商米由六元涨至七元左右,即糙米亦须六元二三角。推其原故,实由大江南北水灾迭告,来源稀少,而米商囤积居奇,故米价有增无减也。"②

农业发展不景气造成的直接后果就是镇江农民生活的日益贫困化。光绪十五年(1889)一月十四日的《益闻录》报道说:光绪十四年(1888)"春夏之交,天时过旱,丹徒四境,西成大减,其甚至颗粒无收。不得不赈济以延残喘。统计阖县极贫之户,多至八万有奇。"句容县的情况也极相似。《句容县志》记载光绪三十年(1904)左右本地农户生活状况时云:"近年风趋愈下,百物价昂,……虽中稔之年,民有菜色。"③农民生活的贫困最终影响城乡社会的稳定,抢米风潮时有出现。光绪三十二年(1906)左右,督抚禁运米粮出口,为乡

---

① 李文治、章有义编:《中国近代农业史资料》第一辑,三联书店 1957 年版,第 686 页。
② 李文治、章有义编:《中国近代农业史资料》第一辑,三联书店 1957 年版,第 535 页。
③ 李文治、章有义编:《中国近代农业史资料》第一辑,三联书店 1957 年版,第 912 页。

民所误解,随之发生了乡民强抢米船一案。是年元月初三日的《时报》报道说:"督抚禁止米粮出口,系指禁运出海而言,并非不准内地流通。乃江北乡民,遇有运米出境輒聚众阻止,以致镇郡各属,米价飞腾,有加无已。五月二十八日,有米船一艘,由扬赴镇,经过瓜洲口,竟被乡民击毁,米皆淹没水中。"①

城乡居民生活贫困化的同时,殖民势力的强势与挟制刺激了民众与洋人矛盾的加强。中国民众对西方殖民统治的强烈不满导致华洋冲突的不断发生。光绪十五年(1889)正月间,镇江英租界印度巡捕与民众发生冲突,民众"毁拆领事署及洋房教堂等处。……此事案涉四国,毁拆房屋十五处",最终中国当局给与殖民者"并华人失物共给赔款抚恤等项库平银十万五千二百六十七两有奇"。镇郡丹阳县也在光绪十七年(1901)四月二十五日晚发生了民人冲击天主堂事件,有关记述说:"四月二十五日晚,丹阳城内匪人突至天主堂,无端滋扰,愈聚愈多。时丹阳县查大令因公晋省未回,只城守某守戎率兵前往弹压。无奈匪众横行,目无法纪,竟将营兵致伤数名,而守戎亦而受微伤。"②

近代镇江农村上述状况表明,农业发展的整体情况相对不容乐观,农业发展缓慢及乡村的贫困表明了中国农村近代发展的艰难。然而,伴随口岸的被逼开放,西方经济势力向腹地和乡村的渗透,自给自足的自然经济不断解体,农业生产中的近代化生活方式逐渐形成,农业的近代趋向开始出现。此外,城市的近代化进程对镇江城乡周边农村产生了一定的冲击和影响,进一步推动了农村经济生活的近代变迁。

应对国内外市场的经济需求,镇江周边农村日益卷入国内外市场。技术农作物得到了一定的发展。以蚕桑业为例,开埠以前,"本邑产者向惟野桑及柘。道光朝虽有植湖桑者,传亦未广。"同治初年以后,地方官吏开设桑局,"赐湖桑教民种之。桑园桑田遂偏境内。"③丹阳县的情况也极相似,太平天国

①　李文治、章有义编:《中国近代农业史资料》第一辑,三联书店1957年版,第973页。
②　《益闻录》第一七〇号,光绪十七年五月初四日。
③　(清)何绍章、冯寿镜修,吕耀斗等纂:《光绪丹徒县志》卷十七,物产一,《中国地方志集成·江苏府县志辑》第29辑,江苏古籍出版社、上海书店出版社、巴蜀书社1991年版,第313页。

运动前,本县蚕桑之事甚少。太平天国运动之后,地方茧丝桑蚕业逐渐发达,并成为农业的主要副业。《丹徒县志》对此记载说:"茧丝蚕桑之事,向惟邑南黄丝岸等处桑阴遍野。丝亦渐纯,岁获利十数万计。"①19 世纪 80 年代,是中国生丝出口开始旺盛的时期,蚕桑业是中国农家经济中的热衷产业。农民种植桑树养蚕产业,获利颇丰,反过来又进一步刺激了相关产业的发展。由于利润可观,对农家经济不无良益,所以获得了地方当局的倾力支持。据《句容县志》记载,植桑养蚕并非句容县传统行业,"至光绪八年,左文襄公移节两江,饬委胡道光铺购办桑秧六十五万株,内派吾邑领种八万株,分散各乡栽种,而免其息。至今闲闲泄泄,其利无穷矣。"②蚕桑业随之逐步发展。

上述情况表明,晚清时期,丹徒、丹阳、句容等镇江周边农村蚕桑产业商品化的倾向明显。由于利益的增长、出口的需要"及人民一般繁荣的增长",19 世纪 80 年代,镇江"丝织品的生产已大大增加,并有继续不断增加之望"③。辛亥革命以后镇江农村从事养蚕业的现象更加普遍。1925 年 10 月 3 日的《中国经济周刊》对于清末民初镇江农村养蚕事业的发展有一番总体表述:"辛亥革命前后,在镇江从事养蚕事业者不像现在这样普遍,以往本地丝绸机户不得不向其他城市购入大批的生丝。但是,在过去的十年中间,镇江农民在养蚕方面已经表现了很强烈的兴趣。农村地区正在栽种大量的桑树,共占地2600 亩,每年产桑共约七万担。"④这一记述表明镇江农民养蚕产丝业深刻地受到市场经济的影响。

在市场经济的背景下,以蚕桑业为基础的丝绸手工业者开始从农业中分离出来,并出现了专门化的趋向,著名的江绸业就经历了这样的过程。以丹阳为例,阳绸为其手工业大宗,源自清同治年间。"在同治以前,丹阳并无是业,嗣以丹阳人旅居(浙江)湖州充织工者,为数不少,彼等旋里,遂传授其技于当

① 刘诰修,徐锡麟等纂:《丹阳县志》卷 29,江苏古籍出版社 1991 年版,第 7 页。
② 张绍棠修,萧穆等纂:《续纂句容县志》卷四,实政,台北成文出版有限公司 1974 年影印版,第 12—13 页。
③ 姚贤镐:《中国近代对外贸易史资料》第三辑,中华书局 1962 年版,第 1484 页。
④ 李文治、章有义编:《中国近代农业史资料》第二辑,三联书店 1957 年版,第 191 页。

地人民。其初所织之绸，不过供织户自己所需，由渐推广，当地居民多乐用之。而因质地之精良，不仅本地之销路日增，即外埠亦有来阳采办者，因之刺造人家亦逐渐增加，至于今日，织绸一业，遂成为丹阳人民职业之一。"①20世纪初叶以来，镇江周边农业及手工业专门化程度不断提高，其产品的商品化程度也进一步加深。20年代左右，丹阳织绸业仍"以织绸为大宗，机户散在四乡，而以北乡为尤多。合境有机二千张左右，其常川作工者，约居十之四五。乡人制成之品，均系投行；由行向各庄分售，再由各庄自行练染，畅销各省。"②这就形成了专门的商品生产销售体系。

镇江蚕桑业发展的历史基础，使得当局十分重视本地方的蚕桑业发展。1928年，《江苏省垦荒植桑办法》出台，成立江苏省镇江垦荒植桑委员会，办法以镇江为试办区域，规定待有成效后再推及丹阳、句容等属县。相关办法积极鼓励垦荒植桑活动，强调"凡私有荒地如自愿种桑者，限于一年内先种一半，次年再种一半，种植方法必须受桑苗委员会之指导，所需由委员会低价让与，真贫苦者无偿给之。""凡私有荒地其业主本身无力经营或不愿经营者得放弃其产权，由委员会按照最公平之价格让与有经营能力者。"委员会人员组成级别较高，包括县长、建设局长、县立林场主任、商会代表、农会代表等等，可见其重视程度。

镇江蚕桑业的旺盛景象大约持续六十年之久，在20世纪20年代后半期终于走向了衰落。导致其衰落一个主要原因就是洋货的大量侵入以及生产技术的停滞不前。在西方殖民经济势力的侵蚀下，这一时期的中国农村副业尤其是乡村纺织手工业处于普遍的崩溃之中。镇江亦未能幸免，作为主要副业的织绸业在30年代初江河日下。丹阳农民主要的副业阳绸每年所产的产润是一笔很大的收入，有学者认为，这一时期，丹阳织绸业是因为"受了外洋货的影响，加以自己不事改良，所以营业不振，一落千丈，较之往年，真有高山平地之隔。"③类似的资料显示，20世纪初鼎盛的生丝织造业在20世纪30年代

---

① 李文治、章有义编：《中国近代农业史资料》第二辑，三联书店1957年版，第259页。
② 李文治、章有义编：《中国近代农业史资料》第二辑，三联书店1957年版，第260页。
③ 李文治、章有义编：《中国近代农业史资料》第一辑，三联书店1957年版，第654页。

初完全衰败。1934 年 12 月 21 日的《农业周报》说,镇江"副业在三十年代以前,织造生丝之机房,几遍全县,收入百余万,今因机器工业发达及洋货的深入,乃一蹶不振,消灭殆尽。"①

生产技术的落后也是阻碍农村副业发展的重要原因。开埠以来,自给自足的小农经济虽然遭到很大破坏,但仍然顽强地阻碍新式因素的生长。晚清中国农村的状况,"据一位农学的估计,一百个农民当中大约只有两三个人买得起新式农具,而一个老式农犁只需二元,并且可以用很多年。农具是由占中国农业人口最大多数的佃农自备的。"②由于资金的短缺和观念的保守,农业生产技术难以进步。20 世纪 20 年代,"镇江农民对于育种极有兴趣,但仍然以陈旧的简陋方法从事此业。大多数育蚕者都是小农,以他们有限的资金和保守思想很不可能采用新式方法。"③

需要指出的是,近代镇江农村副业虽然经历了鼎盛走向衰落的历史时期,但是,在长达半个多世纪的历史时期内,以蚕桑业为主的农村副业不仅补贴了诸多农家的日常生活,也推进了地方手工业及相关商品经济和贸易的发展,对于镇江城乡经济的近代趋向不无裨益。

近代农业经营方式在镇江各县也陆续出现。20 世纪初期,农牧垦殖公司在中国乡村逐步出现。"从 1902 年始,在江苏、浙江、安徽、广东、广西、奉天、黑龙江等省先后出现了集股经营的农牧垦殖公司,而 1912 年的统计称共有171 处,其中从事垦牧种植的为 104 处,专事桑荣园艺的有 44 处。"④这些农牧垦殖公司多采用集股商办的办法,带有明显的资本主义生产方式经营的意味。在此方面,江苏践行较早。镇江辖县也出现了一定规模的数目不等的垦殖公

---

① 戴月镰:《砖墙瓦盖与镇江农村》,《农业周报》3 卷 50 期,1934 年 12 月 21 日,第 1082 页,转引自李文治、章有义编:《中国近代农业史资料》第一辑,三联书店 1957 年版,第 655 页。

② 戴月镰:《砖墙瓦盖与镇江农村》,《农业周报》3 卷 50 期,1934 年 12 月 21 日,第 1082 页,转引自李文治、章有义编:《中国近代农业史资料》第一辑,三联书店 1957 年版,第 407 页。

③ 戴月镰:《砖墙瓦盖与镇江农村》,《农业周报》3 卷 50 期,1934 年 12 月 21 日,第 1082 页,转引自李文治、章有义编:《中国近代农业史资料》第一辑,三联书店 1957 年版,第 408 页。

④ 戴月镰:《砖墙瓦盖与镇江农村》,《农业周报》3 卷 50 期,1934 年 12 月 21 日,第 1082 页,转引自李文治、章有义编:《中国近代农业史资料》第一辑,三联书店 1957 年版,第 697 页。

司,这些垦殖公司多为地方士绅发起筹建。丹阳籍士绅,近代中国著名教育家马相伯先生曾于1902年禀请开垦湖田,他认为丹阳县西门外一带荒芜田地近练湖,取水甚易,系属膏腴之地,因而,拟集股设立公司,旨在"试行开垦,以广农业,而收地利"。① 随后妥定章程,禀请常镇道立案,并积极筹集股本兴工开办。地方士绅的现代农业生产意识初露端倪。

光绪三十二年(1906)后,镇江多县相继出现了以有限公司形式经营的近代农业生产方式。金坛县的李树昌等人合筹资本,于光绪三十二年(1906)十一月间设立了崇本树艺有限公司,"先就县界购荒山三十余顷,作为试办。其所有种植者,共分六项:一柏、二榆、三松、四竹、五桑、六茶,并辅之以瓜、菽之类。"② 可以看得出来,崇本树艺有限公司主要以荒地作为试点,经营树艺,间之以瓜果,在垦殖荒山的同时,又具有一定的农业示范作用。丹徒县的农业实业也较早出现。丹徒县地方人士杨星明等人,注重兴办实业,并首先从农业入手,先后举办了金沙树艺公司、茅麓明农公司、吉金树艺公司,均效果不甚明显。光绪三十三年(1907)四月间,杨星明等又集股在"薛埠镇附近购置荒原五千亩,开办牧厂,定名广生畜牧有限公司"。③ 同样的垦牧公司在镇江西乡一带也有出现。同年七月,高资镇迤南一带,郡绅夏涌萍等人曾拟集股万余,利用山间隙地开设垦牧公司,并为此禀请政府注册立案。由此不难看出,清末多年间,镇江所属各县农业实业公司开始出现,对地方农业经济产生了一定的影响力。其间,较有实力和影响力的数家农业实业公司的详细情况如表6.11。

6.11 清末镇江民间农牧实业垦殖公司一览

名 称	设立年份	地区	主办人	资本/面积	经营情况
实业公司(不详)	1906年	丹阳	马相伯		开垦丹阳西门外荒地、引练湖之水灌溉

① 《时报》,光绪三十二年五月初三日。
② 《东方杂志》,实业,光绪三十二年十一月,三卷一二期,第234页。
③ 《东方杂志》,实业,光绪三十三年四月,四年四期,第82页。

名　称	设立年份	地区	主办人	资本/面积	经营情况
崇本树艺公司	1906 年	金坛	李树昌		开垦荒山、种植树木
利用树艺公司	1906 年	丹徒	黄鼎、袁仁茂	50000 元、1000 亩	租买荒田、种柏榨油
溧阳垦牧公司	1907 年	金坛	陈公亮	100000 元	
茅鹿明农公司	1907 年	金坛	杨良骏（一作杨星房）	100000 元	
吉金树艺公司	1907 年	溧阳	杨良骏	100000 元	购地经营
茂达树艺公司	1907 年	丹徒	汪凤嬴	10000 元	购买荒山、种植树木
金沙树艺公司	1907 年	丹徒	杨良骏		
广生畜牧公司	1907 年	金坛	杨良骏	5000 亩	购买荒地、开办牧场
宝兴树艺公司	1908 年	镇江			
荣茂树艺公司	1908 年	镇江	韩裕坤	千余亩	
惠西合资垦牧公司	1909 年	丹阳		3000 元	
宁镇垦务公司	1910 年	江宁、镇江		50 万亩	
道益种植畜牧公司	1911 年	丹阳		1000 元	
方丽树艺公司	不明	金坛			
五裕树艺公司	不明	金坛			
尊训树艺公司	不明	金坛			

资料来源:李文治、章有义编:《中国近代农业史资料》(第一辑),三联书店 1957 年版,第 694 页;王树槐:《中国现代化的区域研究,江苏省,1860—1916》,"中央研究院"近代史研究所 1984 年版,第 415—416 页;《东方杂志》,第 1—5 卷。

　　清末十年间,江苏省内垦殖公司陆续出现。据王树槐先生的研究,清末年间,江苏省共有三四十家左右,"大都以树艺为主。各公司资本,少则千元,多则 30 万两。"而镇江的农业实业公司,在同时期的江苏省内,数量居于首位,有 16 家之多。其他地区较多的是江北和淮北地区"。"镇江府中以金坛县最多,就已知资本额而言,亦以镇江居多。"①镇江地区性发展的如此状况,原因较多。丘陵地区的地理形态是一个方面,地方士绅在商品经济刺激下成长的近代经济意识也不可忽略。更为重要的是,人口减少与荒地的增多为农业实业公司的出现提供了可能。仍据王树槐先生的研究,太平天国运动后,江南地区人口减少幅度加大,尤以江宁、镇江两府为最,这两个地区辖县之句容、溧水、金坛、溧阳人口密度均大大低于其他地区,而就荒地面积而言,"江苏江南地区的镇江府居多",②因而镇江的垦牧公司具有了宜于发展的基础条件。

由上,较之于商贸,近代镇江农业相对薄弱,与其他府县相比也有较多差距。然而,在其近代发展的过程中,农业品种的改良,农业副业的增长,农产品的商品化,特别是农业实业公司的次第出现,表明镇江农业的近代趋向伴随了镇江近代化的过程,虽然这个过程是艰难的、缓慢的,但是这些新式因素的生长为镇江农业经济的现代发展提供了一定基础。

①　王树槐:《中国现代化的区域研究,江苏省,1860—1916》,"中央研究院"近代史研究所1984年版,第416页。

②　王树槐:《中国现代化的区域研究,江苏省,1860—1916》,"中央研究院"近代史研究所1984年版,第417页。

第七章　从传统教育到近代教育

　　教育对于社会变迁和发展的关系，自古以来，中外先贤均有深刻的表述，现当代研究也不乏深入的讨论，因而不必赘言。鸦片战争以来，中国传统教育逐步解体，新式教育产生发展。从传统教育向新式教育的转变过程折射了中国社会近代化的过程，因而，王树槐先生说："新式教育是现代化进程的起点，也是现代化的一项成就。观察一个地区的新式教育，不仅可以了解该地区教育的发展情况，具有何种特性，且可观察此种特殊性与现代化发展有何关系。"①作为传统的崇文重教之邦，江苏传统教育形成了较为坚实的历史基础。明清以来，本地文人才子辈出，甲于他省。19世纪中叶以后，随着西方殖民势力的入侵，尤其是上海、镇江等省内沿江口岸的开放，西学渐入，受其影响，教育的近代转型开始。作为苏省较早开放的口岸之一，镇江的教育事业也较快转型。从传统教育走向近代教育的过程也是本地区从传统走向现代的过程。

第一节　传统教育的式微

　　唐宋以降，江苏地区教育开始迅速发展，领先于全国其他诸多地区。明开国年间，由于定都南京，江苏地区政治地位显然上升。清顺治二年（1645），江

---

　　①　王树槐：《中国现代化的区域研究，江苏省，1860—1916》，"中央研究院"近代史研究所1984年版，第230页。

南省设立,至康熙六年(1667),江南省分设四省,江苏是为其一,此后,镇江成为江苏布政使司下辖一府,直至清末。在此过程中,伴随本地区政治、经济、文化的发展领先地位,镇江教育得到较好的发展。

中国传统教育大抵包括官学和私学两个部分。就前者而言,本地官学,宋前史料未见明确的记载,这与江苏其他府县的情况大致相同。史书明确记载的江苏官学开端多始于北宋年间,如江宁县、苏州府、长州县、昆山县、松江府、无锡县等,镇江亦如此。其他更早一些则有溧水县、句容县等县。这里的官学亦即儒学,包括府学和县学。"据江南通志记载,清代前期江苏共有府州、县官学74处,其中府州学8处,县学66处,府县或两县共学的12处。"①据现有的研究成果,清前期江苏主要府县的儒学设立情况大致如表7.1所见。

表7.1　清前期江苏儒学一览

府　县	地　址	初创时间及创办人	重修时间及修建人
江府府	府治	洪武年间	顺治九年,总督马国柱
江宁县	县治北	宋景定四年,知县王镗	顺治十三年,知县闵派鲁
溧水县	县治下西门口内	唐武德年间	
句容县	县治南	唐开元十一年	顺治十三年、知县葛翌宸
苏州府	府治南	宋景祐年元年,范仲淹	顺治十一年,巡抚张中元
昆山县	县治东	宋元祐年间,知县杜采迁	顺治十五年,提学张能麟
吴江县	县治东南	宋绍兴以前	顺治九年,知县唐增
松江府	华亭县南门内	宋元丰七年,知县陈谥	顺治十一年,知府李正华
上海县	县治东南	宋咸淳中监镇董楷	顺治十八年,知县涂赟
常州府	府治西隅	南唐刺史李栖筠	康熙元年,教授郭土景
镇江府	府治东南	宋太平兴国八年,知府柳开	顺治初,知县涂郭
丹徒县	县治西	宋崇宁以前	顺治十三年,知县张晋
丹阳县	县治东	宋庆历年间	顺治十七年,知县贺应旗
金坛县	县治东	宋绍兴初,知县李公重	顺治十一年,知县赵介
溧阳县	县治东南	宋淳元间,知县夏侠戡	康熙九年,知县徐一经

资料来源:刘正伟:《督抚与士绅:江苏教育近代化研究》,河北教育出版社2001年版,第24—25页。

---

① 刘正伟:《督抚与士绅:江苏教育近代化研究》,河北教育出版社2001年版,第24页。

镇江的府学,始于北宋太平兴国八年(983),由润州知州柳开创办,地址位于州治东南朱方门一带,此为镇江府学之始。宝元初年(1038),著名政治家范仲淹出任镇江郡守。在任期间,他重视地方教化,注重修缮学舍,延聘名师,添置史、传、疏诸子书,并划拨学田置为州学学产。这一时期,府学得到较好的发展。此后,历任地方官员均给予府学进一步扩充、修建,府学基础因此奠定。然至南宋绍兴年间,受政局动荡,天灾人祸等因素影响,府学发展一度遭遇挫折,府学屋宇年久失修,甚被兵勇占为粮仓。尤其是1139年的一场火灾,府学几乎完全颓圮。绍兴十一年(1141),太守兼沿江安抚使刘子羽捐资修复,意图振兴府学。对此,《嘉定镇江记》记载曰:"待制刘子羽视学之初,即有意兴复,会南北兵寝,乃兴役。……费役一出于公,而邦畛之民弗知也。"①在刘子羽等地方官吏的倡导下,府学又再度发展。元至正时,府学得到再次修葺。明初以来,地方官吏比较重视府学的发展,景泰三年(1452),知府张岩重新选址定波门,议建府学,顺治初知县涂郭重建府学,此后府学继续延存,直至清末。

和多数地方一样,丹徒县学常附于府学内。据已知的史料,丹徒县学始建于崇宁后(1102—1106),附于府学内。县学的发展也较为曲折。自南宋建炎以后,如同府学,县学经过了多次复建、修缮、移址,直到清末。南宋建炎年(1127—1130)间,县学遭兵火大部焚毁。绍兴十七年(1147),丹徒县令赵学老主持修复县学。元延祐六年(1319),教授朱天珍重建县学。明嘉靖元年(1522),提举御史萧鸣凤迁建县学于寿丘山南麓。清中叶以前先后有顺治十三年(1656)、康熙八年(1669)、雍正七年(1729)的先后修葺。②

封建时代的官学,均以实施封建教化为目的,教学的主要内容为儒学经典书籍。科举制度形成之后,教学均围绕科举取士而进行,镇江府的官学亦不外乎如此。

---

① 笪远毅、乔长富点校,镇江市史志办公室编:《嘉定镇江志》卷十,学校,江苏大学出版社2014年版,第77页。

② 镇江市教育局编志办公室编:《镇江市教育志(1912—1990)》,江苏科学技术出版社1994年版,第11页。

　　相较官学,封建时代的中国民间私学发展似乎更有活力。书院是中国古代重要的教育机关,严格意义上讲,书院的性质有一个发展变化的过程。书院出现伊始,原为私人所设的聚徒讲学、钻研学问的场所。宋元之际,书院兴盛。元中叶后,书院逐渐官学化。明初因受朝廷之忌,一度衰落。清雍正之后书院再度兴盛,朝廷明令各省建立书院,鼓励发展,官学化倾向更为明显。清时的绝大多数书院仍以考课为中心,学习义理,经世之学以八股取士为目的。

　　江苏书院也起步较早。北宋天圣二年(1024),处士候遗创建的茅山书院位于江苏最早书院之列。茅山书院作为宋时六所书院之一,曾名闻一时,但"后来兴废无常,影响不大。"①尽管如此,茅山书院的出现,仍然是镇江地区古代民间兴学的一个明证。作为传统教育的一部分,书院的发展不仅具有历史传承性,而且影响较为广泛。清初以来的良好发展,使得江苏地区的书院得到一定程度的发扬光大。"乾隆时期江苏书院总数达 42 处之多。"②清时,镇江地区的书院虽不能与松江、江宁、苏州等地相比,但与省内其他地区基本相平。(参见表 7.2)

表 7.2　清代江苏书院的区域分布③　　　　　单位:个

府别	松江	苏州	江宁	扬州	淮安	徐州	镇江	通州	海州	太仓
书院	29	20	19	16	16	14	11	10	9	9

　　据上表,至少从数量上看,镇江地区的书院应当不及宁、杨、苏、常,所以,柳诒徵先生将镇江地区的书院置于宁、杨、苏、常之外进行讨论。柳先生说:"宁、杨、苏、常之外,府州治所立书院,率大于其属县,间有分试制艺,经古或萃诸生而讲贯者。"④据地方史志记载,镇江主要的书院有宝晋书院、敖文书院、南濡学舍、培风书院等。宝晋书院当为地方较有影响力的书院,其始建于

①　孙培青:《中国教育史》,华东师大出版社 1991 年版,第 365 页。
②　刘正伟:《督抚与土绅:江苏教育近代化研究》,河北教育出版社 2001 年版,第 37 页。
③　刘正伟:《督抚与土绅:江苏教育近代化研究》,河北教育出版社 2001 年版,第 38 页。
④　柳诒徵:《江苏书院志初稿》(下),《镇江文史资料》第十三辑,内部资料,1987 年,第 240 页。

乾隆癸未,由邑令贵中孚利用北固山麓海岳庙旧址改建而成,后由郡守周摶增修。宝晋书院经费充足,待遇优厚,先后"有乐生洲、补生新洲、天补征人洲、世业洲、宝晋洲、古塘村蒋家沙、新涨轮航沙、御隆洲、定业洲、黄泯洲、金家嘴、金线港蓬地"等地均归其采租,"计田一万六千余亩"。① 先后掌教的山长有鲁晋、张桂芳、余安策、冯秉忠、朱海容、光立声等二十五位。

镇江府辖县皆设书院一、二所。句容县有华阳书院,丹阳县有鸣凤书院,金坛有金沙学舍,溧阳有平陵书院,丹徒县有太平书院,皆具有一定规模。如丹阳鸣凤书院有"房舍楼庭二十七间,每岁甄别录取生、童四十五名,附课生、童各四十五名,陆姓生、童正课各一名。每年十课。"②溧阳平陵书院拥有"大门、仪门各一,东西号舍二十四间,讲堂三间。东西斋各三间,后楼五间。楼右友石斋两进,楼左厨房三间,并旧置仪门右屋三间,咸丰中建;后楼五间,同治中建。凡岁修膏火项下,清文案内,原续垦田共三百四十九亩零,市房十五所。"③

除书院外,社学及义学也是传统教育的一部分。社学分为官立、私立两种。义学是由官款、地方公款出资设立的蒙学,服务于贫寒子弟,多为免费入学。社学、义学起源于宋代,完备于元朝。对于社学和义学,柳诒徵先生云,"书院之支流为义学,为社学,或曰学堂。"④相较于全省,江苏的社学和义学一向发达。但明朝时镇江地区的义学、社学发展相对薄弱,然至清初以来,镇江府(包含各县)的义学数有较大增长。明清时期,镇江府有 1 所,丹阳有 1 所,金坛有 2 所,共计 4 所。至清前中期,镇江府 1 所,丹徒有 13 所,金坛有 5 所,共计 19 所。据《镇江府学校考》:镇江社学原位于虎踞门内,后于明正德九年

① 柳诒徵:《江苏书院志初稿》(下),《镇江文史资料》第十三辑,内部资料,1987 年,第240 页。

② 柳诒徵:《江苏书院志初稿》(下),《镇江文史资料》第十三辑,内部资料,1987 年,第246 页。

③ 柳诒徵:《江苏书院志初稿》(下),《镇江文史资料》第十三辑,内部资料,1987 年,第247 页。

④ 柳诒徵:《江苏书院志初稿》(下),《镇江文史资料》第十三辑,内部资料,1987 年,第260 页。

移建于朱方门内河之东善济一坊,丹阳的社学则初位于儒学东大堂,后移于都察院西。

镇江的传统教育在苏省之内,就其数量来看,仅占中游,但其历史相较省内其他府县,同样较为悠久。至鸦片战争前,镇江府的传统教育形成了一定的层级体系,构成了比较完善的传统教育体系。这种状况的出现,与地方经济基础和封建国家的统治方式密切相关,并从经费来源、教学内容、运作模式等各方面充分显现出来。传统教育为封建社会地方政权的稳定起了维护作用,同时也为本地教育近代化的展开奠定了一定基础。

传统教育与科举制度密不可分,或者可以说,科举制度促进了传统教育的繁荣。但自清中叶以来,科举制度的弊端逐渐显现,并在传统教育中展现出来。以书院为例,伴随科举制度,书院的发展早已脱离研究学问之初衷,而沦为士绅趋利禄、求功名之场所。清道光以后,科举制度的桎梏凸现,科场腐败成风,科举人才深受八股取士制度的影响,最终影响其身心的健康发展,并对封建国家统治产生深远的负面影响。

需要特别指出的是,捐纳制度的出现为士子提供又一上升路径。"清代捐纳制度,始于顺治朝,完备于康熙、雍正、乾隆三朝,冗滥于咸丰、同治两朝,终于宣统朝。它与科举、荫袭保举同为清朝选拔官吏的三个重大途径。"[1]由此可见,咸丰以来,捐纳制度盛行泛滥,对传统科举考试制度形成了一定冲击。不同于清前期,咸丰、同治时期的捐纳制度并不完全基于士子前途考量,而是出于镇压农民起义的经费需要。因此,咸丰朝的捐纳多为实官捐纳,亦即大捐。随着太平天国运动规模的扩大,清政府因为军费亟待,甚至不惜减成折价,出台依据捐额奖励乡试及儒学学额的政策,这为诸多乡试者提供了鬻爵的机会。在那些太平军的占领地区,地主阶级竭力要维护封建统治秩序,捐买官衔得到了更多的鼓励,所以"咸丰、同治年间,因为捐例广开,加上军功、荫袭、保举,以致社会上官多如鲫"。[2]在此背景下,传统教育模式受到了极大冲击。

---

① 谢俊美:《政治制度与近代中国》,上海人民出版社1995年版,第51页。
② 谢俊美:《政治制度与近代中国》,上海人民出版社1995年版,第63页。

清道、咸年间的江苏著名古文家与诗人鲁一同在其《通甫类稿》中对于传统教育的衰败有所表述:"今太学居辇毂之下,近臣清德重望,或不尸厥职,犹不能如古。至如州、县学官,率皆疲老瞽聩,积资累年而后得之,或以赀人,以罪降者,益不自属,资望积轻为教,亦苟月课,不徵文读,浪不莅事。而书院之长,必视荐者之气力为进退。内官外史,请托相属,门生姻旧,遥领兼权,于是教法大坏,人轻其师,审名易卷,苟且塞白。师益不自重,或乃考校文艺,黜优升劣,市润分腴,情同侩敛。推荐烦多,主者厌倦。群相递觑,以为皆病弊。系教者,饕廪饩之,入学者殚膏火之资,以利相求故也。"由此可见,传统官学的衰败主要缘于体制的腐败。

在传统官学走向衰败之际,鸦片战争以来中国社会的内忧外患则给传统教育予以重创。近代以来,长江下游地区的社会经济变迁深刻影响传统教育的走向,作为除上海以外最早开放的沿江城市,镇江传统教育受到的影响不言而喻。需要特别指出的是,一方面,鸦片战争对于传统的科举制度产生了冲击,另一方面,长江下游的江苏大部地区长期处于太平军的活动之下,地方传统封建文化教育体系受到严重破坏。1853 年太平军攻占南京,随之东进,3 月 3 日占领镇江。此后的 1853—1857 年的 5 年间,太平军控制着镇江,清军在其外围设立江北大营,多次围攻镇江。1857 年 12 月 19 日,清军重新占领镇江。此后的 7 年间,双方在镇江周边地区进行长期的争夺战,战争经常处于胶着状态。十二年的战乱对地方社会教育事业的影响可想而知。清《光绪丹徒县志》对于府学、县学的被毁及重建有大致的表述:"丹徒学自咸丰三年粤寇据城燬尽於火。同治十一年,府学告成,阅二年而修葺,县学殿庑祀位及各祠祀行见以次告成,旧有书院、义学、社学亦古者,聊以师儒之遗,又有试院以作士气,邑之人庶几喁喁向学。"①府学在太平军攻占镇江后"残毁过半"。《光绪丹徒县志》说:"咸丰七年冬贼乃遁去,八年善后,稍加修葺未臻完善。十年,江宁营溃,郡以寇警闭城,在城兵勇复加残毁,先圣先贤几有露处之忧。学

---

① (清)何绍章、冯寿镜修,吕耀斗等纂:《光绪丹徒县志》卷十九,学校志,《中国地方志集成·江苏府县志辑》第 29 辑,江苏古籍出版社、上海书店出版社、巴蜀书社 1991 年版,第 353 页。

师学夫绝无栖止之地。"镇江收复,地方当局立志修复旧学,其过程却极其艰难。"同治四年,督建试院,绅董以捐项余款添补殿瓦,清除水道,并修葺门庑垣墙,十年,两学绅士合词禀请提拨亩厘两捐,以为修建府县学之用。十一年,遂重修府学正殿戟门明伦堂,三处均一律换料翻盖完固,祠宇残毁者逐加修治,并添建学署、斋房、山亭,郡守赵佑宸督同县学教谕王蕴华及两学绅士轮值督修,而府学规模遂复其旧。"①府学、县学学舍建筑皆被尽力修复,但战火的摧毁已使得地方官学元气大伤。经费方面,原有余项几乎被掳掠一空。道光二年(1822),府学和丹徒县学进行了一次大修。此后,"两学余款计合银元二千两,四年经郡守罗琦拨归府学六成,县学四成,均存典生息以各岁修之用","结至十三年止,共存本利银三千二百两"。然而,"迨咸丰三年,粤贼扰乱之后,各典尽归浩劫,此项大半化为乌有。"②府学、县学修复之后,地方绅商严葆如、吴慕庄等人"提得息本若干",并以旧有洒扫会名下市房若干采租备用,以尽力供给府、县两学之资。

在官学以外,镇江的义学也在清末逐渐走向消亡。义学办学经费主要来自寺庙、商界、官绅等的资助和集资。随着科举制度的废除及新学的出现,经费来源受到一定冲击,义学遂难以为继。如前所述,义学社学化在镇江的出现较早,至光绪年间,尚存有京江义学、朋来义学、大觉义学、存仁义学、诚正义学、丹徒镇义学、安仁义学、谏壁镇义学、持恒义学、继抚义塾、焦东义塾等11所,但均于光绪末年相继停歇。

私塾的式微是传统教育衰落的一个缩影。私塾作为传统官学的组成部分,在晚清时期仍然占有比较重要的地位。科举制度废除后,镇江地方教育掀开新的篇章,新式教育开始出现。但"当时学塾初创,基础教育基本上赖于私塾。从晚清到五十年代中期半个多世纪的岁月里,镇江的私塾由兴及衰终至消亡"③,

---

① (清)何绍章、冯寿镜修,吕耀斗等纂:《光绪丹徒县志》卷十九,学校志,《中国地方志集成·江苏府县志辑》第29辑,江苏古籍出版社、上海书店出版社、巴蜀书社1991年版,第368—369页。

② (清)何绍章、冯寿镜修,吕耀斗等纂:《光绪丹徒县志》卷十九,学校志,《中国地方志集成·江苏府县志辑》第29辑,江苏古籍出版社、上海书店出版社、巴蜀书社1991年版,第369页。

③ 杨奇璞:《镇江私塾梗概》,政协镇江文史资料研究委员会:《镇江文史资料》第十四辑,内部资料,1988年,第124页。

伴随了地方教育近代转向的历史过程。镇江的私塾起源较早,发展于宋元时期,盛于明清。历史上镇江地方诸多名人,如《文心雕龙》作者刘勰、南宋抗金名将陆秀夫、民主革命家赵声幼时皆入学私塾,显示了私塾在地方教育中的地位。

镇江的私塾包括三种:蒙馆(初级学馆)、学馆或经馆、请馆。蒙馆即初级学塾,学习内容为识字、写字,是为启蒙教育,学童一般为4—6岁的儿童。在识字的基础上,蒙馆的塾师还常常教给蒙童一些初级读本,如《千字蒙术》、《三字经》、《百家姓》、《千字文》、《千家诗》以及《女儿经》等。此外,每天临帖练习字帖也是学童们的功课。塾师的职业要求相对不高。晚清时期,一般由成年童生或精通文墨的医生、商贾和失业知识分子担任。他们的收入不高,农村塾师还需学童家庭轮流供饭。因此,对这种基础教育的质量难以有较高的期望。学馆或经馆作为高层次的学塾,入学多为8—16岁的青少年。科举时期,这种学馆主要配合童生们科举考试之需,教科书以《四书》、《五经》、《唐诗》、《古文辨析》为主。此外,还须研习"八股文"及相关史书,习作"八股文"及学写试帖诗成为学院童生的主要功课。

清末以来,随着社会形势的发展,尤其是西学东渐,科举制度废除的时代背景下,传统教育走上绝路。出于谋求前途的需要,学童进入学馆学习目的逐渐改变。适应新形势的需要,学馆逐渐改变教学宗旨和教学内容,"八股文"不再是主要学习内容,学生在诵读古文、经史、诗词之外,开始新的技能的学习,传统经馆的教学内容和宗旨逐渐退出了历史的舞台。"学以致用"的教学诉求,使得诸多的地方学馆实际转向职业技能培训。作为近代华东地区的通商大埠,镇江地方商贾子弟的人数还是比较多的。商贾子弟多希望学习一些职业技能,随之,应用文写作、珠算技能甚至英语学习渐渐走入经馆课堂。

"请馆"则是富裕家庭如名门显宦、殷实富户、农村地主家庭专门在家里授徒的一种学馆。"请馆"的形式自古有之。晚清时期,富户贵室仍然设立"请馆",以教育本室及其近亲子弟。如晚清丹徒经营江绸业的毛、陶、蔡等富家,均曾自聘教师在家里设馆授徒。"请馆"的教师多为学识丰富、品行端方的文士,因此花费较多,除了供应食宿外,每年的束脩约在200—300元之间,教学内容则主要满足东家需要,包括启蒙教育、经史诗文学习和书算等内容。

历史时期的私塾,曾经有过不可替代的历史作用。但延至清末,随着时代和社会的发展、新的科学知识的传入、人们思想观点的变化及生存方式的改变,其教学宗旨、内容与方法均日显落后,私塾变革势在必然。光绪三十四年(1908),京师劝学所颁布《改良私塾办法》,在全国范围内倡导改良私塾,但多数地方因循观望,初期积极参与者无多,丹徒地方亦如此。统计资料表明,"宣统三年(1911)二月间,全县学龄儿童合计为31941人,而入小学堂的仅有1346人,未入学堂的30595人中大部分就读于未经'改良'之私塾。"①造成这种状况的主要原因是财力有限。1914年4月13日,丹徒知事刘鸣复在一则改良私塾的告示中写道:"照得初等小学校为教育之根本,惟开办小学一所,用款约数百元,现在财力维艰,断不能进行普及,调查多市乡学龄儿童不知凡几,苦听其嬉戏,致损耗可贵光阴,有私塾教育正所以辅助学校之所不逮,果能教法改良,所属无形之小学,事半功倍,利益良多。本知事视事以来,访闻各市乡私塾,真能改良者实居少数,大率积习相沿,自为风气……致使教育前途顿生障碍,殊为可虑。"②可见一斑。时《申报》等报纸杂志也常常关注到丹徒地方私塾改良的曲折和艰难,兹列举数条报道如下,以兹证明。

1915年12月29日的《申报》:"丹徒全县……小学校仅有70余所,不及私塾十分之一,三家村学究仍以《千字文》、《百家姓》、《三字经》等教授儿童,遗误匪浅。"

1916年6月14日的《申报》报道:"闻总计本埠(丹徒)私塾约有500处之多。"

1918年4月15日的《申报》报道:"丹徒城乡私塾之多,为他邑未有闻,共计有1200余所,尤以失业商人而设塾授徒者居多……因是热心学

---

① 镇江市教育局编志办公室编:《镇江市教育志(1912—1990)》,江苏科学技术出版社1994年版,第129页。

② 杨奇璞:《镇江私塾梗概》,政协镇江文史资料研究委员会:《镇江文史资料》第十四辑,内部资料,1988年,第129页。

务者,莫不引为隐忧。"

1916 年 2 月间,出于对私塾现状的忧虑,丹徒县公署进行了一次全县范围内的考试,338 名应试塾师中仅有三四十名符合录取要求,后知县为"体恤寒酸起见",从宽录取四分之三,私塾教学质量殊为可虑。至 20 世纪 20、30 年代,镇江地方私塾的教学状况一直未能得到较大程度的改善。时学龄儿童中的多数仍然选择私塾就学。1920 年 9 月的《江苏教育公报》指出:"当年丹徒县城厢市义务教育第一学区有 2128 名学龄儿童,其中小学学习为 414 人,占总人数的 19.4%。而就读于私塾的达 794 人,则占总人数的 37.3%。至 1929 年 2 月,镇江成为苏省省会,但私塾为数极多,几乎每个街巷中都有。"①1932 年,镇江教育局发表《镇江县二十一年度教育施政计划》表示:"吾邑私塾林立,消极之取缔,诚不若积极之改良,以补助义务教育之推行,拟自二十年度起,根据省颁整理私塾规程,排除万难进行改良,务期县境以内无不良私塾贻害儿童。"

种种记述表述,私塾在近代镇江教育中占有不可忽视的地位,但其落后与陈旧对于近代地方基础教育现代转向的负面意义不言而喻。

地方传统教育的式微不仅仅在私塾对于近代教育发展的阻碍上反映出来。包括书院在内的传统旧学也在清末走到了末途。柳诒徵先生说:"光绪末年兴建学校,旧有书院,一切废罢。初以省立书院为省城高等学堂,府、州治书院为中学堂,县治之学为小学堂,嗣亦不纯视此阶级。故有书院之田地、房屋,或为民隐占,亦不尽归学堂也。原书院之性质,其卑者类义塾,其高者乃视后之所谓文科大学或文科研究院,不可概为腐旧也。"②虽然如此,书院废黜,田地、房屋的灭失,均表明书院的历史使命已告完成。

---

① 杨奇璞:《镇江私塾梗概》,政协镇江文史资料研究委员会:《镇江文史资料》第十四辑,内部资料,1988 年,第 131 页。

② 柳诒徵:《江苏书院志》(下),政协镇江文史资料研究委员会:《镇江文史资料》第十三辑,内部资料,1987 年,第 259 页。

第二节　新式教育的产生与发展

　　近代镇江新式教育的产生、发展与中国传统教育的转型和国家教育政策的转变密切相关，也与口岸地位的上升紧密联系。镇江开埠后，地方社会深刻转型，市民视野日趋多元，西学渐渐深入，刺激了地方教育近代化步伐快速前行。

　　甲午战争后，民族危机的加重，朝野有识之士的鼓吹，推动了清政府上层人士对改革教育的关注，西学价值得到愈来愈多国人的肯定。出于朝廷前途命运的考量，1901 年 1 月 29 日，慈禧颁布上谕，决定变法，即所谓"清末新政"。在此之后，清廷对传统教育体制的变革集中于改造官学、改革书院和废除科举取士制度等三个方面。在此背景下，地方教育的近代转型逐渐展开。

　　作为较早开放的长江沿江城市之一，镇江与西方政治经济、文化的接触相应较早。其中，外侨与西方传教士的大量流入，对于地方社会教育事业产生了深远影响。镇江开埠设立租界后，不少外侨随之麇集。据统计，清末来镇"外侨最多时达 2000 余人"，另外还有相当多的流动人口，如 1891 年洋商进口者有 374 名，1896 年洋客进口 350 余人，出口洋客计 160 余人。与此同时，为了传教的需要，传教士陆续来镇，仅光绪年间镇江天主教徒有 400 多人。天主教会、长老会、美以美会、浸礼会、内地会在镇江市内的西门大街、堰头街、五条街、南门外、南马路等处共设有 10 处左右的教堂。

　　有关近代镇江传教情形，《续丹徒县志》记载云："天主教道光三十年徒邑仅有教民三十五人，传教者但设公所于大市口，咸丰己未庚申间订约弛禁。同治四年，金式玉在西城外大云坊购地建堂，街以是名。十年，复迁银山门大街。光绪七年，更于英租界三马路建筑新堂一新。"而"耶稣教自道光季渐入中国，同治初渐入丹徒，七、八年购西城内大街居民建堂，民人不愿，有哄闹道署之事，寻各教上又各自立会，丹徒则有美以美会、长老会、内地会、浸礼会等。"[①]

────────────

　　① （民国）张玉藻、翁有成修，高巘昌、刘嘉斌、何庆年等纂：《续丹徒县志》卷十九，外交二，《中国地方志集成·江苏府县志辑》第 30 辑，江苏古籍出版社、上海书店出版社、巴蜀书社 1991 年版，第 604 页。

由此可见,天主教在镇江的发展轨迹。

传教士的教徒活动对地方社会经济文化产生了比较大的影响。获得诺贝尔文学的美国作家赛珍珠(Pearl.s Buck),出生于美国,三个月后即被传教士双亲带至中国,并在镇江度过童年、少年与青年时代,前后长达十八年,镇江因此成为她眼中的第二个故乡。赛珍珠来到镇江的1896年,正是西方传教士在中国活动最为频繁之时,赛珍珠以在中国的自身经历为蓝本的获奖小说《大地》(*The Good Earth*)反映出她对中国基层社会生活的极为熟悉和了解,也表明传教士在本埠传教活动的普遍。

开办教会学校和医院是传教士传教活动的重要组成部分。教会学校的开设也为传教士的传教活动提供了便捷的途径。自光绪十年(1884),美国基督教美以美会偕冰心、贺路绥创办崇实女中始,各类教会学校开始出现于镇江县乡。清末,西方传教士在镇江开办的教会学校主要有:

表7.3　清末镇江的教会学校①

时　间	创办者	名　称	地　点
1884	美牧师郎登、库思非	崇德初两等学校	又新街
1884	美以美会偕冰心、贺路绥	崇实中学,崇真第一、第二初等学校	松树湾
	美牧师	冈北初等小学	冈北
		鲍村初等小学	鲍村
		上党初等小学	上党
		白兔男、女小学各1所	白兔
1883	美牧师戴思维、吴板桥、司徒尔	润州中学	
	美牧师	大路、宝堰、新丰两等小学四处	大路、宝堰、新丰

---

① (民国)张玉藻、翁有成修,高觐昌、刘嘉斌、何庆年等纂:《续丹徒县志》卷九,外交二,《中国地方志集成·江苏府县志辑》第30辑,江苏古籍出版社、上海书店出版社、巴蜀书社1991年版,第605—606页。

教会学校中地位和影响最为突出的当数私立崇实女中。崇实女中创办于光绪十年(1884)，由美国基督教美以美会偌冰心(Miss Robinson)和贺路绥(Miss Holoore)成立于镇江银山门基督教堂。校名原为镇江私立女子学堂，亦称镇江教会女学堂，此为后来的崇实女中之前身。崇实女中在东南教会学校中，创办较早。比较苏州、无锡、扬州、南京、南昌、九江等同类学校的创办情况，此说当属不无根据(参见表7.4)。

表7.4　近代部分教会学校创办情况一览

创办时间	学　校	创办者
1911	苏州慧灵女子中学	美国西差会
1888	广州培道女中	浸礼会
1888	香港英华女校	公理会
1890	上海中西女塾	监理会
1884	镇江崇实女中	美以美会
1918	无锡辅仁中学	
1887	南京汇文女中	卫理公会

有记载说，在女子中学中，对于崇实女中的创办，"昔日盛传该校是全国最早教会女子中学"，[①]甚至有人视之为"我国女子正式学校的鼻祖"。不管此说是否精确，但较为出名的浙江弘道女中迟于其后17年，而美以美会的南昌保灵女中、九江诺立女中也迟于其后40年，由此看来，上述说法具有一定可信度。

私立镇江崇实中学的创设与教学显示其在近代教会学校中的独特影响力。学校草创初期，经历了颇多的曲折。1884年3月26日的复活节，偌冰心等在银山门基督教堂创立女子学堂，创立伊始，学校仅有10名女学生，均来自九江。学堂创立初期，由于社会风气的闭塞，女子入学尚未普遍，学堂不得已扩大生源至南京、扬州、芜湖及附近的丹阳等地。1888年，偌冰心购得宝盖山

---

① 《私立崇实女子中学始末》，政协镇江文史资料研究委员会：《镇江文史资料》第十四辑，内部资料，1988年，第135页。

基地一块及 5 小间平房,遂迁校址于此。校舍虽较简陋,但学校已初具规模。1920 年,美基督教会扩建崇实女中,次年 12 月 17 日,一幢 2 层 40 间教室及礼堂的教学楼建成。1924 年 3 月再次扩建,建成 2 层宿舍楼、行政楼及 3 幢教室宿舍楼,学校规模得以扩大。

崇实女中的校训为"崇俭务实",后为"崇俭朴实",强调"崇俭务实"之道。崇实女中教学环境优雅,其校歌唱道:"崇实学校,宝盖山上,南方景致真好看,青草满地,三五成群,小友来闲谈。楼房高大,空气新鲜,时花任我攀。北看大江,南朝青山。崇实,崇实,诸学喜唱歌,崇实崇实,诸教员各分科。四十年来人才倍增……"[1]歌词表述了规模既成之后的实际情形。据称,崇实女中其教学环境超过了同时期的其他诸多学校。

崇实女中教学内容中西结合。清末以来,教会学校纷至沓来,然而,各教会学校之间差异较大。"有的强调宗教课程,有的不大强调甚至根本不设此课,有的重视外语教学,有的全无这一课程。"[2]崇实女中既强调西学,重视外语教学,更注重其宗教特色。在晚清的教会学校尤其是女子教会学校中,颇具代表性。

崇实女中为十二年一贯教育制,实行中小学一条龙的教学体系,涵盖幼稚园、小学(崇实附属第一小学,第三小学、崇真小学)、中学(中级班、高级班)。崇实女中的教学设置中、西两科:中文科包括"古文(百家姓、幼学、东莱博议、四书五经)、天文、历史、地理、自然、动物(秋季学)、植物(春季学)、形学(即今几何)、代数、八线(即今三角)、物理、化学、音乐、美术、三民主义"。西学包括"英文津逮(四本)、美国史记(英文)、迈尔通史(英文)、瀛环全志(英文地理)、莎士比亚原著(英文)、伊索寓言(英文)、圣经。"[3]熊月之先生曾对镇江女塾(亦即崇实女子中学)的功课设置作了深入的研究,对十二年一贯制的每

---

① 《私立崇实女子中学始末》,政协镇江文史资料研究委员会:《镇江文史资料》第十四辑,内部资料,1988 年,第 138 页。

② 熊月之:《西学东渐与晚清社会》,中国人民大学出版社 2011 年版,第 230 页。

③ 《私立崇实女子中学始末》,政协镇江文史资料研究委员会:《镇江文史资料》第十四辑,内部资料,1988 年,第 140 页。

学年的课程设置作出了比较详细的统计,还原了鼎盛时期崇实女中的教学状况,据其原表抄录如下,以见一斑。

表 7.5　耶稣美以美会镇江女塾功课章程①

学　年	课　程
第一年	圣经,蒙学捷径初编上,算法,地理口传,游艺,分字略解,花夜记,诗歌,体操
第二年	圣经,蒙学捷径初编下,算法,全体入门问答,分字略解,真理便读,三字经,百家姓,游艺,诗歌,体操,读故事书(地理风俗,训儿真言,识字初阶)
第三年	圣经,蒙学捷径二编,心算初学上,地理初阶,官话问答,三字经,植物,动物浅说,英文,诗歌,体操,读故事书(亨利实录,蒙学浅说,安乐家)
第四年	圣经,蒙学课本,心算初学下,数学,蒙学地理,孩童卫生,植物口传,动物浅说,千字文,三教问答,泰西通俗演义,英文,写字,诗歌,体操
第五年	圣经,蒙学课本,数学,幼童卫生,植物图说,动物新编(秋天),四书易知摘要,读故事书(天路历程),英文,写字,诗歌,体操
第六年	圣经,蒙学课本,数学,植物图说(春天),动物新编(秋天),背讲四书摘要,读故事书(女训喻说郭娜喜传),英文,写字,诗歌,体操
第七年	圣经,蒙学课本,数学,地理志,植物学(春天),动物(百兽图说,秋天),幼学,读教士列传,尺牍,作论,英文,写字,诗歌,体操
第八年	圣经,数学,地势略解,植物学(春天),动物(秋天),背讲左传摘要,大美国史记,尺牍,作论,英文,写字,诗歌,体操
第九年	圣经,代数备旨,圣教史记,地学指略,左传摘要,耶稣教复初,尺牍,英文,写字,诗歌,体操
第十年	圣经,代数备旨,形学,天道溯源,背讲古文,读万国通史,尺牍,策论,英文,写字,诗歌,体操
第十一年	圣经,形学,万国通鉴,天方略解,格物入门,东莱博议,万国通史,尺牍,策论,英文,写字,诗歌,体操
第十二年	圣经,万国通鉴,格物入门,性学举隅,读泰西新史,尺牍,策论,英文,写字,诗歌,体操

　　分析崇实女中的课程设置不难发现,其教学内容特别强调宗教的作用。各年级学生每周均有一个小时的圣经讲解,每天早晚须祈祷,周日上午有礼拜活动。由此可见,西学的传教占据了教学的重要部分。自然科学的多种门类

①　熊月之:《西学东渐与晚清社会》,中国人民大学出版社 2011 年版,第 231 页。

也贯穿教学始终。外语是教学特色,传统国学的教学也有所兼顾。由此,崇实女中形成了突出宗教、重视外语、西学为主、兼及中学的教学特色。崇实女中的毕业生多具有良好的前途,部分被选送美国深造或直升入学金陵女大。崇实女中的杰出校友包含赛珍珠、首获"金钥匙"的王素义博士、李美筠博士等知名人士。

教会学校是西方传教士进行殖民活动的部分,但其客观上对于近代教育所起的影响是不容忽视的。教会学校对于自然科学知识的传播开阔了人们的视野,对地方居民起到了思想启蒙的作用。教会学校输出的人才,特别是出国留洋的学生,对于东西方文化的交流起了桥梁的作用。更主要的是教会学校带来的新的教育模式,其管理、组织的严密,教学内容、方法的科学性,教育活动的计划性,对于中国传统教育的转型及新式教育的产生起了示范和促进作用。

教会学校在镇江出现十数年后,地方传统教育逐渐走向消亡,新式教育开始诞生。新式学堂的出现标志着旧式教育向新式教育的转变。光绪二十七年(1901),清政府下令各省所有书院实行改良,省城书院改成大学堂,各州县改为小学堂。据此,南潏学舍于光绪二十九年(1903)改为镇江府中学堂,敷文书院于光绪三十年(1904)停办,后在其原址设立了八旗中学堂。

除了传统教育的转型以外,新式教育机构也开始逐步设立。镇江开埠后,口岸地位上升,西学渐渐进入,居民对西方的科学技术和文化经历了一个从了解、适应到学习、模仿的历程,这些都间接或直接地影响了镇江新教育的产生,镇江的新式教育机构包含了官方所办的教育机构、绅商主办及协办的各式公立和私立学校。

官办新式教育机构的出现与清末时代大背景密不可分。第二次鸦片战争后,"师夷长技以制夷"的进步思想得到更为广泛传播,开明而有眼光的新兴知识分子群体出现,加上近代工商业的发展,人们对传统教育提出了新的要求,为发展新教育提供了肥沃的土壤,促使封建统治阶级主动开办新式教育。光绪二十八年(1902)至光绪二十九年(1903),清政府先后颁布《钦定学堂章程》《高等小学堂章程》及《初等小学堂章程》,并开始在全国施行,镇江官办新式教育也初步发展。

镇江出现的首座官立学校是光绪二十九年(1903)二月成立的镇江府中学堂,它由近代著名史学家陈庆年赞助,邑人吴士鍼、赵酉彝开办。以此为开端,至光绪三十四年(1908),短短的三四年间,镇江出现了多所官立学堂,具体情况可参见表7.6。

表7.6　光绪二十九年(1903)至光绪三十四年(1908)镇办新式学堂①

序　号	创办时间	学堂名称	地　址	创办人
1	光绪二十九年二月	官立镇江府中学堂	南泠学舍旧址	邑人陈庆年、吴士鍼、赵酉彝
2	光绪三十年正月	官立高等小学堂	白马坊绿水桥河沿	邑人何恩浩、赵宗抃、薛传薪
3	光绪三十年正月	官立八旗中学附属高等小学堂	堂旗营内将军巷	江苏候补知县王宗炎
4	光绪三十一年正月	官立初等第一小学堂	旗营大市口	八旗京口驻防
5	光绪三十一年三月	官立初等第二小学堂	旗营黄旗口	八旗京口驻防
6	光绪三十一年三月	官立初等第三小学堂	旗营水陆寺巷	八旗京口驻防
7	光绪三十一年正月	官立南路女学堂	旗营将军巷	八旗京口驻防
8	光绪三十四年正月	官立北路女学堂	旗营弥驼寺巷	八旗京口驻防
9	光绪三十一年正月	官立绅维女学堂	旗营红旗口	八旗京口驻防

由于政府财力、人力都十分有限,官办学堂数量相对较少。官立学堂中有一大部分是八旗系统京口驻防所有,地方官府所办学堂仅占很少一部分,因而政府大力鼓励绅士、富商参与新式学堂的建立。为了在新的社会环境里重新获得文化教育领域的优越地位及社会的领导地位,有实力的绅士、新兴的商人阶层,纷纷参与新式学堂的建立。从光绪三十年(1904)至宣统三年(1911),

---

①　(民国)张玉藻、翁有成修,高觐昌、刘嘉斌、何庆年等纂:《续丹徒县志》卷六,学校志,《中国地方志集成·江苏府县志辑》第30辑,江苏古籍出版社、上海书店出版社、巴蜀书社1991年版,第553—555页。

镇江出现了各式公立学堂,这些学堂多由镇江地方士绅与官府积极配合,他们或捐资,或出力,建成了一定数量的公立学堂,具体情况参见表7.7。

表 7.7　光绪三十年(1904)至宣统三年(1911)镇江的公立学堂①

序　号	创办时间	学堂名称	地　址	创办人
1	光绪三十年	安港公立小学堂	大港镇	邑人赵邦本
2	光绪三十一年	公立润东学堂	谏壁镇	邑人王锡五
3	光绪三十二年	公立求己学堂	北门大街	邑人鲍心增
4	光绪三十二年	公立志成学堂	剪子巷	邑人马逢伯
5	光绪三十三年	公立公益学堂	高桥镇	邑人王家驹
6	光绪三十四年	公立敦本学堂	万家巷	邑人邹洪绪
7	光绪三十四年	公立城南学堂	南门大街	邑人茅谦、曹森
8	光绪三十四年	公立城东学堂	五条街	邑人张广源
9	光绪三十四年	公立润秀女学堂	小市口	邑人陶凤勋
10	宣统元年	公立义正学堂	新河街	丹徒劝学所
11	宣统元年	公立镇卫学堂	万寿宫	邑人刘沅芳
12	宣统二年	公立牛岭学堂	京几岭	邑人严良辅、刘志中
13	宣统二年	公立简易识字学塾	大觉寺	丹徒劝学所
14	宣统三年	公立自新医学堂	小街底	邑人吴士錡

公立学校经费来源一部分来自于士绅个人捐助,一部分来自官立或公立机构。如求已学堂发起者为"本邑举贡生员六十八人","开办费学道宪拨款",资助款是"县代收税契费",以"茶馆捐为常年经费"。② 镇卫学堂开办费

---

① (民国)张玉藻、翁有成修,高巘昌、刘嘉斌、何庆年等纂:《续丹徒县志》卷六,学校志,《中国地方志集成·江苏府县志辑》第30辑,江苏古籍出版社、上海书店出版社、巴蜀书社1991年版,第553—554页。

② (民国)张玉藻、翁有成修,高巘昌、刘嘉斌、何庆年等纂:《续丹徒县志》卷六,学校志,《中国地方志集成·江苏府县志辑》第30辑,江苏古籍出版社、上海书店出版社、巴蜀书社1991年版,第553页。

则由劝学所拨给。从这些经费的构成来看,绅士、富商积极参与公立学堂的建立,使得公立学堂的办学形式多种多样,在相当程度上弥补了官立学校的不足,为新式学堂教育在镇江的普及起了推动作用。

镇江开埠后出现的新兴商人阶层,除了参与公学的建设外,还积极创办私立、商立学校。光绪二十九年(1903)七月,洋货业商人曹家麟携其子与同乡等人集资开办"私立承志蒙学堂"。该学堂地处金山下,"面江背山,丛树环抱,讲堂之外,绕以曲流,前为宿舍,后为操场,左为学圃,间以艺植。"①学堂环境十分优美,具有一定规模。对于学堂的开设初衷、开设过程及其课程设置等内容,从承志学堂乙巳年纪念会的有关记载中能够有大致的了解:"此英德之懿规尽于日本,而曹君游历东瀛,究心探讨因得仿其全体者,其教科精意一依东国师范学程而为我国之民立第一完全学堂,开校三年,成就甚富。"②学堂开设初期收学生50人,开设日文、英文、算术等科。邑人开办小学,实施近代初等教育由此发端。

1905年,清政府明令废除科举制度后,当局开始重视开办新学,在此潮流下,镇江不少有识之士热心办学,服务桑梓。光绪三十二年(1906)二月,镇江商人在王家港开办了商立高等小学堂,费用由各业商人捐助。但此时,私立、商立学校还为数不多,直至辛亥革命以后,镇江商界开明人士兴办私立学校成为潮流。

新式教育的推行使得镇江初等教育在清末数年间得到了长足发展。至辛亥革命前,"镇江全县有官立高等小学堂1所,公立、私立、商立小学堂32所,另属于八旗系统开办的官立小学堂7所,共计有小学堂32所,在校生2108人,教职员173人。"③上述各类初等学校,除教会学校外,基本上都执行光绪二十九年的癸卯学制,小学为9年,其中初等小学堂5年制,高等小学堂4年制。

---

① 《南洋官报》1905年第26期。
② 《南洋官报》1905年第26期。
③ 杨奇璞、张效曾:《清末至解放前镇江初等教育记略》,政协镇江文史资料研究委员会:《镇江文史资料》第十七辑,内部资料,1990年,第71页。

晚清地方官办学堂的费用多来源于官府或官办机构的拨给,也有部分商民的捐款。如"官立高等小学堂",其开办费由"培风书院款积谷项下提一年息款",以及"刑讼罚款、商民捐款"等部分组成。① 而"官立八旗中学附属高等学堂"开办费则由"镇江关税罚款、江南财政局新行要政加价项下提拨,及西津坊山地租价"等构成。② 由表 7.7 可以得知,官办学堂中,既有实施初等教育的小学堂,也有进行中等教育的中学堂。

官立学校,由于师资条件及认识的不同,所授课程和教学内容不尽相同,但大致都会开设包括修身、经学、国文、算学、历史、地理、体操等 11 门左右的科目,这已在很大程度上有别于旧式教学的内容。一些中等学堂除开设上述课程外,还开设英文、理化、国画、法制等课程,表现出日益西化的倾向。更值得一提的是,官办教育机构还出现专门的女子学堂,虽然为数不多,但业已说明在西学的影响和熏陶下,清政府也开始着手进行女子专门教育,这在当时无疑具有明显的进步意义。

除了基础教育以外,职业技术教育也在清末镇江开始出现。师范教育学校的开设是镇江教育近代化的重要部分,对地方师范教育事业的后续发展奠定了比较重要的基础。根据光绪三十年(1904)颁发的《奏定初级师范学堂章程》,1905 年 12 月,常镇道郭道员与地方士绅拟设师范传习所。次年,丹徒师范传习所于范公桥开设,吸收贡生、监生及小学毕业生中的优秀者入学。1908年 2 月,丹徒劝学所与教育会成立,师范劝习所改由劝学所与教育会合办,免费办学,入学人数上升至 100 人,这部分学生毕业后成为地方蒙学教育的主办者。

此外,镇江的绅商为了自身发展的需要,还开展多种职业技术教育,亦即实业学堂。清光绪二十七年(1901),举人茅谦集资开办商务学堂,首开实业

---

① (民国)张玉藻、翁有成修,高觐昌、刘嘉斌、何庆年等纂:《续丹徒县志》,卷六,学校志,《中国地方志集成·江苏府县志辑》第 30 辑,江苏古籍出版社、上海书店出版社、巴蜀书社 1991年版,第 553 页。

② (民国)张玉藻、翁有成修,高觐昌、刘嘉斌、何庆年等纂:《续丹徒县志》,卷六,学校志,《中国地方志集成·江苏府县志辑》第 30 辑,江苏古籍出版社、上海书店出版社、巴蜀书社 1991年版,第 553 页。

学堂开设之先河。光绪三十四年(1908),镇江出现了法科专门学堂和刺绣女子学堂。自宣统年间到辛亥前,镇江还陆续出现了蚕桑、医科、法政、税务等专门学堂。1910 年,吴子周等人发起创设自新医学堂,学堂设预科一年,正科三年,教学内容以中医为本,西医为辅,兼以修身、体操等课程。次年 2月,学堂招收学生 24 人,聘用教师 5 人,民国以后,自新医学堂改名丹徒自新医学校。

民初以后,地方各级学校得到进一步发展。小学方面,发展至辛亥时期,已达到官立 8 所,公立 23 所,私立 1 所,共计 32 所(参见表 7.8、表 7.9)。①

表 7.8　宣统三年(1911)官立丹徒县小学堂一览表

学堂名称	班级设置	学生数(人)	教职员数(人)		每学期经费数(银两)	
			合计	教师	收入	支出
高等小学堂	甲、乙、丙班,预科班	104	11	8	2672	2524
八旗中学附属高等小学		133	15		由八旗中学拨支	
初等第一小学堂		131	7		由八旗中学拨支	
初等第二小学堂		133	8		由八旗中学拨支	
初等第三小学堂		125	8		由八旗中学拨支	
南路女学堂		120	8		由八旗中学拨支	
北路女学堂		94	5		由八旗中学拨支	
坤维女学堂		62	5		由八旗中学拨支	

① 镇江市教育局编志办公室编:《镇江市教育志(1912—1990)》,江苏科学技术出版社1994 年版,第 44—45 页。

表7.9 宣统三年(1911)丹徒公、私立小学堂一览

	学堂名称	班级设置	学生数（人）	教职工数（人）		每学期经费数（银两）	
				合计	教师	收入	支出
公立	城南学堂	初等甲乙丙班	38	5	3	225	223
	安港初等小学堂	简易甲乙班,完全科甲乙班	22	3	2	270	171
	润东学堂	高初等	20	4	3	275	350
	穆源两等小学堂	高初等,简易科	84	11	6	471	655
	商业高等小学堂	本科乙丙班,预科乙丙班	26	4	4	765	785
	志成学堂	高初等甲乙丙班	38	7	5	216	274
	求己学堂	高等甲乙班、初等班	93	9	9	1755	1511
	道立初等小学堂	初等甲乙丙丁班	58	5	3	173	173
	公益学堂	高初等甲乙丙班	49	3	3	285	215
	城东两等学堂	初等甲乙班	35	6	6	389	367
	敦本学堂	高初等甲乙丙班	41	9	6	380	380
	润秀女学堂	完全科甲乙丙班	26	10	7	147	378
	养正学堂	完全科甲乙丙班	24	4	3	197	197
	镇卫学堂	高初等甲乙班	43	4	4	42	42
	天足会第一女学堂		25	5	5	由天足会拨支	
	天足会第二两等女学堂		22	5	5	由天足会拨支	
	半岭学堂	完全科甲乙丙班	56	4	4	166	166
	焦东初等小学堂	初等甲乙丙丁班	20	2	2	79	140
	清真寺第一女学堂	完全科甲乙丙班	35	11	6	42	88
	敦本第二初等小学堂		20	2	2	由敦本学堂拨支	
	启秀初等小学堂		16	2	2		

续表

	学堂名称	班级设置	学生数（人）	教职工数（人）		每学期经费数（银两）	
				合计	教师	收入	支出
公立	西三区简易识字学塾		39	1	1	由劝学所拨支	
	简易识字学塾		22	1	1	由劝学所拨支	
私立	玉英学堂贫儿院	本科甲乙班	28	5	3		850
备注	教会办公室未列入统计						

随着镇江社会经济的发展,地方有志之士也致力于创设私立商立学校。1920 年,镇江著名的钱庄、绸布、江广三行业在商会副会长胡健春的倡议下,创办了私立润商高等小学堂。1922 年,经营颜料致富的巨商凌焕曾,创办了私立敏成学校。这些私立学校,成绩卓著,影响甚远。1926 年,江苏省教育厅在视察镇江初等教育时,对这些私立、商立学校给予了充分肯定和表扬,表明镇江近代商人群体的出现,已成为近代镇江教育发展的一支重要力量。

除了上述普通国民教育系列的学校以外,清末镇江还出现了培养新式军事人才的镇江常备右军学堂,该学堂"为常备右军教育将才之地,同胞子弟,多为三湘七泽之英"。① 学校以"爱国、爱人、爱身"为教育方针,力图培养国家军事人才。对此,教习陶璞卿在学校的演讲会上如是说:

　　诸生且听本教习所定方针,非他不过一爱字而已。考中国文字爱字之意,如上之于下,及子女玉帛之类,始可言爱,若下之于上,止可言忠言孝而不可言爱。自和文之风潮流被寰宇,然后爱之一字遂与诸生有密切之关系,故君子有三爱:一爱国;二爱人;三爱身。国者民之绩也,苟无民何有国? 苟无国民将安附? 国之与民本有相依为命之势,自无识者流将

────────────

① 《选报》1902 年第三十三期。

国与民一而二之,以为国乃君主一人之国,国家多事不过君主之家事耳。于是任人侮辱……呜呼,误矣。印度之亡也,印度人为奴隶,为兵丁,不得为议员;波兰之亡也,波兰人服俄语,俄语不得图恢复,盖灭国旧法不过墟其宗庙,迁其重器而已,今则骎骎焉,直欲绝其种族焉。诸生思之为本国人而不爱本国,则为丧心病狂之人。中国素称礼仪之邦,忠君爱国之人指不胜屈,往史不必论征,诸变逆之乱,会胡诸公,率兵讨贼大小千余战,艰苦卓绝,湘人阵亡者不下数十万。卒能削平大难,克底中兴,是真能爱国者莫湘人若也。今虽承平日久,沾染暮气,然苟能本其爱国之诚,舍其旧而新,是图安见湘军威名,不重由于地球之上哉。兹诸生入堂肄业,虽无爱国之实,据然立志向学,便是爱国之原因。盖今日向学多尽一分心力,即为他日报效多占一分地步。①

民国元年(1912),各学堂一律改为学校。至民国二年(1913),镇江共有小学 58 所,学生 2069 人,至此,镇江近代小学教育的雏形形成。此后的六七年间,镇江的小学教育得到了长足的发展,至 1918 年,全地区共有小学 103 所,学生 3697 人。②

清末以来,受西学尤其是教会学校教学模式影响,小学教学内容逐渐发生了深刻的变化。清末的初等小学堂开设了修身、读经、中国文学、算术、历史、地理、格致、体操、图画、手工课程,高等小学堂则加设农业、商业、自然等。民国以后,初高等小学堂在上述主要课程开设的基础上,废除读经,女生加授缝纫,男生加授农业、商业,还视情况适当开设英语等课程。此后,课程的设置几番调整,但国文、历史、地理、算术等在内的上述主要课程一如既往开设。由此,小学教育的内容已几乎完全脱离传统教育的范围,近代小学教育体系初步形成。

清末至民国年间,新式中学教育得到发展。1898 年后,镇江的私塾、书院

---

① 《选报》1902 年第三十三期。
② 镇江市教育局编志办公室编:《镇江市教育志(1912—1990)》,江苏科学技术出版社 1994 年版,第 45 页。

逐渐改为学堂。民国二年(1913)"癸丑学制"颁行,镇江各中学形成了比较固定的教学计划和教学内容(参见表7.10)。

表7.10 民初镇江中学教学计划表①

	修身	国文	外国语	历史	地理	数学	博物	物理化学	法制经济	图画	手工	乐歌	体操	每周总时数
第一学年	1	7	7	2	2	5	3			1	1	1	3	33
第二学年	1	7	8	2	2	5	3			1	1	1	3	34
第三学年	1	5	8	2	2	5	2	4		1	1	3	3	35
第四学年	1	4	8	2	2	4		4	2	1	1	3	3	35

民国十二年(1923)后,镇江各中学开始实行"三三制"的教学体制,其中,"初中设社会(包括公民、史地)、言文(包括国文、外语)、算学、自然、艺术(包括图画、手工、音乐)、体育(包括生理、卫生、体育)六科,高中设公共必修课,包括国语、外国语、人生哲学、社会问题、文化史、科学概论、体育等,分科必修课,包括三角、几何、代数、解析几何大意、用器画、物理、化学、生物等,选修课包括生理卫生、图画、音乐等。"②至20世纪20年代后,中学教学内容虽有所增减,但上述主要课程的设置并无多少变化,镇江近代中学教育模式由此基本形成。

民国以后,中等职技术教育发展也较为迅速。师范教育方面,民国二年(1913)四月,丹徒县立乙种师范讲习所设立,专事培养小学师资。1913—1915年间,镇江女子师范学校于镇江南门成立。1917年2月,经省议会同意,镇江设立江苏省第九师范学校。实业学校方面,主要有各类职业学校。民国五年(1916)四月,县立艺徒学校设立,学制三年,课程内容以工科为主,文科

---

① 镇江市教育局编志办公室编:《镇江市教育志(1912—1990)》,江苏科学技术出版社1994年版,第117页。

② 镇江市教育局编志办公室编:《镇江市教育志(1912—1990)》,江苏科学技术出版社1994年版,第117页。

为辅,学校主要致力于学生工艺技艺的掌握。此后,乙种商业学校、甲种商业学校、镇江女医学校等职业专门学堂相继开办。

民国初年,镇江地方最为著名的职业学校为镇江女子职业学校。1926年,享有盛名的唐一正斋膏药店创业人唐守义八世孙女唐儒箴,将嫁时奁田二十六余亩捐赠中国职业教育社,请求在镇江兴办女学。是年10月,黄炎培、唐儒箴、冷御秋三位先生联名发起创设"私立镇江女子职业学校",这是一所蚕桑业专门学校,招收蚕、桑科学生两班。镇江私立女子职业学校,首尾共二十三年,毕业生合计上千人,为镇江地方蚕桑事业及文教事业,培养了一批有用人才。

第三节　近代镇江教育发展的社会影响

经济和教育是社会发展的两大基础。教育发展需要坚实的经济基础,经济发展又需要充足的人力资源,教育与经济是一对重要的互动关系,它们的发生发展决定了中国经济近代化与教育近代化的密切联系。当我们去考察某一地区经济发展的轨迹时,决不能忽视教育和经济的相互作用和影响。从近代中国内部社会变化来看,由于经济近代化的启动和发展对教育提出了严峻挑战,推动了传统教育的改革,推进了教育的近代化,而教育近代化的启动,又反过来对经济的发展产生巨大的影响。

教育与经济相互依存、相互制约的关系,也在近代镇江教育发展与经济发展的过程中充分地体现出来。近代镇江教育发展是整个中国近代教育发展的缩影。鸦片战争尤其是第二次鸦片战争之后,国人希冀通过兴办新式教育,改变中国落后的状况,实现自强、求富,从总体上来看,近代镇江的教育正体现了这种时代特征。镇江开埠后,无论是地方官员,开明绅士还是百姓黎民,都体验到了落后挨打的耻辱,备受不平等条约的磨难,强烈希望通过兴办新式教育改变这一状况。尤其是新兴的商人阶层,出于爱国热忱,自身发展和社会地位的需要,积极投身教育事业,他们不仅致力于私学,还积极支持官学、公学。在他们的努力下,新的学堂逐渐建立起来,虽然仍还有浓厚的封建色彩,但是毕竟冲破了传统儒家教育一统天下的局面。近代镇江教育的兴起和发展,对近代镇江的社会政治、经济、文化等各方面都产生了深远的影响,尤其是新式学堂的出现,不仅冲击和改变了旧式的教育体制,而且促进了社会风气的转变,改变了人们的固有观念,西方科学文化知识的传播,开启了民智,推进了镇江近代化的进程。

虽然近代镇江的教育得到相当的发展,但镇江教育近代化的整体水平较低,还存在很多的不足。

第一,传统教育仍有一定地位。19世纪末20世纪初,镇江封建传统教育的固有地位还未完全被撼动。仅以私塾为例。至清末,镇江私塾依然遍布城乡,随着社会的发展和时代的变迁,其"教育宗旨、教育内容和方法日显其陈旧与落后","学究仍以《千字文》、《百家姓》、《三字经》、《千家诗》等教授儿童,遗误匪浅"。① 虽然清廷《改良私塾办法》已于1908年颁布,但镇江积极参与"改良"的私塾并不多,多数处于墨守成规、因循观望的状态。1918年4月15日的《申报》报导说:"丹徒城乡私塾之多,为他邑所未有闻,共计有1200余所⋯⋯因是热心学务者,莫不引为隐忧。"

第二,新式学堂推进的速度非常缓慢。相较其他地区新学的创办,镇江的新式教育发展滞后。江苏教育的近代化开始于19世纪60年代,但镇江教育近代化差不多落后了二十年。大致于19世纪80年代,崇实高、初两等小学堂、镇江女子学塾、润州书院等教会学校由西方传教士相继在镇江设立,除此之外,其时镇江尚无新式学堂出现。直至1898年,清廷逐渐改私塾,书院为学堂,镇江宝盖山之女子学塾遂改为女子学堂,是为镇江新教育的开始。1901年,在清政府开办新学的明令下,镇江的小学堂渐次开办,这远远落后于上海、南京、苏州等大中城市。新式学堂出现后,其发展的速度也非常缓慢。1925年12月29日的《申报》指出:"丹徒全县⋯⋯小学校仅存70余所,不及私塾十分之一",②而入

---

① 杨奇璞:《镇江私塾梗概》,政协镇江文史委员会:《镇江文史资料》第十四辑,内部资料,1988年,第128—129页。

② 杨奇璞:《镇江私塾梗概》,政协镇江文史委员会:《镇江文史资料》第十四辑,内部资料,1988年,第129页。

读新式小学的学生人数也远远比不上依旧选择私塾就读的学生数。对此，1920 年 9 月发布的《江苏教育公报》有记载说："当年丹徒县城厢市义务教育第一学区有 2128 名学龄儿童，其中入小学者 414 人，占总人数的 19.4%。"①新学推进的缓慢可见一斑。

第三，就镇江新式学堂的创立看，这一时期的新式教育整体缺乏系统性。它不是按照西方近代教育制度及教育结构由低而高，由基础到中、高等教育的次序启动。新式小学堂与中学堂及专门学堂之间无明显的衔接，更没有构成层级关系。新式学堂的归属关系非常复杂，缺乏统一的管理。从新式学堂的创办者来看，既有官立学校，也有商办、私立学校，还有独立于外的八旗京口驻防主办的新式学堂，如官立初等第一、第二、第三小学堂等。它们的经费来源不一，官立学校多来源官府的拨给及商民的捐助，私立学校来自私人的捐助和商会组织的资助，而八旗京口驻防所办学校的经费则由京口驻防拨给。这决定了镇江新式学堂各自为政的状态不可避免。

此外，镇江的新式教育还存在着初等教育发展较快，中等、高等和专门实业教育发展缓慢的状况。据统计，至宣统三年（1911），丹徒"全县有官立高等小学堂 1 所，公立、私立和商立等各类小学堂 24 所，另属八旗京口驻防开办的官立小学共 7 所"，②"至民国元年，丹徒县境内办起小学共 62 所，发展至民国十一年（1922），全县共有小学 118 所"。③ 相对初等教育发展迅速的状况，中学教育发展滞后。至民国十一年（1922），仅存镇江府中学堂 1 所公立中学与润州中学堂及女子学堂 2 所教会中学。1912—1927 年，县内还先后开办过务实、敏成、江淮、穆源、华东私立中学及崇德、明智等教会中学，但都未能持久存在。这几所中学规模都比较小，以镇江府中学（后改称镇江府属四县公立中学）为例，学生仅有 76 人，教职员 22 人，而润州中学的学生尚不足 50 人。

---

① 杨奇璞：《镇江私塾梗概》，政协镇江文史委员会：《镇江文史资料》第十四辑，内部资料，1988 年，第 130 页。
② 丹徒地方志编撰委员会：《丹徒县志》，江苏科学技术出版社 1993 年版，第 721 页。
③ 镇江市教育局编志办公室编：《镇江市教育志（1912—1990）》，江苏科学技术出版社 1994 年版，第 721 页。

近代镇江的职业技术教育发展更加缓慢。1901 年,镇江举人茅谦集资在县城开办商务学堂,一年后即停办。光绪三十四年(1908),镇江法科学堂和刺绣女子学堂相继开办。民国初年,镇江地区又出现了法政专门学堂、税务学校、商业学校、女医学校等,但都规模不大,且数量有限,"至民国二十五年,县内计存 6 所职业学校"。① 在镇江近代教育初期,其高等教育几乎为一片空白,直至 1934 年江苏省立医政学院才在镇江出现。同时期江苏的教育形成了"以义务教育为基础,以师范学堂为先导,中学、专门、实业学堂三足鼎立的格局。……至 1909 年,全省各类学堂增加到 2074 所,学生数增加到 75460 人,在全国排名前列,尤其是女学堂和中学堂在全国同类学校中一枝独秀,名居第一位。"②与江苏全省及其他地区近代教育发展相比,镇江近代教育在其发展的初期就已有了很大的差距。

镇江教育近代化初期存在的上述不足,除了军阀战乱、社会动荡等一些客观素外,镇江经济近代化不充分是主要的制约原因。

教育发展离不开经济的发展,它需要相对有力的经费保障和相对充足的经费来源。然而,镇江的近代经济发展仅是昙花一现。19 世纪末 20 世纪初,镇江近代经济刚刚起步就开始走向衰落,其时正是镇江教育近代化的启动阶段,其对教育发展的负面影响不言而喻。由于财力支绌,镇江的新式教育发展甚为艰难。政府在教育投入上时常捉襟见肘。此外,由于地方民族工业、企业的逐渐衰落,民间办学力量渐趋薄弱。相较其他地区,镇江私立、商立学校兴起、发展的速度相对缓慢。辛亥革命前,私立、商立学校为数不多,仅有 1906 年间洋货业商人集资开办的"商业高等小学堂"1 所。直至辛亥革命后,私立学校才逐渐兴办,有影响的也只有私立润高小学校、私立敏成学校、正仁小学等。它们的规模小,发展也不平稳。由于实力的原因,许多有志于办学的志士仁人心有余而力不足。因此,镇江地方经济发展的不足严重制约了教育近代化的推进。

---

① 丹徒地方志编撰委员会:《丹徒县志》,江苏科学技术出版社 1993 年版,第 732 页。
② 刘正芬:《督抚与士绅——江苏教育近代化研究》,河北教育出版社 2001 年版,第 144 页。

教育和经济的影响是相辅相成的。经济对教育的影响是显然的,而经济的发展和进步有赖于科技力量对经济领域的全面渗透,人才在经济领域的充分利用是经济发展的动因力量。近代以来,无论是西方各国经济的发展,还是国内东南沿海其他地区的城市发展表明,经济的发展离不开教育的发展。由于近代镇江教育发展的不足,极大程度上又反过来影响了近代镇江经济的发展。分析近代镇江经济衰落的原因,除了固有商贸城市地位的改变,农业生产的落后,西方殖民经济的压迫等诸原因外,教育因素的影响力是不容忽视的。

民族工业的发展是经济近代化的核心。在镇江经济近代化的过程中,最显著的是缺乏地方支柱型的产业,地方民族工业发展十分薄弱。造成这种局面的一个关键是企业的科技含量少,企业发展所需的人才十分缺乏。近代镇江教育没有从根本上解决人才需要问题,学校所培养的人才远远不能满足社会对人才的需求。

首先,经济发展所需的专门人才十分缺乏。镇江曾是商贸发达的城市,开埠后,镇江曾经被视为"百业兴旺",一跃而为当时全国有数的重要商埠之一。19世纪末,在仕进之路已绝的形势下,许多平民子弟进入学馆学习经商所必要的文化知识,但也仅限于学习应用文写作、掌握珠算技能等初级技能。专门商务学堂的出现比较晚,存在的时间也比较短,如前所述的茅谦开办的商务学堂。作为镇江商业核心的、绸布、木材业、钱庄业等资金雄厚,经营范围广,传统的经营方式和理念根本跟不上近代经济发展的趋势。尤其是在与外商的交往中,更需懂得资本主义企业经营之道的人才。但事实上,当时这些行业中,真正懂得现代经营理念的商贸人才屈指可数,只有极少数受过西学熏陶,当过买办之类职务的人员厕身其间,真正受过专业训练的商业人才微乎其微。较高层次和水平的专门性商贸人才的缺乏,影响了近代镇江商业的良性发展。

其次,人才结构的不合理也影响地方经济的发展。镇江的民族地方工业一向不甚发达,更需要懂得专门知识和现代经营之道的人才为企业的发展注入新鲜的力量,但是镇江近代教育在这方面的努力是不够的。分析近代镇江教育的结构,我们可以发现其人才结构的培养很不合理,初等教育的发展虽说相对较好,但是中、高等教育,尤其是专门性的职业技术教育和实业教育发展非常不足。它们命运多舛,有些很快就随生随灭了。截至 1936 年年底,镇江仅有 6 所专门职业学校。这对于近代镇江经济的发展来说可谓杯水车薪,更遑论部分人才的流失。

此外,实业人才的错位和才用之间的失衡也是近代企业发展受阻的重要原因。如前所述,近代镇江的工业企业大多集中在轻工业方面,而镇江出现的职业学校多集中在医科、法学、税务等方面,与轻工业发展关联不大,对于以面粉、火柴、食品等为主的镇江地方经济所起作用十分有限。1926 年,以蚕桑科为主的镇江女子职业学校开办,对推进地方蚕丝事业的发展起了积极作用,但这样的学校寥若晨星。除了轻工业,关系到国计民生的近代镇江的重工业是亟待发展的。但 19 世纪末 20 世纪初叶以来,镇江的重工业可以说是一片空白,机械、冶金、化工、建筑等企业乎为零。除了资金等因素外,相关人才的缺乏培养是一个关键的因素。因而,自 20 世纪初以来,镇江工业经济结构不合理的状态长期没有得到过有效的改变。

近代镇江经济与教育是镇江近代化进程的重要组成部分,它们相互影响、相互制约,正如马克思曾经说过:"一方面,为了建立正确的教育制度,需要改变社会条件;另一方面,为了改变社会条件,又需要相应的教育制度。"①这对于近代镇江教育的考量有指导意义。

---

① 《马克思恩格斯全集》第 16 卷,人民出版社 1964 年版,第 18 页。

第八章 地方社会生活的新变项

镇江被辟为通商口岸后,地方社会生活中出现了诸多新变项。租界的出现既改变了城市发展的进程,也悄悄影响人们的日常生活,社会风俗习惯嬗变,地方社会组织形式日渐变化,新的社会群体生成。地方社会生活中的这些变化正是近代化进程推进的反映。

第一节 租界影响下的地方社会生活

1861年2月23日,镇江英租界正式辟设。租界设立伊始,由于太平军占领镇江之缘故,故"订约三年后,英国才派遣官吏、洋商赴镇,办理租地立市事宜"①。英国殖民者首先踏上了镇江的土地。但此后,依据美国人提出的"机会均等,门户开放"的不平等原则,西方列强遂相继而至。

关于租界设立的经过,《续丹徒县志》有大致的描述:"同治三年,清廷收复南京,江南大定。邑民渐归复兴。于是英人首来,法美继之。遂于云台山下滨江一带,划作租界,并设领事公署于云台山上,陆续设立太古、旗昌、怡和等轮船码头,起卸商货。外商行栈遂亦递有增益。税关既设,各回镇江关。以常镇通海兵修道监督关务。照章由总税务司遴派洋员邦办收税,名曰镇江关税务司。"②

① 张洪祥:《近代中国通商口岸与租界》,天津人民出版社1993年版,第94页。
② (民国)张玉藻、翁有成修,高觐昌、刘嘉斌、何庆年等纂:《续丹徒县志》卷五,食货志,《中国地方志集成·江苏府县志辑》第30辑,江苏古籍出版社、上海书店出版社、巴蜀书社1991年版,第547页。

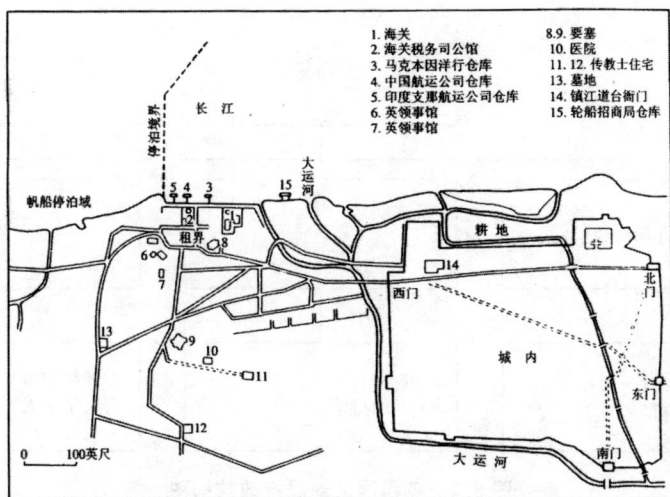

图 8.1　镇江租界

资料来源:[日]滨下武志:《中国近代经济史研究——清末海关财政与通商口岸市场圈》,江苏人民出版社 2008 年版,第 488 页。

租界建立后,殖民者在租界内先后建造了英国领事馆、美国领事馆、日本领事分馆,并设立了殖民性质的各类行政、经济等运行机关,如海关、工商局、巡捕房、洋行、银行、天主教堂、邮政局、电讯局等。工部局是英国人管理租界内一切事务的主要机关,其行政系统大致如图 8.2。

洋行是西方殖民者的殖民掠夺的典型形式。据统计,"美、德、法、日等国家人来镇江所设的洋行最多时达到 20 多家。英商有怡和、太左、亚细亚、德士谷、麦迪、华昌;日商有大阪、锦降、一二、三菱;德商有美最时,美商有美孚以及其他同籍的禅臣、安利、捷成、沙逊、和记、裕来德、东方等。"[1]据学者统计,至 1916 年,在镇外国洋行和洋商人数分别为 19 个和 175人,列表如下:

---

[1]　胡鲁璠、杨方益:《解放前镇江工商概述——抗战前部分》,政协镇江文史资料研究委员会:《镇江文史资料》第十五辑,内部资料,1989 年,第 2—3 页。

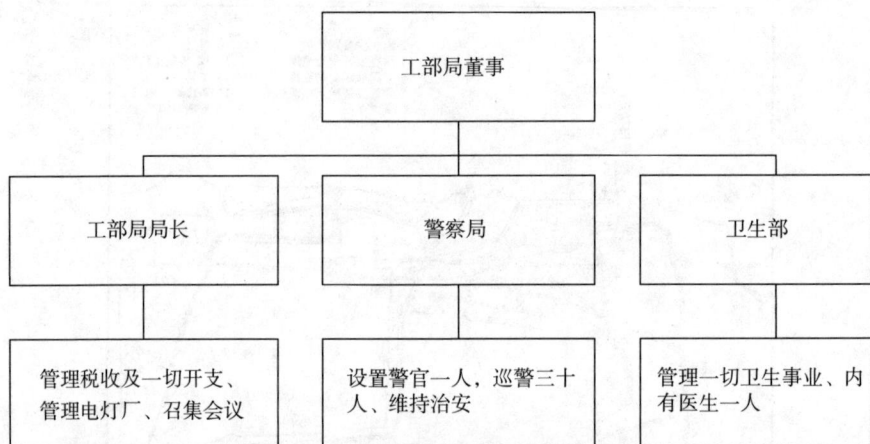

图 8.2　英租界工部局行政结构图

表 8.1　近代镇江洋行和洋商情况①

国　别	洋行数	洋商人数
英国	7	100
美国	2	24
德国	3	17
日本	7	26
法国	0	1
葡萄牙	0	6
瑞典	0	1
总计	19	175

　　随着洋商企业的增多,镇江英租界日显畸形繁荣,"1864 年,镇江洋商航运企业已有 10 家。1868 年,游人在长江中,能见到英租界,租地建楼,市廛相属,江中洋趸船大 20 余丈,高敞若建飞阁,一派繁盛景象。"②租界设立后,洋人选举成立了董事会,董事会任命工部局的官员,负责管理租界内的行政、道

---

①　张洪祥:《近代中国通商口岸与租界》,天津人民出版社 1993 年版,第 95 页。
②　张仲礼:《长江沿江城市与中国近代化》,上海人民出版社 2002 年版,第 659 页。

— 186 —

路、卫生、税收、产业等。

租界及相关管理机构的设立,西方的物质文明、制度文明、思想文明随之涌入。西方的商业文化首先影响了当地的经济生活,在各大洋行涉足贸易和航运业的同时,华商协和新义和、鸿记、钧记、德新源、天生东等本土大商号也开始出现在英租界,经营洋货和土特产贸易。有关洋商进入对于本邑经济发展的影响,前述已颇为详细,在此不再赘言。

在社会生活方面,我们应当关注的是租界设立对人们日常生活的影响,从公共事业方面来谈,洋人进入后,电报、电话、邮传、自来水、卫生防疫等方面,西人的示范作用,不仅改变了居民的传统生活方式,也客观影响了相关事业的近代进程。

邮局的出现是西方殖民入侵的产物。1834 年,英国商务监督律芳卓于广州开办英国邮局,"客邮"由此入侵中国。鸦片战争后,外商在我国各通商口岸陆续设立邮局,镇江未能幸免。被辟为通商口岸后,日本、德国、法国都曾在镇江设立了邮电机构。殖民者还通过工部局,开设所谓"工部局书信馆",发行邮票,自行经营,严重侵犯了中国主权。1903 年,日本在镇江分设日本邮局代办所,由位于鱼巷内的日商洋上洋行商人河上各务兼办,这是一个设置在租界外的邮局。德国人也曾在"美最时"洋行内设立二等邮局一所。客邮的出现刺激民族相关行业的出现。

镇江原有邮驿通信均依赖驿站,京口驿、炭渚驿是清末镇江的两个主要驿站。由于地理位置的突出,我国近代最早的一条邮局——津镇骑差邮局经过镇江。咸丰十年(1860),各国使馆次递由沪迁京办公,使馆和海关邮件在北京和上海之间频繁运送。光绪四年(1878),总税务司赫德指示天津税务司德璀琳在京津骑差邮路的基础上,组织了三条长途骑差邮路以试办邮局:"一条为天津—牛庄(今辽宁营口),一条为天津—烟台,另一条为天津 镇江,全长二千华里。镇江作为这条邮路的起点与终点局,实为当时这条邮路之中转枢纽。"①截至

---

① 　张铸泉:《镇江邮电史话》,政协镇江文史资料研究委员会:《镇江文史资料》第十三辑,内部资料,1987 年,第 103 页。

1896 年大清邮局成立,这条骑差邮路仍然畅通,直至 1912 年为铁路邮运所代替。

近代镇江邮电事业发展始于邮政总局的设立。1896 年,英人赫德奉旨允准创设官办邮政,于北京设立邮政司署,管辖全国邮政。同年,镇江与北京、天津、上海等 24 处同时设立邮政总局。1896 年 8 月 10 日,英人倭士人(W.A. Washbrook)被委任为镇江第一任邮政局长。镇江总局下设二支局:一为城内堰头街,一为城外柴炭巷。下属"市镇稍大者均设邮柜"。至宣统三年(1911),原有驿站裁撤,归并邮政。作为清末邮局 24 个总局之一,镇江邮政总局管辖了镇江府、淮安府、海州、扬州府、徐州府、常州府、通州、山东、兖州府等地邮局。有记载云,1897 年南京开办邮局时是作为镇江支局而出现的,可见镇江邮局近代之地位。

除了官办邮局以外,镇江民信局在清末逐渐发展。1853 年,商人创办裕兴康、政大源、福兴润三家民信局,三者均位于西城门外大街柴炭巷,主要承担邮递信函、包裹、汇款等业务。19 世纪 70 年代,天主街成为镇江民信局的又一集中区,设有正和协、全昌仁、铨昌祥等局。此后,柴炭巷又陆续开设了裕兴福、松兴公等民信局,数量不断增加。据资料记载,截至民国四年(1915),镇江民信局登记数多达 17 家,从业人数达到 60 人之多,表明地方民办邮信局的一时鼎盛。

电报方面,1881 年 12 月 8 日,我国第一条有线电报线路津沪电报线路架通,镇江因为地处南北要冲,清廷在镇江设立了电报分局,成为当时全国七个分局之一。镇江分局设立"初在西城外姚一湾租赁民房。三十四年,购新河街地改建,永为部产。部定镇局一等甲级,局长一人,司事五人,电报生自领班以下,额定三十人,象山炮台电报房亦归管理。"此外,"电报卡光绪六年设在北固山西麓,因水浅自山之西过江而北设卡守之。"①电话局的最早设置为宣统三年间,地点依然设在姚一湾。

---

① (民国)张玉藻、翁有成修,高觊昌、刘嘉斌、何庆年:《续丹徒县志》卷七,电报,《中国地方志集成·江苏府县志辑》第 30 辑,江苏古籍出版社、上海书店出版社、巴蜀书社 1991 年版,第 565 页。

自来水事业在镇江的兴起也主要缘于西方殖民者的"示范"作用。镇江地处长江南岸，用水自古依赖长江、运河和内河。至清末民初，镇江居民除依靠天然水系以外，尚有分布全城的 351 口公井和 927 口私井可以作为饮用水源。租界设立后，1912 年，英国人在租界内的五十三坡下兴办自来水工程，"布告租界的外商和居民，如需要自来水者，可以试用一月，不收水钱。同年 9 月，即在租界各栅口设水龙头，用自来水即在该处挑水，每担收钱四文。"①是为镇江自来水来之始。如前所述，受英租界工部局此举影响，镇江地方有识之士谋划筹建自己的自来水厂，虽历经曲折，终于 1924 年 6 月建成了地方第一家自来水公司。

近代电气公司的建设情况也大数类同。租界设后，英人议设电气处，地方人士为维护民族权益，遂于 1905 年建成了大照电灯公司，由此镇江地方电气事业逐步发展。

洋商进入，洋货涌入，对于当地居民生活方式的影响是潜移默化的，电灯、电话、电报等逐渐进入人们的日常生活，传统的对外联络方式改变。不仅如此，来自外洋的日用百货也逐渐为人们所接受。洋货不仅遍及镇江城乡，还逐渐深入经济腹地，前述英国人吟唎所见扬州仙女庙的农夫拥有洋货"八音盒"就是一个很好的例证。

清末本埠的繁华街面上，常常可以看到各种各样的洋货供人们选择。日新街毗邻英租界和二马路，并紧靠江边码头，明显的地理优势造就了这条街的繁华，日新街上来往客商繁多，服务业应运而生，旅馆饭店、百货店林立身处。其中的"复昌饭馆，专卖面包、听头、洋酒和西餐，彼时每客西餐 1 元 2 角，还有牛奶、冷盒、炸猪排、牛尾汤等"，此外一些百货店除贩卖本土产品外，还供应洋酒、罐头、熏肉、牛肉等西方食品。西式生活方式入侵本土还体现在诸多方面。依据蒋志云先生对 1922 年前日新街的回忆，不难发现洋货在镇江居民日常生活中的普及：

---

① ［英］伶唎:《太平天国革命亲历记》(上)，上海古籍出版社 1985 年版，第 308 页。

街中间南北两边有两家皮鞋店,橱窗内既有现货出售,又可定做。还有一家林姓服装店,专做操衣、铁床帐子、椅套、服装等。还有酒店、酱园、茶叶店。街中有中法药房,欧阳时雍医生在内挂牌行医。该药房是上海黄楚九开设的中法药房的分店。西首有五洲药房,在玻璃橱窗中陈列着蜡制的面部有杨梅疮的头像,为狮牌606做宣传。靠近有亨得利钟表店,两边玻璃橱窗,陈列最新的各种钟表。街中还有两家镶牙钟表店,替客镶牙修理钟表。

鼎和居隔壁是一乐理发店,当时是新式的,门口有红白蓝旋转的圆筒招牌灯,备有新式理发椅,洋式洗脸盆,自来水龙头,白绸围衣,雪花膏香水、头油、香皂等,营业不恶。隔壁是女子商店,专售绒线织品、女子用品、床单、枕套等等,营业员是女子,当时女子商店只此一家。店的对面是洋广百货店,供应百货化妆品。①

洋货在镇江深入的记载多次出现在相关资料中,仅摘录数条记述,以资说明:

镇江开埠后,渐渐有英、法等国洋铁输入。清末,洋铁进口已达10万担,而沙铁意至绝迹。辛亥革命后,洋铁年销量增至十五六万担。

自民国初年以后,镇江稍有规模的建筑工程,渐采用洋松木料。起初委托怡和、太古洋行向上海购买,1919年英商象泰木行来镇设经理处,供销洋松,以后美商太来木行也来镇经销,洋松用途日广。

开埠以来,由于外侨来往频繁,引来了西医、西药。民国年间新药业是一个稳步发展的新兴行业。也由于门户开放,带来了许多西方毛织品和多种搪瓷、玻璃、合金器皿,国内也仿效制造,一些固有用具和穿着衣袜逐步"洋化"了,如伞、鞋帽、衣服、杯碗等都随着逐步翻新,于是发展了京

---

① 蒋志云:《日新街——不夜街》,政协镇江文史资料研究委员会:《镇江文史资料》第二十五辑,内部资料,1993年,第72页。

广杂货业而为新兴的百货业。①

　　镇江开埠后,市面的逐渐繁荣使城市发展进入了一个新的时刻。元时,镇江城区原有七隅二十八坊,五市七街、八十二巷,其中五市包括大市、小市、马市、米市、菜市等,七街主要指五条街、十字街、上河街、下河街、税务街、屏风街、新街等。明清以来,镇江城市有所发展,街市有所增加。至清中叶,市增至六个(增加中市),街有十一街(增有凤凰街、九里街、通市街、沈公街),巷也增至九十六巷,城市范围有所扩大。晚清租界的设立逐渐改变了城市的原有风貌。1861 年以后,围绕租界,城市中心开始西移。租界所处的银山门一带直至沿江地带由于百业兴旺,市面表现出极度的畸形繁荣,相邻西门大街也日趋繁华。清至民国初年,以西门大街为中轴的西城区包括京几岭一带,租界、码头、火车站连成一片,商业繁荣,居民激增,成为城市新的中心区域。

　　资料记载,由于商贸的发展,租界及沿江带,洋行、商号行栈林立,带动了仓储、堆栈报关行等行业的发展。与此同时公馆、公所以及饮食服务业、娱乐行业也日趋兴盛。旅馆、浴室、茶坊、酒肆等行业大兴。"当时旅馆业中的大观楼、六吉园、完全楼、万亿楼(均在江边)是其中翘楚。茶坊中有中华园(日新街内)、万华楼(天主街内)、华阳楼、天乐园称四大名馆。其他如朝阳楼(伯先路口)、顺兴楼(大西路)、一枝春(柴炭巷)、永源楼(四牌楼)、春生园(五条街)、大兴馆(小天主街)、顺兴园等,也都有名气。西餐馆的品芳、美丽等,也常年座无虚席。浴室遍布城厢,还有近百家的旅馆客栈,莫不生意兴隆。至于娱乐事业,当时只有京剧与扬州评话两种,城厢有京剧院 4 所,这也是其他城市所少有的。书院往往和素茶坊结合,也有专营的如五条街旧参府巷(今五条街小学西)、松花巷(今万祥号西)两家专营书场,对门相望,相距不足二丈,都是午后、晚间两档开讲,场场满座,日日如此,城厢内外共有说书场近 30 家。

――――――――

　　①　胡鲁璠、杨方益:《解放前镇江工商概述――抗战前部分》,政协镇江文史资料研究委员会:《镇江文史资料》第十五辑,内部资料,1989 年,第 19—21 页。

于此也可见市面活跃之一斑了。"①

物质文明影响以外,重要的莫过于西方思想体系的影响,西方宗教的传入是其中最主要的方面。传教士在近代镇江的活动较为频繁。除了创办教会学校以外,还开设教会医院,如内地会于戊辰年设医局等。

传教士在近代镇江的传教活动无论是起始时间,还是办学、设立医院情形,较之苏省其他地区,均属前列。除去上海、苏州、南京地区以外,镇江的传教士活动应为苏省活跃地区。王树槐先生整体考察了近代江苏省的传教情况,对于多地传教活动的起年、医院、学校设立情况有较为详细的考证,从中可以考量近代西方传教士在镇江的传教情况(参见表8.2)。

表8.2 苏省多地教会、学校、医院分布情形②

地 名	起 年	教会数	中等学校	学生数	医院数
上海	1843	35	41	6,876	
苏州	1858	5	8	807	3
南京	1874	16	4	417	3
镇江	1883	6	3	253	1
常州	1903	2			1
常熟	1900	2			
江阴	1895	1	2	199	1
松江	1888	1	1	100	
无锡	1900	1	2	132	
青浦	1902	1			
扬州	1868	3	2	121	1
六合	1898	1			1
高邮	1889	1			
淮阴	1887	1			1

---

① 胡鲁璠、杨方益:《解放前镇江工商概述——抗战前部分》,政协镇江文史资料研究委员会:《镇江文史资料》第十五辑,内部资料,1989年,第12页。
② 王树槐:《中国现代化的区域研究,江苏省,1860—1919》,"中央研究院"近代史研究所1984年版,第116页。

地 名	起 年	教会数	中等学校	学生数	医院数
泰州	1908	1			1
南通	1895	1			
盐城	1911	1			1
清江浦	1869	2			2
淮安	1904	1			
兴化		1			
宿迁	1894	1	2	192	1
安东	1893				
徐州	1896	1			1
砀山		1			
海州	1908	1			
合计		53	24	2,221	18

迨至 1908 年,镇江府的天主教教堂数达到 12 个,设立医院诊所 1 个。耶稣教教堂 16 个,义学 1 个,诊所 1 个。共计教堂 28 个,诊所 2 个,义学 1 个。传教士在镇江的传统活动一开始就遭到地方民众的抵制。随着传教的深入,教会与当地中国民众之间的矛盾益发尖锐。影响颇为深远的丹阳教案就是在此背景下发生的。光绪十七年(1891)三月,丹阳教案发生。史志、史料及史家对于丹阳教案的叙述不尽一致。整合分析相关资料,教案发生过程大致为,1891 年 4 月间,丹阳民众发现教会墓地埋葬七十余具儿童尸首,育婴堂无一活婴,民众愤而火烧教堂,官府严兵弹压,激起金坛、如皋、无锡等县的系列反洋斗争。《续丹徒县志》对此表述云:

> 光绪十七年三月有丹阳教堂之案。中国自道光间弛西人传教之禁,积数十年,教堂布满郡县,且有兼育婴者,踪迹诡秘。丹阳教堂之毁当数日前西人迁什物器具于舟若,将他往邑。人疑而觇之,主者弗纳,遂绕堂,后入其桑园,沙土浮松,踋见孩尸无算。骇而呼,观者如堵,徧索堂内无一活婴,怒而火之。镇江府知府王仁堪闻报,驰验,果得孩尸七十有奇。又

一匣藏骨头三具,乃讯取教士教民及邻右,供词上之总督刘坤一,请专输入告,略曰既名为天主堂,即不应有死孩骨,既曰兼育婴局,更不应无活婴儿,且教堂兼办育婴,虽各省间有此案,而遍查历年所换条约,传教条下并无准外国人在中国有育婴之约,该教士等既于约外兼办育婴,复不遵光绪十五年两广总督奏行章程,使地方官得司稽察,祸由自召,我岂无辞。尸迹俱存,民嚣可畏,请于结案之时,曲贷愚民之罪,以安众心,别给抚恤之资以谢彼族,庶不致积愤日甚,为祸愈深,实于民教两有裨益。当事韪其言,丹阳之案既结,西人屡移书督抚保护教堂。又因禀请奏定保护律例,曰丹阳教堂讹言未靖,悉膺郡寄镇戢未能惭疚无地,伏念民教所以不安,中外所以猜间,与夫偶有构衅,上自朝廷下及官吏,之所以棘手,其弊皆由于律法未定之故。①

丹阳教案是近代"长江教案"中的一起,其结果以逮捕六个知县、判刑二十余人并以赔款十二万元而结案。丹阳教案的发生与结果,反映出西方宗教势力在镇江地方的深厚。传教士在地方干预政法,包揽词讼,掠夺财产,常常与地方民众发生冲突。自镇江辟为通商口岸后,教会在镇江地区占有的财产不断增加,仅在租界,"每个教会都买了地产,建立了漂亮轩敞的房屋。"有些教派甚至将多余的房产出租,并年取利润。因而时常与租户之间发生利益纠纷,1884 年 3 月 4 日的《申报》就有相关报道。

西方人来到本埠,华洋之间的纷争从未停止。1861 年 12 月,租界刚刚设立,其四至界石即不翼而飞,1862 年 2 月,镇江知府田祚光重新设立四至界石。1862 年 4 月,镇江士绅赵彦修等三百五十余人禀告镇江知府,认为土地关系世业,要求择址另建。租界内华洋矛盾集中的体现,当为 1889 年镇江百姓火烧领事馆事件。1889 年正月初六日,镇江租界内一康姓小贩被印度巡捕毒打致死,英租界当局却置若罔闻,由此引发了数千当地民众围困领事馆与教

① （民国）张玉藻、翁有成修,高觐昌、刘嘉斌、何庆年等纂:《续丹徒县志》卷九,外交二,《中国地方志集成·江苏府县志辑》第30辑,江苏古籍出版社、上海书店出版社、巴蜀书社1991年版,第605页。

堂,英租界当局无情弹压,激于义愤,群众愤而烧毁领事馆和 15 处教堂,英国领事仓皇出逃上海。次年,迫于殖民者的压力,清政府赔款重修英领事馆,事件以清政府的退让而告终。

华洋矛盾频发的同时,由于传教士和侨民的进入,西学渐在本邑传播,对本地社会文化生活的影响至深。赛珍珠的父亲赛兆祥的镇江传教活动就是一个很好的例证。身为美国基督教长老会牧师,赛兆祥长期传教于中国长江及运河沿岸城镇,并在镇江传教三十余年,"在镇江城乡广设教堂"。据称,由于其虔诚而锲而不舍的传教布道,颇得镇江教民尊敬。1921 年 10 月,其妻病逝,他即赴宁担任金陵神学院函授部主任。1925 年,镇江长老会中美牧师及教民勒石称颂其功德,称其"莅镇三十余年,不避艰难,不辞劳瘁,虽彼时人心顽固,谤读言多端,而赛牧师待人以诚,爱人如己,救人之急,解人之危,卒能使教会由诚而镇,又镇而乡,如江河之下流,沛然莫之能御"①。赛兆祥的镇江传教生活及其与地方教众的密切关系,显示出西方宗教对于近代中国普通民众生活的深刻影响。

诚然,伴随西方宗教而来的西方文明也不失其积极影响,在中西文化的碰撞和交流过程中,一些深受西方文明熏陶的青年知识分子成长起来,为民族教育、文化及政治事业作出了重要贡献,并成为一代仁人志士中的佼佼者。近代著名教育家、思想家马相伯出身于镇江丹徒一位世奉天主教的家庭,少年时入学上海天主教圣依纳爵公学,后毕业于耶稣会大修院,获神学博士学位。多年的教会学校读书生涯,马系统接触了西方民主思想,有感于国家的落后衰败,致力于兴办洋务。屡屡碰壁以后,他决定毁家兴学,教育救国,先后捐出良田3000 亩、40000 万现金和 10 余万元的地产,于 1903 年创办了震旦大学院,此为中国近代史上第一所私立大学。后来,马相伯又创办复旦学院,亦即以后的复旦大学。

由上,镇江开埠以后,地方社会生活中的西方影响如此普遍,其对于镇江社会近代化进程的影响力的考察意义不言而喻。

---

① 范然、张立:《江河要津》,江苏大学出版社 2004 年版,第 137 页。

第二节　地方社会组织及其功能的变化

地方社会组织的存在对于地方社会体系的运行有着特别的意义,传统社会中的政治、军事、社团等组织是地方社会生活的组成部分。开放的近代口岸,随着近代化进程的推进,地方社会组织形式与内涵尤其是社会功能均发生深刻的变化,近代镇江亦如此。

作为一个传统的商业城市,会馆、行会和公所的出现是镇江地方传统的社会组织,它们在一定程度上影响了地方社会经济生活。据现有的资料记载,清前期,镇江大约有 15 个公馆、会所。公馆、会所始于明朝而盛于清朝,它们的出现与城市移民的大量出现有关。

传统意义而言,镇江历史上就是一个移民的城市,移民对镇江地区的社会影响连续不断。自西周时期,周太王之子太伯、仲雍率部众南下,"乃奔荆蛮"、"自号句吴",太伯、仲雍南下带来中原的周文化,与当地的土著文化融合,逐渐形成了先秦时期的吴文化,虽然"句吴"的中心是在太湖流域,但宁镇地区是其南下的重要走廊,周文化的沉淀成为必然。周人南下之后,自秦至两汉时期,来镇的北方移民陆陆续续,而北方移民对镇江第二次大规模的影响应在六朝时期(三国、东晋、宋、齐、梁、陈)。东汉末年,北方群雄割据,连年混战,北方民众纷纷南迁,史称"永嘉南迁",永嘉南迁时达半个世纪之久,前后有四次高潮,"移民的来源遍及河南、山东、山西、河北、甘肃、陕西及安徽北部,接受移民的省区的江苏最多 26 万人……不少移民多次辗转迁徙,由北到南,呈波浪式推进。"[1]接受"北方移民最多最杂的是南徐州",[2]南徐州是东晋南朝时期州治设在京口的南徐州,亦即今天的江苏镇江地区。"永嘉南迁",流民由淮入江,大多滞留在宁、镇、常一带,东晋政府在侨民集中的地方置州郡

---

① 葛剑雄、曹树基、吴松弟:《中国移民史》,福建人民出版社 1997 年版,第 410 页。
② 葛剑雄、曹树基、吴松弟:《中国移民史》,福建人民出版社 1997 年版,第 349 页。

县,在南徐州下辖丹徒、曲阿、武进、延陵、无锡、陵、暨阳七郡县。永嘉南迁,迅速改变了京口的地位,北方劳动力的大量涌进及先进生产工具和生产技术的带入,有力地推进了本地区的全面开发,镇江地区在政治上、经济上、文化上及城市建设方面,得到全方位的发展,自此以后,镇江地区在人口结构、生活习俗和语言使用方面发生全面北化现象,这种影响一直持续到今天。

永嘉南迁以后,唐后期至五代十国及宋金对峙时期,大量移民南下,本地北化现象进一步加强。唐代后期,安史之乱持续八年始被扑灭,给中原地区带来极为惨重的破坏。江南地区相对比较稳定,北方人民纷纷南逃,镇江地区也成为北方移民的落脚地之一。五代十国时期,长江流域先后出现了前蜀、后蜀、荆南、楚、吴、南唐、吴越等7个地方割据政权,长期的动乱,使得大量的中原人民不得不南迁,其驻留镇江的南迁移民及其后裔对镇江经济、政治、文化进行着广泛的影响。金灭北宋及元朝建立的过程中,部分北方移民逐渐在镇江定居下来,涵盖了部分蒙古人、回回人、维吾尔人、契丹人等少数民族移民,使得镇江人口数量及民族构成深刻变化。

明清时期,来自北方的移民对镇江的经济仍然起着广泛的作用。首先,明清时期两次大规模的军事活动,带来了大量的北方移民。元末明初,朱元璋的北方农民起义军一部,在大将徐克的率领下占据了镇江,许多北方的移民随之来到了镇江。清顺治元年,清军偷袭镇江一举成功。清兵占领镇江后,旗人开始入驻镇江。其次,明清时期,镇江是南北货集散地和长江中下游物资的中转港。镇江地区的商品经济发展繁荣,工商业发展到极盛。四方商贾云集镇江,客货流量比较大。南下的客商大多以镇江为中转站,渐渐地,有些客商成为移民,一些北方的物产也被逐渐引种到了镇江地区,如,甜瓜、黄瓜等。晚清以后,随着口岸的开放,外来移民再次涌入,地方社会生活的相应变化开始出现。

作为一个典型的移民城市,公馆和会所的存在为外来移民提供了落脚之地和精神家园。会馆与公所发挥着工商行会的作用,也往往是同籍商人商业联盟的场所,带有浓郁的地缘特征。镇江开埠以后,随着商业的发展和镇江港口地位的提升,商客云集,流动人口急剧上升。据称,商业经济鼎盛时期,每天流动人口达到三四万人,最多的月份达到 20 万人左右。大行业出于便利需要,更加注重兴建同乡会性质的会所馆和公民。"不仅可供同乡聚会、住宿、堆坊货物、办理乡友间的互助,而且可以互通信息,对贸易也大有裨益。"①盛时,镇江的会馆主有北五省会馆(河南、河北、山东、山西、安徽)、福建会馆、古闽会馆、广肇公所、广东会馆、庐州会馆、江西会馆、全浙会馆等。这些会馆官在清中叶前大都有其根基。本地行业也在外地设立会馆,如上海、北京、广州的京江公所等。公馆、公所有自己公举的领袖和常驻执事,家属也有随驻,一些同乡公墓随之在镇江出现。

和全国多数地区一样,镇江公馆的设立,"起初主要目的是在保护各省间往来贩运的商人和远离家及家乡移民的权益,但后来会馆逐渐发展到在政治、宗教、社会各方面都有相当影响的机构,各会会馆都有'首事'与地方官进行公务联系,参与当地税捐征收、消防、团练;重大债务清理、赈济款项的筹措和发放、育婴堂和其他慈善事业的管理,济贫和积谷等,移民愈来愈多地参与地方事务。"②公馆增强了同乡之间的彼此依赖,因此具有一定的封闭性和狭隘性,但"应当看到,由于会馆的普遍设立,导致各省移民彼此的隔阂和分离,同化和融合过程非常缓慢,由于这种社会组合的特点,使各省的移民及后代保持着相当的特有素质,因而对社会具有一定的割裂作用。不过从另一方面来看,会馆的设立加强人们的社会联系,促进了同籍移民的互助,使他们比较能够承受社会压力和意外打击,从而在一定的社会范围内获取必要的生存空间,并缓慢地发展相应的社会事业。"③镇江的公馆具有同样的特性。

除了地缘性质的会馆以外,清末镇江还出现了诸多以业缘为基础的行会、行帮和同业公所。行业性的组织是经济发展到一定程度的产物。工商业的稳定发展,商户利益追求的不断扩大,行业组织便自然而然产生。以糖、北货业为例,自 1886 年至 1906 年的 20 年间,镇江糖、北货业飞速发展,各帮及大型

① 胡鲁璠、杨方益:《解放前镇江工商概述——抗战前部分》,政协镇江文史资料研究委员会:《镇江文史资料》第十五辑,内部资料,1989 年,第 11 页。

② 王迪:《跨出封闭的世界——长江上游区域社会研究,1644—1911》,中华书局 2001 年版,第 563—564 页。

③ 王迪:《跨出封闭的世界——长江上游区域社会研究,1644—1911》,中华书局 2001 年版,第 565 页。

行号,纷纷出现。著名的有广帮、潮帮、建帮等,京帮、北路各帮驻客等。广帮主要指广州、惠州、嘉应、南海一带商人经营的行栈。潮帮则指广东潮州、汕头一带的商人建立的行栈,并且有独立的韩江公所。建帮主要由南洋一带的封建华侨经营,京帮是指贩运北货的南京帮号行栈,北路各帮驻客主要指北路各帮商客,包括山东济宁帮及其任城公所、河南帮、山西帮等。本帮的行号包括糖、北货行栈、鲜北货行、糖杂货行号、食油行号等几种。各帮均订有自己的行规,如广潮帮规定"不直接买糖于客户,本帮糖行亦不得向南洋或香港、汕头等埠直接买糖"①。

为了保障自身的利益,各商号、行栈还参加了各自的同业公所,同业公所即为同业公会的前身。近代镇江最为著名的公所有钱业公所(辅宜堂)、江广业公所(安仁堂)、绸业公所(景福堂)、米业公所、布业公所等。米业公所成立于同治五年(1866),成立时间较早。对镇江米市的形成起了重要的作用。这些同业公所均具有雄厚的经济基础,往往拥有自己的大楼,还执掌诸多市房和其他财产,其经费主要来源于"会厘"。所谓"会厘",是向同业抽取的会费,通常"按营业额每银一两抽取一厘,即千分之一"的方式收取。繁荣时期,由于营业额较大,因此其为数甚巨。"会厘"可增可减,但须经同行业公所同意,"有时需要特备费用,也有临时额外加附的。"②除了服务于本行业以外,同业公所还利用手中较丰厚的资金服务于地方事业,如"砌造房屋,有的还救济同业孤寡,有的还兴办学校"等。③ 各同业行所往往推举一二人为业董,处理公所各事。

进入民国初年以后,镇江的经济结构发生变化,传统工商业出现衰败的景象,多路客帮纷纷外迁,公馆、公所也日趋衰落,有些仅在镇江留有象征性门面。与此同时,商人的地方新兴组织商会在地方事务中开始发挥突出的作用。

---

① 《镇江糖北货业的百年兴衰》,政协镇江义史资料研究委员会:《镇江文史资料》第十五辑,内部资料,1989 年,第 100 页。

② 杨方益:《镇江商会始末》,政协镇江文史资料研究委员会:《镇江文史资料》第六辑,内部资料,1983 年第 15 页。

③ 杨方益:《镇江商会始末》,政协镇江文史资料研究委员会:《镇江文史资料》第六辑,内部资料,1983 年,第 15 页。

近代镇江商会诞生较早,对于其出现的时间,曾有一定争议,据《续丹徒县志》,镇江商会的出现时间当为清末,云"光绪二十九年,常镇道郭道直、丹徒县郭重光照会邑商吴兆恩、闵文銮兴办。初赁城西龙王巷钱业公所出租之市房为会所。设总理、协理、文牍、庶务各一人,各业董议员二十八人,城内外辅户营业较大者均为会员,……议员由会员于董事中公举,总、协理则于议员中公举。定章总理三年为满,年满另举。常年经费由各业按月捐助。按自光绪二十九年至宣统三年两届,总、协理为吴兆恩、闵文銮、朱绍周、于鼎源、李振远等。"①

镇江商会是近代地方商人的团体,商会以利益群体的团体关系代替过去的家族关系,是社会演进的产物。商会出现后不仅关注商界事宜,而且逐渐对地方社会生活起着越来越多的影响作用,如参与政治和社会活动等。吴泽民担任会长时期,其"声望和活动,确超出商会和商界之外,例如辛亥时镇江的和平光复,他和于立三都参与其事。"②吴的影响力之大,甚至左右了晚清政府"沪镇铁路"和"瓜清路"的修建计划。

民国成立以后,镇江商会的组织形式有所改变,据杨方益先生的回忆,其领袖可能由总理制改为会长制。民国六七年左右,地方名士陆小波脱颖而出,就任会长,商会组成以"各业公所为基础组织,当然也有独家或少数几家没有同行业公所的大公司、厂商直接加入商会的,如当时大照电灯公司、自来水公司、贻成面粉厂、火柴厂等"③。民初的地方商会在社会生活发挥的主要作用有以下几个方面。第一,维护地方平安。辛亥后,军阀混战割据,社会动荡。镇江素为兵家必争之地,"各派军阀,此往彼来。"每次来镇均索要巨额军费,镇江商会在应付"军差上"作出了重大贡献,往往能使地方转危为安。在维护

① (民国)张玉藻、翁有成修,高觐昌、刘嘉斌、何庆年:《续丹徒县志》卷五,食货志,《中国地方志集成·江苏府县志辑》第30辑,江苏古籍出版社、上海书店出版社、巴蜀书社1991年版,第546—547页。

② 杨方益:《镇江商会始末》,政协镇江文史资料研究委员会:《镇江文史资料》第六辑,内部资料,1983年,第11页。

③ 杨方益:《镇江商会始末》,政协镇江文史资料研究委员会:《镇江文史资料》第六辑,内部资料,1983年,第14页。

地方安危方面,陆小波会长的作用无人能出其右。例如,1917年,张勋辫子军驻扎宝盖山一带,索要军费,为害地方,最终陆小波筹资使地方度过危难。第二,设立商团和商事公断处,服务地方。镇江商团于民国元年正式成立,拥有近数百支枪支。商团设团长一人,副团长二人,团员为商店店主和青壮年职工,或招募而来的团丁,"商团在防范宵小、维持秩序方面确曾起过一些作用。"①为了调解、处理同业或各业间较大纠纷,1920年左右,镇江商会设立了镇江商事公断处。第三,参与社会经济活动,热心于地方社会公益事业。20世纪20年代,镇江商会积极支持了镇扬长途汽车与轮渡联营的发展。1929年4月,商会与英国领事签约,由本地厂家以5万元购进了英租界的电灯厂与自来水厂,有益于地方公共事业的发展。1931年大灾荒期间,地方粮价疯涨,镇江商会购进两万多包大米供应地方,达到平抑粮价的效果。1932年,苏北发生大水灾,商团展开了募捐、慰问、救济苏北灾民工作。此外,著名的瓜镇义渡局、冬赈局等地方公益救济事业也由商会主持。总体上,"民国期间,镇江商会先后办了17个救火会。"②第四,参与政治活动,并对地方政局产生重要影响。辛亥时期,镇江商会积极参与了镇江的和平光复事宜,与市议会一道劝说清军旗营副都统载穆及其所属3000多旗兵缴械,避免了流血事件的发生。民初十多年间,镇江商团在地方重大政治事件中发挥主要影响力,如在英租界的收回中起了不可忽视的作用。1927年3月,商会会长陆小波与军阀孙传芳部段承泽旅进行周旋的同时,暗使一小队商团团丁迎接北伐军进入镇江市区,当镇江处于"真空"之时,镇江商团两个中队开进租界,迅速接管英租界巡捕房,为镇江英租界的收回奠定重要基础。同时,北伐军至达镇江时,商会还筹款20万元借给了国民革命军。③

自成立以来,镇江商会还积极领导和参与地方重大的反帝爱国运动。

---

① 杨方益:《镇江商会始末》,政协镇江文史资料研究委员会:《镇江文史资料》第六辑,内部资料,1983年,第16页。

② 镇江市地方志编纂委员会:《镇江市志》(上),上海社会科学院出版社1993年版,第346页。

③ 镇江市地方志编纂委员会:《镇江市志》(上),上海社会科学院出版社1993年版,第346页。

1919年6月的五四时期,镇江商会宣布罢市,并电报声援北京学生的五四爱国运动。九一八事变后,镇江商会还积极参与各项抗日活动,如要求对日宣战、查禁日货,认购救国公债,组织船只转移商店物资,疏散难民等。

镇江商会自1905年7月成立直至1948年12月,先后历经14届,大致情况如下:①

表8.3 镇江历届商会构成情况

时 间	主要负责人	成 员
1905.07	总理:吴兆恩,协理:闵文銮	议员38人
1908.07	总理:朱朗轩	
1911	总理:于立三,协理:李振远	
1913.04	会长:吴兆恩	
1921.03	会长:于小川,副会长:仇承荣	会董30人、候补10人
1923.06	会 长:于树深,副会长:仇承荣	会董30人、候补10人
1928.05	主席:陆小波	
1931.04	主席:陆小波	常委3人、执委6人、监委2人
1935.01	主席:冷遹	常委4人、执委10人、监委7人
1937.03	主席:陆小波	常委4人、执委5人、候补执委3人、监委3人
1945.11	商会整理委员会 主委:陆小波 副主委:严惠宇 徐国森 刘仰山 周道谦	委员10人
1946.05	理事长:陆小波	常务理事4人、理事7人、监事1人
1948.12	理事长:陆小波	常务理事4人、常务监事1人

近代镇江商人组织的演变与发展,标志着传统商人组织向近代的演变。

---

① 镇江市地方志编纂委员会:《镇江市志》(上),上海社会科学院出版社1993年版,第345页。

— 202 —

　　清末民初,镇江地方还出现了一些慈善机构和团体。慈善团体多为地方士绅、商会捐资组织,其社会活动主要体现在义学、义渡、救生、育婴、施诊施药、施放米粥、收容残老等方面。

　　清末时期的慈善组织主要包括救生会、育婴所、养老所、教养所等。作为一个古老的渡口,镇江江面江难事件时有发生,因此,以义渡和救生为主要内容的地方慈善机构很早出现。最早出现的地方慈善团体是京口救生会,其始设于南宋乾道年间。至清咸丰年间,救生会原产尽失,后修造7艘船只,专司巡江救险工作,并负责江难善后事宜。道光年间,另一义渡组织——焦山救生总局成立,拥有救生船16只,经费来源于房产与滩田租金。其救生区域较广,西自镇江运河,东至江都三江营止,设有丹徒、谏壁、圌山、三江营4个分局。此外,值得一提的当为瓜镇义渡局的举办。瓜镇义渡局成立于同治十一年(1872)年初,由余姚绅商魏昌寿偕族侄魏金名、同乡严宗廷等人出资设立,建造大型渡船,航行于镇江西津渡义渡码头至对岸瓜洲、七濠口之间,每日定时对开免费渡客,因之取名"义渡船",相应设立管理机构——"瓜洲义渡局",并先后设有瓜洲、七濠口大港、三江营、荷花北、天伏洲等义渡分局。义渡工作是非营业性的慈善事业,没有经济效益,却仍有多项款项开支,如管理人员、水手、舵工薪金及船只保养、修理费等,经费来源初由发起人筹集,后由各业捐资,加上部分"盐厘"和七濠口"米厘"等。慈善家于百川也利用各方捐款添置恒产,以产业常年租金维持义渡船运行。"镇江义渡船从创始到结束,收效很大。原因之一是有严格的规章制度,局内全体职员及各舵工、水手都能遵照执行,所以80年间对镇江航运事业做出重要贡献。据民国二十五年贾子彝编的《江苏省会辑要》记载,每年渡船约五十万人次。"①瓜洲义渡局义渡的同时还顺道救生。1950年,镇江义救所成立,京口救生会、焦山救生总局、瓜洲义渡局同时合并进入。

　　育婴、养老、抚恤、义学也是清末慈善组织的主要内容。清同治八年(1869),公善堂和同善堂分别成立。公善堂是行业性的慈善机构,由油糖杂

---

　　①　范然、张立:《江河要津》,江苏大学出版社2004年版,第111—112页。

货业所办,专恤本行业贫嫠,经费主要来源为固定基金利息与市房租金收入,先后办义学两处。同善堂主要举办敬老、义学、保婴、施茶等善举,设有同善小学 1 所,并在大港、大路、丰村、黄墟等地设有育婴堂、保婴局等机构。其中同善小学办学至解放初,并最终归属教育部门,为地方教育做出一定贡献。同治十一年(1891),贫嫠教养所和北门孤儿院成立,前者收容贫嫠及其子女,并施以教养,后者收容教养孤儿。此外,清末镇江地方尚成立了恤灾机构,施以特殊救济,如冬赈局和恤灾公所等。

民国建立以后,义渡、收容教养孤贫、恤灾仍是地方慈善事业的主要内容。义渡方面,民国十二年(1923),新增普济轮渡,救济贫民渡江。贫孤收容方面,主要成立了镇江孤儿院和私立苦儿院。镇江孤儿院由基督教长老会加拿大人包裴尔夫妇于 1912 年所办,经费来自教会筹募,收容院生半工半读,学习染织、刺绣、缝纫等技术。1923 年,世界红十字会镇江分会成立于京几岭,兵灾、水灾、旱灾时拨款救济灾民,平时主要进行拾骨、施棺、施药、冬赈等事宜,办有慈慈小学 1 所。此外,1929 年 8 月,作为省会城市,还于秋桥成立了江苏省会救济院,这是一所公办慈善机构,下设游民习艺所、废养残老所、妇女救济所等,分别办理收养游民、残老、娼妓等善举。

"旗民生计所"的设立是值得一提的民初特殊慈善机构。"旗民生计所"主要关怀特殊群体——作为清遗民存在的旗民的社会生存。有清一代,京口驻防存在对于地方社会的特别意义,驻防旗民的命运变化及生存状态的改变,一定程度反映了近代镇江社会的变迁情况,故不得不有所提及。顺治十二年(1655),清廷因"镇江咽喉重地"的地理位置,建立京口驻防,并归江宁将军管辖,额兵三千名,初均为汉军缺。"乾隆二十八年,裁汰汉军,由江宁驻防八旗蒙古兵内拨六七甲兵一千六百九十二名驻防京口,以掌政副都统统领之,仍归江宁将军管辖。"[①]自此以后,镇江旗人皆为蒙古族。旗人享受固定的旗饷和米粮,一向过着较为优渥的生活。晚清以后,随着驻防对地方事务控制力的减弱,驻防旗民生存状况日趋恶化。镇江光复后,旗人生计断绝。时任镇江民政

---

① （清）春元：《京口八旗志》上卷,营建制,光绪五年刻本,第 15—16 页。

长的杨邦彦"为笼络旗人,安靖地方,成立了'旗民生计所',自兼所长,用蒙旗祖制产业沿江滩田和旗营的公房地产为基金,以这些产业所生花利,作为旗民生活补贴并计划创设一些小规模的手工生产事业,以从根本上解决旗人生计。"①但由于计划遭多方掣肘,只能是杯水车薪的救济。1927 年以后,"旗民生计所"改名"蒙旗救济院",接手蒙古族生计事宜。蒙旗救济院存续期间,旗产逐渐湮失,但也程度不等地扶持了部分旗民生活。

传统的慈善活动以外,民初以来的镇江地方组织和社会团体不再停留在简单的扶贫、救灾的层面,而是逐渐深入社会政治、经济、思想生活的各个方面,显现出明显的近代特征。1902 年,镇江讲学社成立。讲学社致力于宣传爱国思想,以"开智合群"、启迪民智、鼓励新学为宗旨要素。讲学社成立大会对成立宗旨进行了宣讲:

> 古人谓国家兴亡,匹夫有责,我辈居今日,正不可不三复斯言。今中国岂犹是数千年前之中国哉,居二十世纪风潮突起、涛浪掀天之世界,国与国竞、种与种、物与物竞之时,而我中国人酣嬉沉酖。哭流涕伤心哉,亡国之惨也,国亡而种亦随灭。今人过埃及、犹太国都不知为主人翁者是谁家种族。居今日岌岌可危之中国,以此数者鉴也耶,我辈国民犹能旁观坐视,束手以待毙耶,岂真甘心受他日之残耶? 任我中国亡、我黄种亡耶? 不然也,患在中国人无学故也。无学故不知有国有种,即亦不知爱国爱种,然则欲唤醒我国民,非合四万万人学不可欲,合四万万人学,非遍设学社不可。地方有一学社,地方即无有不学之人。中国十八行省皆有学社,即十八行省皆无有不学之人。学社宗旨以开智合群为第一要义。我中国人无知无识、顽固迂谬、鄙陋庸腐,许多贻人以可笑可耻之事。西人常谓我中国为无教之国,噫神明之胄文物之邦果,无教耶? 无他,无智慧故也。自秦始皇行一家之私政,深虑人有聪明智识,于是行厉制之法,塞其灵性,窒其思想,历代相承。至明祖复思以八股取士,意谓天下英雄尽入彀中

---

① 王凝庶:《镇江"旗人"琐记》,《镇江文史资料》第七辑,内部资料,1984 年,第 97 页。

矣,使之束缚终身,不敢出其范围。聪明鏊尽,知识闭极,使不启发其心思增长,其脑力将来必至愚蠢,如非洲黑奴、印度红种,国亡种亡犹不知也。故开智为学社之责任。我中国人各一心,知有身而不知有家,知有家而不知有国,不知国且不能保,何能保家更何能保身,西人所以富强,固由能真实讲求,亦由人人一心,知有国民之义务,团体固结,所以有今一日。今我中国人心涣散,四万万人四万万心噫。书云纣有臣民亿万人,惟亿万心,读之非今鉴耶? 我辈今日宜速讲合群之学,合小团体成一大团体,今日能十人一心,他日能千百万人一心可推之,四万万人皆一心,人人一心,中国能无不与之日矣,爱国爱种更何待言,故合群亦学社之责任。总之,我辈宜思,我既生中国,既为中国人,则中国亡、黄种存亡与我辈皆大有关系,今日之设学社之举,正合我中国将来一线不绝之机。①

教育事业也是地方团体的关注焦点。丹徒县劝学所和丹徒县教育会是近代镇江的主要教育组织机构和群众团体。丹徒县劝学所和教育会成立于光绪三十三年(1907),均坐落"城内万寿宫"。劝学所"一切经费与教育会合筹合支,以期节省"。② 丹徒劝学所掌管地方教育事宜,标志着镇江近代教育行政机构的初步形成。丹徒教育会是教育体系的群众团体,着力于研讨新学但不干政。丹徒县教育会首任会长为杨邦彦,初始,丹徒教育会"共有会员一百一人,会务经费'年支出银五百二十两',但从现存可查考的史料来看,从它创立至辛亥革命的一段时间内,就研究近代教育而言是建树无多的。"③1916 年 7月至 1918 年 3 月间,丹徒县教育会进行整顿。20 世纪 20 年代以后,整顿后的丹徒县教育会进行了一系列有益地方教育事业的工作。第一,组织推广普通话,开办"国语讲习会",表现出一定的革新倾向,促进了注音字母和普通话的

① 《选报》1902 年第三十三期。

② (民国)张玉藻、翁有成修,高觐昌、刘嘉斌、何庆年等纂:《续丹徒县志》卷六,学校志,《中国地方志集成·江苏府县志辑》第 30 辑,江苏古籍出版社、上海书店出版社、巴蜀书社 1991年版,第 555 页。

③ 杨奇璞:《二十年代丹徒县教育会活动片段》,政协镇江文史资料研究委员会:《镇江文史资料》第十三辑,内部资料,1987 年,第 158 页。

推行。第二,成立了丹徒县教育会小学教育研究会,该会专注于"研究小学教授、管理、训练、卫生各项重要问题,以期教育之进步",①致力于推动小学近代教育的研讨工作,并对于研究成果专门辑编付梓发行。第三,组织"参观学校团",进行观摩学习。该会组织教员对苏省其他地区的学校教育机构参观学习,取人经验。此外,还组织"小学学生成绩展览会,择优鼓励",对地方小学教育事业起了较大的促进作用。劝学所和教育会的出现,体现了镇江近代教育兴起的历史趋势,也反映地方社会的历史进步。

此外,近代农业和宗教社团开始出现。1913 年,丹徒县农会成立,农会以地主和自耕农为主,共有会员二万五千余人。宗教社团方面,主要有民国初年成立的佛教联合会、伊斯兰教的回教联合会、回教公会和中国回教协会镇江分会及镇江基督教联合会等。

晚清以来,社会慈善团体和组织的出现,对于安抚贫困百姓生活,造福地方社会作出了不可忽视的贡献,对地方社会稳定发展具有一定作用。

按照大致分类,近代镇江慈善机关、团体主要情况如下:②

表 8.4　义渡救生团体组织

名　称	成立时间	地　点	备　注
京口救生会	南宋乾道年间	昭关洞	巡江、救险、打捞浮尸、施棺收埋,1950 年合并改组成立镇江市义救所。
焦山救生总局	清道光年间	义渡局巷 18 号	救生、义渡。有救生船 16 只,救生区域自镇江运河以东至江都三江营止,设丹徒、谏壁、圌山、三江营 4 个分局。1950 年并入义救所。
瓜镇义渡局	清同治十年	义渡局巷	义渡、救生。先后设有瓜洲、七濠口、大港、三江营、荷花北、天伏洲等处义渡。1950 年并入义救所。

---

①　杨奇璞:《二十年代丹徒县教育会活动片段》,政协镇江文史资料研究委员会:《镇江文史资料》第十三辑,内部资料,1987 年,第 161 页。

②　镇江市地方志编纂委员会:《镇江市志》(上),上海社会科学院出版社 1993 年版,第 449—452 页。

续表

名　称	成立时间	地　点	备　注
普济轮渡	民国十二年		拥有铁壳渡轮，行驶镇江至泗源沟，救济贫民渡江。1949 年由航运部门接受。

表 8.5　抚恤及义诊义学等慈善机构

名　称	成立时间	地　点	备　注
养老所	乾隆五十一年		收养老残、恤嫠。1950 年被接收改组为私立育婴所。
育婴所	康熙十三年	梳儿巷	收养弃婴。
贫嫠教养所	同治十一年	马祠巷	收容贫嫠及其子女，1950 年被接收改组成立残老所。
北门孤儿院	同治十一年	附设贫嫠所	收容教养孤儿。1950 年被接收，与同善小学合并，易名同抚小学。
玉英贫儿院	宣统元年		云台山 收容教养贫苦儿童。抗战爆发后停办。
镇江孤儿院	民国元年	跑马山	由基督教长老会加拿大人包裴尔夫妇所办。院生半工半读，有染织、刺绣、缝纫等工种，历年出院就业百余人。抗战爆发后停办。
私立苦儿院	民国六年	弥陀寺巷	收容苦儿，教养兼施，除设有小学外，并设缝纫、纸伞工和军乐队，后增设木工。
公善堂	同治八年		由油糖杂货业所办，经专恤本行业贫嫠，并办义学两处。抗战爆发后停办。
同善堂	同治八年		举办敬老、义学、保婴、施茶等善举。有同善小学 1 所。设有大港、大路、丰村、黄墟等处保婴局。
冬赈局	同治末年		每年隆冬放粥施米。
普仁施诊所	道光初年	梳儿巷	施诊药。民国初改名京江医院。
安仁堂	道光年间		对夜间有暴病者施以急诊，津贴救火会、卫生诊所等。
恤灾公所	清朝末年		对火灾户施以救济，并办惜字、施棺、施药等。

续表

名　　称	成立时间	地　点	备　　注
旗民生计所	民国元年		救济旗人生计。
世界红十字会镇江分会	民国十二年		遇有兵灾、水灾、旱灾拨款,平时有救棺、施药、冬赈事项,并开办慈善小学一所。
江苏省会救济院	民国十八年	千秋桥	公办慈善机构,设游民习艺所、妇女救济所、残废养老所,办理收养游民、娼妓、残老等善举。1949年由政府接管。
佛教慈幼院	民国十八年	鹤林寺	由佛教会创办,设初小1所,教养兼施。抗战爆发后停办。

第三节　新兴社会阶层的出现与社会流动

传统社会中,"士、农、工、商"是基本的社会阶层。因此,传统中国社会亦被称为"四民"社会。"四民"社会中,士、农、工、商是比较固定的社会地位排序,明显地反映出"重农抑商"的农业社会特征。近代中国社会的演进最基本的体现就是这种社会结构的被打破以及各阶层社会地位的改变。随着门户的被逼开放,新兴的社会阶层逐渐形成,在社会生活的各个方面起着越来越重要的作用,如新兴商人阶层、新兴知识分子群体、近代思想家团体等。这种变化在通商大邑尤其明显。作为较早开放的长江沿江口岸,近代镇江的情况亦如此。

在以商贸为主要特征的近代镇江口岸,新兴的商人阶层作为一支令人瞩目的力量在影响经济生活的同时,对地方政治、教育、文化等社会生活的其他领域也颇有影响。

由于商旅往来频繁,近代镇江商人群体不乏诸多来自他邑的著名商人,如来自浙江的著名商人朱中孚先生、李皋宇先生及大照电气公司的安徽商人郭鸿仪等,他们不仅开启本地民族工业的先河,而且运用自身的经济影响力和人脉关系致力于镇江地方文化、教育、慈善等社会事业的发展,对于地方社会的近代演进起了促进作用。

朱中孚先生(1849—1924),浙江镇海人,出身于贫困的农民家庭,后外出学徒,得同乡叶澄裹赏识,36 岁时受叶委托赴镇主持南顺记五金煤铁号。"时镇江为通商大埠,先生贸易重信义,任人唯贤能,扶南顺记雄厚之资力,又得人和之宜,使两店业务蒸蒸日上,为当时商界之佼佼者。但先生不以敛财为务,热心公益,动辄而无吝色,为商界所罕见。"①朱中孚的社会影响力主要体现在他的热心公益方面,其慈善活动包括以下几个方面:一是捐款修建道路、桥梁等。朱中孚在句容出资三千元,修复"砍桥",后当地民众改其名为"崇信"桥,是为敬崇朱先生之意。在镇江市区,朱先生还主持重修了中华路洋浮桥一座。二是捐资赈灾、施药、施粥等。1899 年,在其五十寿辰之际,朱中孚令移七百元寿资置寒衣助冬赈,并从此形成惯例。朱中孚的善举还慧及育婴堂、孤老院、红十字会、救火会等。三是创办学校。1917 年,朱中孚筹资创办了镇海浃北学校,招收男、女学生,免费入学。此外最值得一提的是,清末年间,朱中孚出资千元创办了镇江商团体育会,在 1911 年和 1913 年的地方两次兵哄中,协助地方知名人士陆小波等调停其间,稳定了地方社会秩序。对于朱中孚先生的善举,时人李皋宇先生赞誉道:"济困扶危,哀此茕独,见人非为,即施教育,四十年来,冬赈施粥,泪雨难咽,仁浆义粟,民称于今,存功社会,理应口祝。"②

同为浙江镇海人,李皋宁在镇江地方经济的影响力也不容小觑。李皋宁生于 1874 年,幼年习米粮业,后随父贩运木材、米粮于闽浙海岸与长江下游一带,一度定居于镇江北岸七濠口,后迁至镇江。光绪末年,李任镇江裕苏官栈局经理,辛亥以后担任镇江美孚洋行经理,深受美国人麦德森信赖,据称,其时苏、皖、浙、鲁数省煤油皆控于李之手。在其鼎盛时期,他曾接办清江大丰面粉厂、高邮裕亨面粉厂、泰州泰来面粉厂、无锡泰隆面粉厂、镇江赒成面粉厂。李

---

① 陈约三:《毕生热心公益的朱中孚》,政协镇江文史资料研究委员会编:《镇江文史资料》第十三辑,内部资料,1987 年,,第 101 页。

② 陈约三:《毕生热心公益的朱中孚》,政协镇江文史资料研究委员会编:《镇江文史资料》第十三辑,内部资料,1987 年,第 104 页。

皋宁也是镇江自来水厂的发起人之一。1925 年,李皋宁接盘恒顺,重新保持和发展了有八十余年历史的镇江老字号"恒顺"酱醋。李皋宁善于经营,知人善任,使镇江传统特产得以持续发展,为地方相关经济的接续发展奠定了良好的基础。

与此同时,镇江地方商业资本家群体也在近代镇江商业经济发展过程中逐步形成。镇江素以商业而闻名,商界杰出人士层出。近代镇江著名的地方商界人士有吴兆恩、陆小波、凌焕曾、于小川、冷御秋等。

吴兆恩亦即吴泽民,镇江人,出身于科举,亦官亦商,颇有声望,官衔由监生直至道衔。幼习业于糖行,先后创办茂源糖北货行栈、德新源字号,曾任镇江商会两届总理,辛亥光复时期,协助县议事会与旗营和谈,使镇江得以和平光复,对于地方经济与政治有一定影响。

陆小波先生是近代镇江地方声誉卓著的商界人士,其社会影响涉及地方生活的诸多方面。陆出身于一个商人家庭,幼学钱业,历任慎康、元益钱庄经理、中央银行镇江支行经理。民国元年起,担任镇江商会领导工作,此后,陆续担任钱业公所董事、润商小学董事长、大照电灯公司董事、镇江商团团长、镇江汽车公司董事长、镇江自来水公司董事长、大纶丝厂总经理、镇江泓仁医院董事、世界红十字会镇江分会会长、江南印书馆经理等。民初多年间,陆小波先生为安靖地方,做出了诸多业绩,如江浙战争和北伐战争期间,巧妙周旋齐燮元部和孙传芳部,使地方转危为安。抗战前夕,创办刊物,呼吁抗战,救国之心凸现。抗战期间,组织镇江防护团,热心抗日救亡工作。抗战以后,回归镇江地方,主持并整理镇江商界工作等等。陆小波的一生历经清末、民初、国民党统治和新中国几个历史时期,在地方生活中留下了诸多痕迹,于工商界、地方基层社会生活有较大影响。

凌焕曾亦为镇江商界代表人物之一。凌焕曾字敏成,镇江人,自幼家庭贫寒、读书甚少,早年学徒于上海某颜科店,后经人资助于大西路开设泰来颜料店,不年渐有起色。一战时期,得德国颜料商人贱卖存货,战后因颜料价格暴涨而成巨富,后增开药房,布店购置产业,成江南一带著名巨商。民国十年(1921),出资 3 万创办敏成学校,初设立初中、小学各一班,后设为两等小学

（高小和初小）。学校打破传统的教学观,聘请名师任教,男女同校,学校颇具规模,设施齐全,有礼堂、科学馆、图书馆、美术馆等。学校环境幽美,课程设置注重美、体、智诸方面,学生人才辈出,为地方近代基础教学事业发展起了良好的示范作用。

与商界密不可分的行业——金融业也出现了在地方乃至在长江下游地区社会经济发展中具有影响力的金融人士。由于多数金融人士出身商界或与商界有着千丝万缕的联系,因此,将金融从业人士归之于商人阶层未尝不可。近代镇江著名的金融业人士有陈光甫、严惠宇、倪远甫等。

陈光甫(1881—1976),近代中国著名银行家,又名辉德,幼年就读于私塾,后学徒于报关行。青年时期,陈出于业务需要,刻苦学习英文,并于几年后考进了汉口邮局,1908 年赴美国宾夕法尼亚商学院学习,归国后,有感于民族的贫穷落后,于 1910 年负责筹备了具有历史影响力的南洋劝业会,内容涉及农产、医药、工艺、武备、美术等。劝业会结束后,陈被江苏巡抚程德全委任为江苏银行总经理。1915 年,陈光甫创办上海商业储蓄银行。至抗战前夕,该行发展成为当时首屈一指的大银行。陈本人也长期担任上海银行公会会长一职,成为上海金融界当之无愧的领袖。陈光甫注重培养人才,关心职员生活,银行经营理念先进,重视调查研究,努力建立银行信用,注重辅助工商,强调社会服务,在抵制西方侵略方面作出诸多的努力。此外,他还以银行为基础,拓展事业范围,创立了中国旅行社。陈曾任国民政府中央银行、中国银行理事等要职,在一些国家事务中发挥了作用。民国二十五年(1936),陈光甫代表国民政府赴美签订《白银协定》。陈光甫的银行经营经历与理念对于近代中国银行业的发展有着不同一般的意义。

严惠宇先生是近代镇江地方银行家群体中卓越的一员。严惠宇,镇江人,幼年学徒于扬州钱庄,学习完毕后回镇江任职于交通银行,后转到上海金城银行任职,得实业家胡至江、徐静仁赏识提携,曾担任金城银行副总经理、溥益纱厂经理。严惠宇于辛亥后渐露头角,由于经营有方,拥有一定经济实力。他崇尚实业救国,在镇江与冷遹、陆锡庚等人合作创办了高资均益蚕种制造场、桥头三益蚕种制造场、四摆渡益民蚕种制造场和京江中学等。抗战胜利后,严更是驻守镇江,合并创立了四益农场,并创办建设公司、源泰丰米厂、维生油厂、鼎昶钱庄等。严惠宇作为著名金融人士,利用自身经济实力,造福地方,服务社会,对于地方社会发展的贡献应予充分肯定。

商人阶层的出现是伴随地方经济发展的进程而产生的,由于近代地方经济的商业特色,商界人才迭出,除了上述几位知名人士之外,尚有许多在各业领域内有重要影响力的人士,在此不一一赘述。通过上述商界人士的经历与社会实践,不难看出口岸发展与商界先锋人士之间的密切关系。近代镇江商业与金融业活动中涌现的精英诸多出身寒门,他们个人社会地位的提升表明社会阶层流动的出现,一个侧面体现了地方社会的近代演进。

近代以来,伴随欧风美雨的浸染及西学东渐的进程,新兴知识分子群体中涌现出一批既有传统士子文人心忧天下的民族精神,又不乏远见卓识、受过先进的西方文化熏陶并有志于民族事业的爱国人士和思想家群体。

近代镇江知识分子群体中著名的代表人物有教育家及思想家马相伯、思想家马建忠、文学家周伯义、小说家刘鹗、文史学家李恩绶、史学家陈庆年、画家吕凤子等,这些著名士子文人活跃于近代镇江思想、文化教育的各个领域,成为一代地方骄傲。其主要代表人物有以下几位。

马相伯(1840—1939),字斯藏,又名钦善、建常、绍良,晚号华封老人。祖籍江苏丹阳,出身于丹徒的一个天主教家庭,是近代中国著名的教育家、思想家。早年入读上海天主教会学校——徐家汇公学,学习拉丁文、法文、哲学、数学和天文学等,眼界大开。22 岁时,进入徐家汇天主教耶稣会小修院进行"神修"。1870 年获得神学博士,遂成为耶稣会教士。1872 年担任上海徐汇公学校长。1881 年任清政府驻日公使馆参赞,旋改任驻神户领事。深感于中国教育的落后,在游历欧美归国后,决心创办新式的中国大学,1903 年,马相伯先生创办震旦学院,但不久即受到洋人的挟制。1905 年,他另行筹建复旦公学,任校长并兼任法文教授。教育活动以外,马相伯先生一生积极参与各项政治活动,投身于各种爱国运动,是近代中国著名的爱国主义者和杰出思想家。他早年积极从事洋务,支持维新改良运动,清末时期又积极参与立宪运动。1907 年,他参加了梁启超组织的政闻社。1909 年,被选为江苏省谘议局议员。辛亥革命后,历任政治会议、约法会议议员和参政院参政。抗日战争爆发后,马相伯先生已届九十余岁高龄,他仍积极参加抗日救亡运动,他屡次发表演说、通电、宣言,主张对内团结,对外抗战,先后发起组织了"江苏国难会"、"中国国难救济会"和"全国各界救国会"等爱国救亡团体,被公认为救国领袖、爱国老人。其著作大部分编入《马相伯先生文集》。

马建忠(1854—1900),字眉叔,丹徒人,为马相伯弟弟。出身于天主教家庭,幼时入读上海法国传教士创办的徐汇公学。初学接触了西方文化知识,有感于国家衰败及民族危亡,青年时期致力于西学学习,并留学德国,获得博士学位,归国后,谋求富国强兵之道。为李鸿章所赏识,后成为李的幕僚,其一贯专注于外交和实业。光绪七年(1881),马赴南洋与香港、印度等地总督商谈提高鸦片进口税事宜。曾经任职上海招商局总理、上海机器织布局总办,是洋务运动中地方派的主要人物之一。马建忠主张创办实业,提倡筑路、开矿,创办了著名的镇江元同钱庄。在教育方面,马建忠主张学习西法,注重学生对自然科学和社会科学的学习。马建忠先生又是一位杰出的语言学家,其精通德、法、希腊及拉丁文,代表作《马氏文通》是我国第一部语法著作,标志着近现代中国语言学的开端。

刘鹗(1857—1909),别号洪都百炼生,丹徒人。刘鹗素喜读书,涉猎广远,精通天文、乐律、辞章、医药等多门学问。刘鹗主张保存国家主权的前提下兴办实业,振兴中国经济。曾协助外商办过山西铁矿和芦汉铁路、津镇铁路等,还曾筹设开采煤矿、金矿,筹营精盐厂、肥料厂、香烟厂、自来水公司、书社、报馆、杂志社等,具有强烈的"以天下为之任"的思想理念。刘鹗的文学造诣很深,其代表作有《老残游记》、《铁云藏龟》等,是近代中国著名小说家和中国第一个甲骨文大规模搜集和研究者。

陈庆年(1862—1929),丹徒人,近代中国史学家、教育改革家和国家图书馆事业创建者。陈庆年字善余,自号石城乡人,晚年又号横山乡人。幼年家境贫寒,但勤于自学,肄业于江阴南菁书院。陈庆年虽未能经过完整而系统的学习,但他通过自己的努力,在史学研究、教育领域均做出了过人的成绩,他时刻关注国家和民族的命运,专治史学,尤其注重社会史、经济史、军事史的研究。

陈先生一生专心于教书治学工作,先后在江苏和两湖地区从事教学 40 余年。1906 年,任职湖南高等学堂监督,建成长沙图书馆。教育方面,陈庆年先生主张新学制,开设各类近代科学课程,努力改进教学方法,对近代中国教育的现代变迁作出重要贡献。陈庆年先生一生著作颇丰,共有千余卷著作遗世,代表作主要有《列国政要》、《古香研经室笔记》、《尔雅汉注辑述》、《司马法校注》等。作为史学家,陈庆年先生对地方史志作出独到的记载与论述,对于地方历史、文化、风俗人情的研究具有重要的史料价值,主要包括《西石城风俗志》、《丹徒农事述》、《京口掌故丛编》等,后集名《横山乡人类稿》。陈庆年先生不仅悉心于史学的研究,还时刻关注国家领土的完整。光绪三十四年(1908)间,日商西泽幸二占我东沙岛,陈庆年作为南洋大臣端方的好朋友,查阅各类馆藏史志和古代海洋著作,终于在 1727 年陈伦炯的《海国闻见录》的"沿海形势图"中找到了东沙诸岛为中国领土的证据,拿回了东沙领土的国家主权。在此意义上,陈庆年先生为民族事业作出了杰出的贡献。

李恩绶(1835—1911),出身于镇江。自幼博览群书,才识过人,是清末镇江文坛的领袖人物,著有《读骚阁赋存》、《讷庵骈体文存》、《缝月轩词》、《冬心草堂诗选》等,参加编纂了《光绪丹徒县志》,并在此后搜集地方掌故编纂成《丹徒县志摭余》10 卷,还著有《巢湖志》、《香花墩志》、《紫逢山志》等,在地方文史领域有深远影响。

近代镇江地方知识分子队伍中,柳诒徵先生是具有代表性的一位学者,他是我国近代著名史学家、古典文学家、书法家、图书馆学家,被誉为中国文化学的奠基人。柳诒徵(1880—1956),字翼谋,号劬堂,镇江人。柳诒徵先生既接受过传统的私塾教育,又接受过系统的近代教育。柳诒徵先生幼年丧父,随母入读外祖鲍家读书,17 岁考中秀才,后就读三江师范学堂。曾先后任教江南高等商业学堂、江南高等实业学堂、宁属师范学堂、两江师范学堂、北京明德大学、南京高等师范学校、国立东南大学、清华大学、北京女子大学、东北大学、中央大学、浙江大学、贵州大学、重庆中央大学、复旦大学等,足迹遍及大江南北,在近代中国高等教育史上留下了精彩的足迹。柳诒徵先生对古籍整理收藏、征集文物图书作了杰出贡献。在学术领域,柳先生影响深远,尤其是在史学领域对中国通史和文化史的研究,对后世影响深刻。其代表作《中国文化史》和《中国历史要义》,体现出史学与哲学相结合的治学特色,有学者认为《中国历史要义》可以媲美于刘知几的《史道》,可见其学术价值。史学以外,诗文书法方面,柳诒徵也堪称名家。柳诒徵先生还是现代中国文化复兴运动的国学导师,创办了《学衡》杂志、《国风》半日刊、《史地学报》等,一生致力于中华文明的发扬光大,以其为国学支柱的"学衡"派,引领了后世新儒家的学术潮流。

除了史学、教育、文学领域以外,艺术领域也不乏人才,近代镇江地方艺术人才中著名的当为吕凤子(1885—1959)先生。吕先生15岁考中秀才,后入读苏州武备学堂、南京两江优级师范图画手工科等。吕凤子先生一生致力于近代女子教育事业,1912年,创办丹阳正则女子学校,1920年,创办女子职业中学,后陆续任职于上海美专、国立中央大学等,一生培养了大量的艺术人才。代表画作有《四阿罗汉》、《庐山》等,著有《中国画研究》。

在近代中国社会新陈代谢的过程中,一批拥有新思想、有志于中国社会变革的民主革命家群体也在近代镇江地方形成,他们中一些民主志士不仅影响了清末民初镇江社会的转型过程,而且在近代中国的一系列重大的政治、军事活动中具有一定声望、地位和影响。其代表人物主要有赵声、林述庆、冷遹、李竟成、马锦春等。

赵声为近代镇江地方最为著名的资产阶级民主革命家,1881年出生于丹徒大港,原名毓声,字伯先,其父为当地名儒,受过良好的儒家教育,17岁考取秀才。21岁时,赵声赴南京,先后就学于江南水师学堂、陆师学堂,逐渐接触了民族民主革命思想。1902年,赵声东渡日本考察军事,结交了诸多革命志士。回国后,在家乡积极宣传革命,启发民智,先后创办了洪溪阅书报社、小学堂、体育会等。光绪三十年(1904)后,赵任职于保定、南京、广东等地的新军。光绪三十一年(1905),赵声在南京加入中国同盟会,开始在新军中发展会员。宣统元年(1909)应孙中山之邀,赴香港参加同盟会组织领导工作,筹划广州起义。1911年3月赵声与黄兴分任广州起义正副总指挥,积极筹谋起义,不久起义失败,是年4月19日因病逝于香港。赵声一生致力于民主革命思想的传播,积极参加各项资产阶级民主革命活动,建立无数功勋,民国元年,国民政府追赠其为上将军。

林述庆(1881—1913),福建闽侯人,光绪三十一年(1905)在赵声领导下参加反清活动。次年加入同盟会,先后任新军第十七协三十三标三营管带、三十四标二营管带、第十八协三十六标一营管带。武昌起义爆发后,三十六标营移驻镇江,林述庆奔走于沪、宁之间,准备起事。时镇江城内有骑兵7000余人,林述庆积极筹谋作战方案,制定措施,威慑骑营,终使镇江旗营守兵弃械投降,镇江得以和平光复,林随后被推举为都督。此后,林进一步游说镇江江面清军舰队"镜清"、"保民"、"楚关"等舰军官投向起义军。此后,林加入江浙联军,进攻南京,1911年12月2日,林率镇军自太平门首先攻入南京城,为攻克南京建立首功。

此外,辛亥时期,镇江地方志士李竟成也是蜚声乡里的一位民族民主资产阶级革命家。青年时李交好于民主革命家赵声,光绪三十二年(1906)入南洋第九镇新军营,追随赵声从事革命活动。武昌起义爆发后,李竟成活动于沪宁线一带策划革命活动,并以镇江三益栈为据点,协助革命家林述庆策划镇江的武装起义。镇江和平光复后,李担任军政府参谋总长一职,后改任军务部长。民国初年,李曾经参加于反对张勋复辟和袁世凯复辟称帝的活动,并为地方建设事业做出了一定的贡献,比如发起修筑镇江京几路,便利了地方交通。

清末民初,镇江地方新兴社会阶层的出现是近代地方社会政治、经济、文化走向近代化的产物,这些有新知识、新思想的"精英"阶层对于地方社会的近代趋向起了十分重要的作用。

余论　近代化的滞碍

　　开埠及租界的设立,引发近代镇江政治、经济、社会生活诸多方面的深刻变化。作为一个开放较早的长江沿岸城市,镇江的近代转向先于近代中国的许多城市,在清末民初的半个多世纪里呈现出一度的畸形繁荣景象。19 世纪末 20 世纪初,镇江口岸地位下降,逐渐走向衰落。究其原因,政治、经济、交通、思想观念等诸多因素阻碍了镇江近代化的顺利进行。

　　一种普遍的观点认为交通结构的改变、地理优势的丧失是近代镇江走向衰落的首要原因。镇江的开埠和繁荣很大程度上缘于其自身的地理条件。如前所述,由于镇江地处长江和运河的交汇处,依靠长江、运河的吐纳作用,镇江日益成为南北交通的枢纽和长江上的商业重镇。沪宁铁路未通之前,长江上下游和运河沿岸的旅客多经镇江中转,每年水路客流量为 80 万人次左右。[①] 19 世纪末 20 世纪初,随着京汉、津浦、沪宁铁路的建成通车,贸易线路改变,镇江的商业贸易遭受沉重打击。"至 1912 年,中国共有中东、南满、大清、正太、芦汉、津浦、沪宁、张家口至北京、上海至宁波、广州至九龙、云南府至越南海防等 11 条铁路。最早影响镇江贸易经济的为芦汉铁路。芦汉铁路北起卢沟桥,南至汉口,穿越了河南南部,镇江贸易圈内的河南部分腹地即属于这一区域,于是这一部分地区首先脱离了镇江贸易圈而依靠汉口进行贸易。"[②] 这样,相当部分河北、河南的土特产改装火车,取道汉口,转输上海。1908 年以

---

① 刘庆余、李怀德:《镇江海关志》(内部资料),1990 年 12 月。
② 李宁:《近代镇江贸易地位变迁原因再分析》,《中国经济史研究》2008 年第 1 期。

— 218 —

后的数十年间,沪宁、津浦铁路建成,安徽北部、山东、苏北等广大地区的土产,都可以运至上海、青岛出口。随着地理优势逐渐丧失,镇江口岸地位让位于上海、青岛等其他口岸城市。19世纪下半期以来,上海在很多方面的作用渐渐地超过镇江,如漕粮的运输等。根据光绪十一年(1886)至光绪十五年(1890)镇江和上海所开漕米的报单情况,①可见一斑。(参见表9.1)

表9.1　1886—1890年镇江和上海所开漕米的报单比较　　单位:件

年　份	镇江报单	上海报单
光绪十一年	468	260
光绪十二年	421	364
光绪十三年	424	484
光绪十四年	269	497
光绪十五年	236	598

　　第二次鸦片战争后,长江口岸日益增多,汉口、九江、芜湖、南京等相继开埠通商。汉口地处长江、汉水之区,道通九省,冠盖辐辏,②成为我国内地的土特产和原料的集散地,九江、芜湖则是江西、安徽的门户,芜湖被称长江之埠,皖中之坚,九江是江西物资集散中心和水陆交通中心,③原先须经镇江中转的货物也开始被这些口岸分流。以米粮业为例,曾经盛极一时的近代镇江米粮业也因为被迫移师芜湖而使本地经济遭受重创。

　　1882年,镇江米市正式迁至芜湖后,镇江地方经济深受影响。比较一下19世纪下半叶以来镇江、芜湖两地于1876—1905年间轮运出口米的输出量,可以发现,除了甲午战争时期,芜湖海关实施米禁,安徽大米"以镇为宣泄之口",输出量较少以外,自1885年起,芜湖米市明显超过镇江米市,不仅同期稻米出口量高,而且两者在其鼎盛时期的输出量相比也较为悬殊。镇江海关稻米最高输出年份(1881年)为280余万担,即使甲午战争时,安徽实施米禁,徽

---

① 《镇江关华洋贸易情形论略》(手抄本),镇江图书馆藏本,第12页。
② 张洪祥:《近代中国通商口岸与租界》,天津人民出版社1989年版,第299页。
③ 张洪祥:《近代中国通商口岸与租界》,天津人民出版社1989年版,第299页。

米转口镇江,镇江海关输出量也仅有 580 余万担,芜湖海关轮运出口米输出量最高年份(1905 年)为 800 余万担。(参见表 9.2)①

表 9.2　芜湖镇江海关轮运出口米的比较表　　　　单位:关担

年　份	镇　江	芜　湖	合　计
1876	243253	0	243253
1877	313572	104468	418040
1878	1519641	135229	1654870
1879	293837	66336	360173
1880	1374702	210370	1585072
1881	2880578	388792	3269370
1882	1713602	665632	2379234
1883	442285	473882	916167
1884	354994	348390	703384
1885	690055	1208808	188863
1886	729875	2325841	3055716
1887	544635	1055822	1600457
1888	186093	947341	1133434
1889	243625	2117089	2351714
1890	230376	1520897	1751273
1891	246240	3487201	3733441
1892	153658	3184694	3338352
1893	123479	2101144	2224623
1894	1343858	3203466	4547324
1895	5834683	815141	6649824
1896	512932	3137242	3650174
1898	189914	1654714	1844678
1900	197656	4991569	5188625
1905	619190	8438093	9.057283

---

①　《中国现代化区域研究——安徽省》附表,转引自谢国权《近代芜湖米市与芜湖城市发展》,《中国社会经济史研究》1999 年第 3 期。

对于米市衰落的原因,近代镇江地方米商及各业商人,皆归因于李鸿章对镇江米市的强行撤离。事实上,一个市场的形成与发展,是受着多重因素影响的,除了宏观的政策,还有微观的环境,包括货物来源、销路、交通条件、资金保证、市场网络、经营格局、运行机制诸多方面。一般说来,影响米市发展的首要因素是交通运输条件,良好的交通运输条件是市场良性发展的积极因素,但交通运输条件并不是一成不变的。随着时间的推移和形势的变化,交通条件可能恶化,贸易线路也会改变。地理条件的恶化,使近代镇江的经济发展出现了停滞,事实上自 19 世纪 60、70 年代以来,对镇江有着特别意义的运河的重要性已经开始丧失。英国人呤唎在运河沿岸的旅行,见到了这样的情形:"河工久废,两岸的大理石已经大多剥落无存,自杭州至临清间,有数处已不能行路,河槽年久失修,石堤颓圮,河水泛滥,附近人民时受其害。"①苏北北段的大运河更是多处淤塞,长期依赖苏北及淮河地区大宗米粮进行吐纳的镇江米市深受其害,虽然此时的镇江米市还能维持相当程度的繁荣,但其脆弱性已不言而喻。值得一提的是,开埠以前,镇江米市长期地处江北瓜洲七濠口,以镇江人居多的米行客商往来长江两岸,可以想见交通不便一定程度上影响了米市的发展。由于其时铁路未通,米粮集散依靠水运,芜湖交通优势依旧,港湾条件良好,外有长江贯通南北诸省,内有青弋江、水阳江、清水河交汇联络腹地,安徽境内及江西东北角所产稻米沿江东下可至南京、无锡、南通、上海。因此,当镇江米市交通条件恶化的时候,芜湖米市已蓄势待起了。

毋庸否认,交通因素确然是个关键的因素,即使处于镇江商业发展的鼎盛时期,交通条件变化极度影响市面荣枯。铁路交通时代到来以后,镇江港虽然仍然是长江下游的中转港口,但其中转方式和货物集散方式发生了变化,贸易范围也大为缩小。沪宁铁路对镇江地方社会经济发展的影响尤甚,货物的分流造成地方经济结构的深刻改变。邑人曾对地方铁路的修造给予高度希望,希图以此延续镇江交通优势。民国初年,连接东南沿海地区和苏北地区的福镇线与镇东线曾纳入政府的铁路修造计划。根据孙中山先生的《建国方略》,

①　[英]呤唎:《太平天国亲历记》(上),上海古籍出版社 1985 年版,第 171 页。

以江苏为中心的东西铁路体系构建中,镇江的交通地位得到较为重要的重视。该计划提出建造一条由镇江至福州的铁路作为东南铁路系统的一条中心铁路,这一铁路体系覆盖了江苏南部、浙江大部及福建的一部分地区。此外,1929 年镇江成为江苏省会后,南京政府再次计划修建一条自镇江至东台的镇东线,该铁路计划自镇江对岸的七濠口,经江都、仙女庙、宜陵、泰县等地至东台,涵盖了苏北的广大地区。依据上述两计划,镇江不仅可以再次密切与苏北经济腹地的联系,而且还可以通过福镇线密切联系广大沿海地区。然而,由于民初社会局势的动荡、政权的频繁更迭及财力的有限等因素,两计划终至搁浅,地方经济的因此振兴成为梦想。

镇江及其经济腹地港池恶化及航道淤浅也影响港口业务。自晚清以来,港口航道的不断坍塌严重困扰了港口业务。光绪三十年(1904)二月镇江关税务司雷乐在报告海关贸易情形时,对于晚清镇江港口坍塌情形有过大致的描述:"镇江一口上游江面转瞬间淤垫日高,下游由荷花塘至北固山一带坍塌颇速,去冬荷花塘江岸有坍卸者,以致江口缺裂,参差不一,旋溜甚深,一时坍塌未底已。"[①]1910 年以后,随着长江航道上征人州(征润州)沙洲面积的不断扩大,大型的货船靠岸逐渐成为十分困难的事情。1925 年以后,怡和、太古等外资大型轮船已不能靠岸。

由于上游流沙在此不断沉积,导致沙洲增长趋势不止,租界以西码头越来越难以停靠大型轮船,镇江港口作用日益弱化。此时,作为省会城市,镇江港口作用仍为社会各界所重视,改良镇江港埠的呼声不断出现,形成了所谓的改良镇江港埠运动。事实上,早在民国元年,孙中山先生就两次莅临镇江视察镇江江边码头,并在其 1919 年的《建国方略》的《物质建设》部分专门论述了扬子江整治计划,计划详尽地阐述了镇江港整治要点。1920 年,江苏省水利局局长、水利专家茅以升提出开辟象山新港整体布局镇江港计划。计划于 1930 年 4 月的江苏省政府委员会会议通过,但不久因资金等问题被搁浅。省政府

---

① (民国)张玉藻、翁有成修,高靓昌、刘嘉斌、何庆年等纂:《续丹徒县志》卷八,外交一,《中国地方志集成·江苏府县志辑》第 30 辑,江苏古籍出版社、上海书店出版社、巴蜀书社 1991 年版,第 593 页。

迁镇以后,镇江港的改良运动一时形成高潮。依据1929年5月江苏省水利局对征人州(即征润州)的调查报告,征润州位于鲇鱼套之北,"西起龙门口,东迄镇江关,东西长约一千八百丈,南北宽约四五十丈",面积有一万八千余亩。① 此种状况对长江航运及货物中转均形成了重要的滞碍。由此,镇江港埠整治日益迫切。1933年7月,"镇江疏浚江滩委员会"成立,委员会专门从事镇江港改良活动。此后的数年间,地方各界人士进行了多种努力,提出引河冲淤、新辟进出港引航道、止涨保坍等计划,均未能达到预期目标。

长江下游区域市场中的从属地位影响了其近代化轨迹。作为上海经济的副区,镇江经济发展受制于以上海为中心的经济贸易圈,表现出极强的被动性。纵观近代镇江近代化进程,不难发现,近代镇江经济以商贸为主,由于转口贸易占据近代镇江商业经济的核心地位,这就使得近代镇江商业发展不得不更多地依赖于对外的经济联系。在地域市场中,镇江基本处于从属地位。仅以镇江与上海的关系为例。近代"上海的地位非常独特,不但城市规模最大,是多功能中心,而且对其他口岸城市产生重大的影响",②表现在彼此的经济关系中,上海始终处于中心地位。近代上海的崛起和中心城市地位的确立,在长江口岸市场圈和市场层属关系的主体地位上得到明显体现,而以上海为主体的市场圈的形成则改变了传统沿江区域区际经济关系和地缘经济格局。开埠后的上海成为内外贸易大港,受其经济辐射,长江以南各府州逐步发展成为上海的经济腹地,包括镇江在内的长江下游沿岸城市经济发展迅速。开埠后,镇江成为上海贸易圈的核心地区之一,通过与上海及沿江其他城市的经济交往,实现与世界经济一定程度的联系。近代镇江经济对中转贸易的严重依附性,制约了镇江近代经济的可持续发展。

腹地经济的走势对镇江近代化的影响至为关键。镇江近代口岸经济以商贸为中心,农业基础薄弱,本地不仅缺乏支柱性产业,近代实业的发展也差强人意,对腹地经济发展依赖性极强,因此腹地经济的走势影响本地经济至深。

---

① 《扬子江月刊》1929年第6期。
② 张仲礼等:《长江沿江城市与中国现代化》,上海人民出版社2002年版,第42页。

经济腹地的农业生产状况、天气变化情况以及交通运输条件的改变等均等实时影响镇江口岸贸易及市面荣枯。以光绪二十九年（1903）贸易情形为例，海关税务司雷乐报告说："窃查本口贸易情形，本年春令，雨水连绵，市面清淡，银贱钱贵，钱根又支绌异常，经商者殊多棘手。……上年冬令，淮扬运河虽经挑濬，亦于贸易无补，说者谓每年冬令运河浅涸，舟楫难行，若非将河道疏通可以常年往来，或另筹补救善策，使货物能于速运，将来终恐与商务有碍。"本地洋货"入内地贸易之盛衰悉视内地年成之丰歉以及水道通畅与否，运货有无阻滞为准，方有把握"。① 时铁路未通，雷乐等已表达出对镇江贸易腹地缩小的担忧："卢汉铁路闻现已由汉口通至河南省之陈州府界内。该处附近一带物产素称繁盛，向由内地运至镇江者不知凡几。每届冬令，适贸易繁盛之时，苦于水道难通，运河日涸，殊费周折，恐日后出入内地之洋货、土货将执一转运最、取价极廉之捷径。"②光绪三十二年（1906），由于苏北等地自然灾害频发，农业生产深受其害，镇江关贸易构成因之改变，税务司义理迩报告说："近年淫雨日久，灾区甚广，收成极歉，不独五谷杂粮均遭损坏，即北路所产各项货物，本口向恃为贸易来源者，亦复大为减色，诚为近四十年来未有之灾。……谷类受损者以麦为第一，春季无雨难以滋长，故结穗不能繁熟，登场时又遭淫雨，霉变成黑。其时新种禾苗秋收尚可有望。无如兼旬累月滂沱无已时，顿成灾象。"③是年，苏北遭受水灾的地区包括米粮产地仙女庙等处，抢米风潮时有出现，如泰州、宝应、扬州、瓜洲、邵伯、清江浦等地。镇江本地农业收成倒是不错，无奈"地甚狭小"，于市场无补。而苏北粮食生产地区如运河之东的淮扬等处遭受河堤缺口之灾，是受雨水之灾影响最大的地区。腹地北部的黄河流

---

① （民国）张玉藻、翁有成修，高靓昌、刘嘉斌、何庆年等纂：《续丹徒县志》卷八，外交一，《中国地方志集成·江苏府县志辑》第 30 辑，江苏古籍出版社、上海书店出版社、巴蜀书社 1991 年版，第 591 页。

② （民国）张玉藻、翁有成修，高靓昌、刘嘉斌、何庆年等纂：《续丹徒县志》卷八，外交一，《中国地方志集成·江苏府县志辑》第 30 辑，江苏古籍出版社、上海书店出版社、巴蜀书社 1991 年版，第 592 页。

③ （民国）张玉藻、翁有成修，高靓昌、刘嘉斌、何庆年等纂：《续丹徒县志》卷八，外交一，《中国地方志集成·江苏府县志辑》第 30 辑，江苏古籍出版社、上海书店出版社、巴蜀书社 1991 年版，第 594 页。

域地区,"西自萧县至清河,东自海州至安东",包括铜山、邳州、宿迁、睢宁、萧县、海州、清河、桃源、安东、阜宁、山阳等州县皆受灾严重,因此,是年本口转运的这些地区的传统土货如芝麻、花生、豆子、豆饼及各项油斤都大为减少,但由于陈货的转输增加,本年总量上还是略有增加。尽管如此,腹地经济对于镇江口岸贸易的影响可见一斑。

再次考察镇江的贸易圈,不难发现,镇江贸易并无特色,其所贸易的内容与其他口岸无异,所以贸易圈内并不享有垄断权,因此有学者认为:"所以当其他埠口发生变化,铁路出现时,它的贸易腹地分崩离析,而追求利益最大化的经济活动自然不可能再迷恋于镇江过往的便利与辉煌。"[①]实际上,自镇江开埠后的数年间,腹地内新埠口不断出现,既有约开口岸,也有自开口岸,前者如1877年开关的芜湖、1888年开关的胶州、1899年开关的南京,后者如1876年的通州,1904年的济南、潍县、周村,这些埠口的出现大量分流了来自安徽、苏北、山东、河南等地的货物,镇江经济腹地因此而逐渐缩小。镇江贸易圈的缩小甚至影响了英租界利权的收回,有资料记载说:"收回镇江英界之交涉,起于民国十六年三月,迄于本年十一月,其中几历三载。所以然者,非英方故意留难,而乃因吾国外交部近两年来,致全力于关税自主及取消领事裁判权运动,势难兼顾;收回一切租界,期以明年也。至如收回英界最初动议,乃出自英方。英人鉴于吾国国民革命后之新局面,发其传统对华政策,有改变之必要;且镇江英界蕞尔小地,自津浦路筑成后,昔日运河商务,多转趋南京,亦无发展之可能;遂不惜自动放弃,以博吾国好感。此研究收回镇江租界交涉者不可不知者也。"[②]不无一定道理。

战争因素也是影响镇江近代化进程的要素。镇江本为战略要地,自古为兵家必争之地。近代以来,镇江地区的兵事活动持续不断,给地方社会发展带来诸多负面影响。其中,太平天国运动的影响最为深远。太平天国时期,镇江是天京的门户。在长达12年的这场国内战争中,镇江是太平军和清军争夺的

---

① 李宁:《近代镇江贸易地位变迁原因再分析》,《中国经济史研究》2008年第1期。
② 《镇江英租界收回》,《时事月报》1929年第2期。

焦点,双方展开了拉锯战,一度呈胶着状态。战争的激烈和持久性破坏了地区社会经济的发展,相关军事活动对农业和商业的影响在前面的有关论述中已有阐述,在此不再赘言。仅以人口为例,"江苏人口大减,所余人口约为原有人口的60%。所减地区,集中于江南一带"①。就江苏各府县而言,受太平天国运动的影响,"以江宁府最著,其次为镇江府、苏州府"②。据学者王树槐先生考证,太平天国后镇江地区人口损失约为1680000口,比例为60.00%,在各府县中居第三位。1858年后镇江人口变化情况参见表9.3。

表 9.3　1858 年至 1932 年间镇江人口变化状况　　　　单位:口

年　份	人口数	年　份	人口数
1858	331000	1908	150000
1867	107000	1911	140000
1872	140000	1913	130000
1877	13000	1919	101618
1881	130000	1921	101600
1891	135000	1929	136807
1901	140000	1932	190000

西方殖民经济的冲击是近代镇江畸形发展的重要因素。其中,"洋药"即鸦片的影响最甚。开埠本是鸦片战争的苦果之一。战争后,外商获准在镇江销售鸦片,鸦片的大量输入严重侵蚀了镇江地方经济。以1866年为例,镇江进口商品的总值为3453629海关两,而进出口商品总值合计为5306531海关两,其中鸦片就有3165589海关两,占进口商品的91%,进出口总值的59%。③1875—1884年间,镇江鸦片输入每年均在一万担以上,仅次于上海和广州。④

① 王树槐:《中国现代化的区域研究,江苏省(1860—1916)》,"中央研究院"近代史研究所1984年版,第472页。
② 王树槐:《中国现代化的区域研究,江苏省(1860—1916)》,"中央研究院"近代史研究所1984年版,第36页。
③ 茅家琦等:《中国旧海关史料》第2册,京华出版社2001年版,第553页。
④ 张立:《镇江交通史》,人民交通出版社1989年版,第169页。

1884 年后虽然鸦片进口递减,但每年鸦片进口仍以数千担计,大致情况如下表。

表 9.4 1887—1892 年间的镇江口岸鸦片输入状况一览① 单位:担

年 份	1887	1888	1889	1890	1891	1892
鸦片输入量	6584.14	3911.20	3015.60	3423.60	3172.50	2992.02

税收是海关税收中的大宗。1789 年,镇江海关对洋药、洋糖、洋布等的所征税共计 56.172 万两,内有洋药厘金 24.140 万两,②仅洋药一项就占一半,此后历年不断增多。洋糖、洋布等洋货在镇江的销售也表明,西方的工业品源源不断地涌入镇江市场,表明镇江已纳入世界商品经济的范畴,和当时整个民族经济一样,镇江地区经济的独立发展之路极为艰难。

洋行、洋商对本地经济的冲击是显而易见的。以航运业为例,洋行大多插足镇江的航运业,如美商旗昌、英国太古及怡和、日本大阪、德商美最时洋行等,其中美国旗昌轮船公司是入侵镇江港的第一家外国航运企业。1862 年 3 月 27 日,旗昌轮船公司在上海成立,第二年旗昌公司就在镇江设立了简易的栈房码头,开始经营航运业。自 1862 年至 1871 年,旗昌公司通过其雄厚的经济实力在同行的竞争中获得胜利,经营的长江航线发展迅速。1867 年旗昌账面赢利银 81 万两,1871 年高达 94 万两,英商、日商、德商等轮船公司也纷至沓来,极大地破坏了镇江的民族航运业,使它在夹缝中艰难求生存。1873 年,清政府总办轮船招商局在镇江设立镇江分局,镇江航运业获得一些发展,但自其设立伊始,便受到外资的排挤打击,再加上本身资金薄弱,在残酷的竞争中逐步衰弱下去。

镇江近代化进程深受口岸开放的影响,毫无疑问的是,西方殖民力量的影响力渗透到近代镇江社会生活的诸多方面。1929 年 11 月,镇江英租界利权收回。英租界的收回,有益于城市经济的自主发展。加上本年省会移师该处,

---

① 茅家琦等:《中国旧海关史料》第 18 册,京华出版社 2001 年版,第 245 页。

② 《镇江关华洋贸易情形论略》(手抄本),镇江图书馆藏本,第 12 页。

镇江社会发展利好,各项事业发展进入新的历史时期,然而,仅仅过了七八年的时间,抗日战争爆发,镇江地方民族经济深受重创。

镇江开埠及其近代化进程是近代中国诸多条约口岸近代化进程的一个缩影,它既具有条约口岸近代转向的一般特点,又具有自身发展的特点,期望对这一课题的关注有益于相关问题的深入研究和城市现代化议题的深入思考。

主要参考书目

一、典籍

（元）俞希鲁：《至顺镇江志》，江苏古籍出版社 1999 年版。

（明）顾祖禹：《读史方舆纪要》，光绪五年（1879）敷文阁木刻本。

（清）阮元辑：《嘉定镇江志》，清宣统二年（1910）刻本。

（清）高得贵等纂，朱霖增纂：《乾隆镇江府志》，江苏古籍出版社、上海书店出版社、巴蜀书社 1991 年版。

（清）何绍章、冯寿镜修，吕耀斗等纂：《光绪丹徒县志》，江苏古籍出版社、上海书店出版社、巴蜀书社 1991 年版。

（清）张绍棠修，萧穆等纂：《续纂句容县志》，台北成文出版有限公司 1974 年影印版。

（清）黄之隽等：《江南通志》，清乾隆元年刻本。

（清）杨棨：《京口山水志》，江苏广陵古籍刻印社 1989 年版。

（清）春元：《京口八旗志》，光绪五年（1879）刻本。

（清）周伯义：《北固山志》，清宣统刻本。

（清）周伯义：《金山志》，清光绪刻本。

（清）笪重光：《茅山志》，清光绪三年（1877）刻本。

（民国）张玉藻、翁有成修，高靓昌、刘嘉斌、何庆年等纂：《续丹徒志》，江苏古籍出版社、上海书店出版社、巴蜀书社 1991 年版。

（民国）李恩绶：《丹徒县志摭余》，民国七年（1918）刻本。

《道光朝筹办夷务始末》，故宫博物院影印民国十九年（1930）版。

《润州唐人集》，陶氏排印本，民国二十六年（1937）版。

《润州先贤录》，陶凤楼石印本。

《西石城风俗志》，清光绪三十四年（1908）刻本。

《京江七子诗钞》，民国七年（1918）刻本。

《京口偾城录》，民国七年（1908）陶氏本。

《出围城记》，民国七年（1908）陶氏本。

《草间日记》,民国七年(1908)陶氏本。

贾子彝:《江苏省会辑要》,镇江江南印书馆 1936 年 9 月版。

二、档案史料

中国第二历史档案馆、中国海关总署办主编,茅家琦等:《中国旧海关史料》,京华出版社 2001 年版。

《镇江关华洋贸易情形论略》(手抄本),镇江图书馆藏本。

《海关十年报告》,1882—1891 年,镇江。

姚贤镐:《中国近代对外贸易史资料》,中华书局 1962 年版。

李文治、章有义:《中国近代农业史资料》(第一辑、第二辑),三联书店 1957 年版。

彭泽益:《中国近代手工业史资料》(第1—4卷),三联书店 1957 年版。

王铁崖:《中外旧约章汇编》(第1—3卷),三联书店 1982 年版。

中国史学会主编,齐思和等编:《中国近代史资料丛刊·鸦片战争》(第1—6册),上海人民出版社 1978 年版。

中国史学会主编,齐思和等编:《中国近代史资料丛刊·第二次鸦片战争》(第1—6册),上海人民出版社 1978 年版。

中国史学会主编,齐思和等编:《中国近代史资料丛刊·太平天国运动》(第1—6册),上海人民出版社 1978 年版。

政协镇江文史资料研究委员会:《镇江文史资料》(1—30辑)(内部资料)。

中国人民银行上海市分行编:《上海钱庄史料》,上海人民出版社 1960 年版。

聂宝璋:《中国近代航运史资料》,上海人民出版社 1983 年版。

中国第二历史档案馆:《中华民国史档案资料汇编》,江苏古籍出版社 1991 年版。

复旦大学历史系编:《中国近代对外关系史资料选辑》(1840—1949)(上)第一册,上海人民出版社 1977 年版。

苏州市档案馆:《明清苏州工商业碑刻集》,江苏人民出版社 1981 年版。

[美]马士:《中华帝对外关系史》,上海书店出版社 2005 年版。

三、报纸杂志

《申报》。

《农学报》。

《益闻录》。

《钱业公报》。

《银行周报》。

《南洋官报》。

《时报》。

《东方杂志》。

《扬子江月刊》。

《选报》。

四、论著

王骧:《镇江史话》,江苏古籍出版社 1989 年版。

陈敦平:《镇江港史》,人民交通出版社 1989 年版。

张立:《镇江交通史》,人民交通出版社 1989 年版。

镇江市地方志编纂委员会:《镇江市志》(上、下),上海社会科学院出版社 1993 年版。

镇江市教育局编志办公室编:《镇江市教育志(1912—1990)》,江苏科学技术出版社 1994 年版。

丹徒地方志编撰委员会:《丹徒县志》,江苏科学技术出版社 1993 年版。

范然、张立:《江河要津》,江苏大学出版社 2004 年版。

镇江市历史文化名城研究会编著:《民国江苏省会镇江》,江苏大学出版社 2010 年版。

镇江市政协文史资料委员会编:《辛亥革命与镇江》,江苏大学出版社 2011 年版。

《曾文正公全集》,中国书店出版社 2011 年版。

《刘坤一遗集》,中华书局 1959 年版。

郭廷以:《近代中国史纲》,格致出版社、人民出版社 2009 年版。

傅衣凌:《明清时代商人及商业资本》,人民出版社 1956 年版。

许涤新、吴承明:《中国资本主义发展史》(第一卷),人民出版社 2003 年版。

严中平主编:《中国近代经济史(1840—1894)》(第一、二、三卷),人民出版社 2012 年版。

汪敬虞主编:《中国近代经济史(1895—1927)》(第一、二、三、四卷),人民出版社 2012 年版。

刘佛丁:《中国近代经济发展史》,高等教育出版社 1999 年版。

张仲礼等:《长江沿江城市与中国现代化》,上海人民出版社 2002 年版。

何一民主编:《近代中国城市发展与社会变迁》(1840—1949 年),科学出版社 2004 年版。

茅海建:《天朝的崩溃:鸦片战争再研究》,三联书店 2014 年版。

戴鞍钢:《港口·城市·腹地——上海与长江流域经济关系的历史考察》,复旦大学出版社 1988 年版。

戴鞍钢:《发展与落差:近代中国东西部经济发展进程比较研究(1840—1949)》,复旦大学出版社 2006 年版。

复旦大学历史地理研究中心:《港口—腹地和中国现代化进程》,齐鲁书社 2005 年版。

吴松弟:《中国百年经济拼图:港口城市及其腹地与中国现代化》,山东画报出版社 2006 年版。

王家典等主编:《港口发展与中国现代化》,上海社会科学院出版社 1989 年版。

葛剑雄、曹树基、吴松弟:《中国移民史》,福建人民出版社 1997 年版。

谢俊美:《政治制度与近代中国》,上海人民出版社 1995 年版。

熊月之:《西学东渐与晚清社会》,中国人民大学出版社 2011 年版。

虞和平:《中国的现代化历程》,江苏人民出版社 2007 年版。

张洪祥:《近代中国通商口岸与租界》,天津人民出版社 1989 年版。

马俊亚:《混合与发展——江南地区传统社会经济的现代演变(1900—1950)》,社会科学文献出版社 2003 年版。

范金民:《明清江南商业的发展》,南京大学出版社 1998 年版。

张海英:《明清江南商品流通与市场体系》,华东师范大学出版社 2002 年版。

江苏省社科院:《江苏史纲》(古代卷),江苏古籍出版社 1993 年版。

杨积庆:《江苏艺文志》(镇江卷),江苏人民出版社 1994 年版。

江苏金融志编撰室:《江苏典当钱庄》,南京大学出版社 1992 年版。

刘正伟:《督抚与士绅:江苏教育近代化研究》,河北教育出版社 2001 年版。

孙培青:《中国教育史》,华东师大出版社 1991 年版。

陈诗启:《中国近代海关史》,人民出版社 2002 年版。

南京师范学院地理系江苏地理研究室:《江苏城市历史地理》,江苏科学出版社 1982 年版。

傅崇兰:《中国运河城市发展史》,四川人民出版社 1985 年版。

茅伯科:《上海港史(古、近代部分)》,人民交通出版社 1990 年版。

吕华清:《南京港史》,人民交通出版社 1989 年版。

鲍亦骐:《芜湖港史》,武汉出版社 1989 年版。

姚汉源:《京杭运河史》,中国水利水电出版社 1998 年版。

王迪:《跨出封闭的世界——长江上游区域社会研究,1644—1911》,中华书局 2001 年版。

定宜庄:《八旗驻防制度史》,天津古籍出版社 1992 年版。

王树槐:《中国现代化的区域研究,江苏省,1860—1916》,"中央研究院"近代史研究所 1984 年版。

[日]滨下武志:《中国近代经济史研究——清末海关财政与通商口岸市场圈》,江苏人民出版社 2008 年版。

[美]费正清:《剑桥中国晚清史》,中国社会科学出版社 1993 年版。

[美]黄仁宇:《明代的漕运》,新星出版社 2005 年版。

[美]彭慕兰:《腹地的构建:华北内地的国家、社会和经济(1853—1937)》,社会科学文献出版社 2005 年版。

[英]呤唎:《太平天国革命亲历记》(上、下),上海古籍出版社 1989 年版。

[美]费维恺:《中国早期工业化:盛宣怀(1844—1916)》,中国社会科学出版社 1990 年版。

［美］赛珍珠著,钱青等译:《东风·西风》,漓江出版社 1998 年版。

［美］赛珍珠著,林三译:《异邦客》,漓江出版社 1998 年版。

［美］赛珍珠著,陆兴华等译:《战斗的天使》,漓江出版社 1998 年版。

［意］马可·波罗著,冯承钧译 :《马可波罗行纪》,上海书店出版社 2001 年版。

后 记

本著是江苏省社会科学基金项目成果。议题的思考始于 20 世纪末,前后历时近二十年之久,虽然如此,相关诸多问题仍然期待进一步深入研究。

本书广泛借鉴了史学界许多专家学者的研究成果,书中已尽可能一一注释说明,在此谨申谢意。特别感谢两位恩师华东师范大学谢俊美教授、南京大学张海林教授的指导。

全书由戴迎华教授和戴雪红副教授合作完成。我们自感水平有限,书中疏漏之处定属不少,祈请批评与指正。